基层司法研究论丛

（第8辑）

邓中文　宋平　房丽　/　编著

中国法治出版社
CHINA LEGAL PUBLISHING HOUSE

目 录

非法经营同类营业罪主体的理解与认定　　　　　　　　　　　邓中文　王材元// 001

完善非法捕捞案件行刑衔接机制研究　　　　房　丽　陈翘楚　陈冰洋// 010

"破坏"民刑分立的惩罚性赔偿制度：隐藏的公法　　　　　　刘秀明　王　媛// 019

单位犯罪刑事责任归责的路径优化　　　　　　房　丽　覃雨婷　段婷婷// 027

高空抛物罪的认定问题分析　　　　　　　　　　　　　　　　张少会　彭　理// 037

微罪立法时代犯罪附随后果的优化　　　　　　　　　　　　　杨　帆　曹　越// 046

以危险方法危害公共安全罪之"危险方法"的
　　司法认定研究——以60份裁判文书为样本　　　　　　张少会　魏雅萍// 056

受虐妇女反杀案件的正当防卫条件　　　　　　　　　　　　　李汶遥　熊德禄// 066

轻罪治理视角下行刑衔接机制问题的研究　　　　　　　　　　杨　成　马玲玉// 075

未成年人专门矫治教育研究　　　　　　　　　　　　　　　　江凌燕　李墨语// 084

论个人破产制度的法律困境与路径探索
　　——以《深圳经济特区个人破产条例》为切入点　　　　李　丽　宋　平// 093

公司实际控制人的认定问题研究　　　　　　　　　　　　　　周健宇　陈　帅// 103

关联企业实质合并破产适用标准实证研究
　　——以100个案例为样本　　　　　　　　　　　　　　史　黎　王承林// 113

意定监护与行为能力的"脱钩"　　　　　　　　　　　　　　张　露　何昱霖// 123

职业放贷人的认定标准
　　——基于1048份民事判决书的实证分析　　　　　　　　张　露　冉启山// 134

论动物侵权民事责任主体的认定　　　　　　　　　　　　　　田海萍　宋　平// 144

行政处罚权下移基层政府的意蕴、偏误与纠偏　　　　　　　　陈　昶　王晓嫚// 153

行政法中"首违不罚"的主旨蕴涵、运行困境和适用规则	陈　昶　颜　欣 // 163
行政协议部分纠纷适用仲裁问题探讨	邓　肆　刘厚龙 // 173
行政执法与法律监督关系研究	杨　成　张显英 // 183
生态环境类检察公益诉讼践行恢复性司法理念实证研究	史　黎　邹休喻 // 192
行政公益诉讼证明责任分配制度的研究	曾凡珂　汪宝泉 // 202
检察机关提前介入监察机制的反思与完善	缪　锌　向庭苇 // 211
环境民事公益诉讼参与主体权能困境与实现	邹国正　敬　雄 // 220
环境公益诉讼体系构建之实证分析	杨汉国　李晓帆 // 229
公益诉讼立法背景下的管辖规则研究	吕泽冰　吴红宇 // 238
《刑事诉讼法》再修改之被告人及其辩护人当庭提起管辖异议制度的完善——以112份裁判文书为例	缪　锌　王雅婕 // 247
无效婚姻中当事人法律行为效力问题实证研究	周健宇　易思源 // 258
智慧法院建设中技术应用的伦理风险及规制	李　芽　白彦杰 // 268
司法审判人工智能应用的现实困境及其优化路径——从智慧法院视角切入	李　芽　黄进茜 // 276
人民法庭介入乡村文明建设的路径探析	陈和芳　费钰雯 // 284
人民法庭参与乡村治理现代化路径探析	陈　楠　陈和芳 // 292
我国"特赦"制度的刑事法治化完善	黄　露　熊德禄 // 300
法律援助全覆盖下值班律师制度的价值与完善	江凌燕　魏冬蓓 // 309

非法经营同类营业罪主体的理解与认定

邓中文　王材元[*]

摘要：《刑法修正案（十二）》[①]对非法经营同类营业罪的主体范围进行了扩展和修订，从原先仅限于国有公司、企业的董事、经理，扩大至涵盖国有公司、企业的董事、监事、高级管理人员，以及其他公司、企业的董事、监事、高级管理人员。非法经营同类营业罪的主体范围扩大，体现了对民营企业、国有企业同等保护的刑法目的。在理解和认定非法经营同类营业罪的主体范围时，应当注意与《公司法》等其他法律法规保持一致，确保主体的理解认定符合立法精神。

关键词：《刑法修正案（十二）》　非法经营同类营业罪　主体认定　民营企业

一、《刑法修正案（十二）》公布前非法经营同类营业罪的主体认定

（一）国有公司、企业的认定

对于"国有公司、企业"范畴的认定，一直存在较大的争议，有观点认为，应对"国有公司、企业"的范畴做广义上的解释，包含国有独资、全资公司、企业和国有控股、参股公司、企业。在《刑事审判参考》第1298号案

---

[*] 邓中文，男，四川轻化工大学法学院教授、硕士生导师，研究方向为刑法学、司法制度，地址邮编644000；王材元，男，四川轻化工大学法律硕士研究生，地址邮编644000。

[①] 本书中，《中华人民共和国刑法修正案（十二）》统一简称为《刑法修正案（十二）》，全书其他法律法规采用同样的处理方式。

例"吴某某非法经营同类营业、对非国家工作人员行贿案"中，法院主张做广义理解，认定非法经营同类营业罪中的国有公司、企业不限于国有独资公司、企业，将国有控股公司的总经理吴某某认定为本罪的主体；也有观点认为，应对"国有公司、企业"作狭义上的理解，仅包括国有独资、全资公司和企业。在混合所有制的经济架构中，即便国家持股比例较高的公司或企业，由于包含其他经济成分，这些实体在本质上并不构成真正意义上的国有公司或企业。① 在《刑事审判参考》第187号案例"杨某某非法经营同类营业案"中法院便持此观点。在该案中，杨某某为营业部副部长，主管销售零件和售后服务，该公司系中国某工业股份有限公司（国有公司）与日本某株式会社等额出资（各50%）组建的合资公司，法院在确认了杨某某犯罪行为的同时，也采纳了被告杨某某就其不属于国有公司的董事、经理的辩护，最终裁定被告杨某某不符合非法经营同类营业罪的主体要件，宣告其无罪，之后，中级人民法院驳回了检察院的抗诉，维持了原判。

针对本罪主体范围的问题，笔者在北大法宝上查阅了50件以非法经营同类营业罪为案由的裁判文书，其中43件案例的主体为国有独资公司、企业的董事或经理；6件案例的主体为国有独资公司、企业委派到国有控股、参股公司从事公务的人员；1件案例的主体为国有控股公司的董事或经理（见表1）。通过以上数据不难看出，本罪的主体还是以国有独资公司、企业为主，但特殊情况仍然存在，这也反映了本罪主体在实践中的认定存在着偏差。

表1 非法经营同类营业罪主体资格性质统计

犯罪主体	案件数量	案件数占比
国有独资公司、企业的董事、经理	43	86%
国有独资公司、企业委派到国有控股、参股公司从事公务的人员	6	12%
国有控股公司的董事、经理	1	2%
总计	50	100%

---

① 参见罗开卷：《论非法经营同类营业罪的认定及其与近似犯罪的界限》，载《政治与法律》2009年第5期，第45—52页。

(二)"董事、经理"的认定

要想准确认定本罪中"董事、经理"的标准,可以从本罪的客观方面入手,本罪的法条明确规定了董事、经理要利用职务便利谋取到巨大非法利益才构成本罪,也就是说,如果行为人没有利用其职务便利,即使行为人有非法经营同类营业的行为,也不构成本罪。① 在司法实践中,对董事的认定较为容易,而对经理的认定则存在较大争议。主要就是由于经理一词的概念较为广泛,常见的包括总经理、副总经理、经理、副经理、部门经理、项目经理、分公司经理等,但其中除了总经理是本罪的当然主体以外,关于经理的其他延伸概念在学术上均有异议。笔者在调查的50份被判处非法经营同类营业罪的54个案例主体身份中发现如下现状:总经理28人,董事兼经理或副经理6人、副总经理10人,其他广义上的经理如部门经理、部门副经理等10人,如表2所示。在"刘某亮非法经营同类营业案"中,检察院指控被告人刘某亮利用担任河南省××单位××部门主任的职务便利,以××公司名义经营与××单位同类业务,谋取巨大的非法利益。最终被法院认定为非法经营同类营业罪并判处了有期徒刑的刑罚。② 在"严某、王某贪污、非法经营同类营业案"中,时任省外服中心副总经理的被告人严某与时任省外服中心客服一部副经理的被告人王某及高某峰共同商定成立一家公司以经营与省外服中心同类的营业,裁判书中将严某和王某的犯罪行为定义为"共同利用职务上的便利",也就是说王某作为部门副经理也利用了其相应的职务便利,并因此最终被认定为该罪的适格主体,最终的裁判结果两人都被判处有期徒刑一年,并处罚金人民币三万元,也说明了两人在本罪的范围内不存在主从犯关系,从而表明了在本案中法官认为王某的部门副经理身份符合本罪的主体要件。③ 而在另一案件中,时任天门市兴某粮食收储公司副经理的被告人肖某斌被检察院指控涉嫌非法经营同类营业罪,一审法院认为,董事、经理是负责公司的生产经营管理工作,组织实施公司的年度计划和投资方案等的高级管理人员,而非经理、董事职务的人员不是对整个公司行使管理职权,而仅仅是对公司内

---

① 参见王玉珏、杨坚研:《浅析非法经营同类营业罪》,载《上海商业》2002年第4期,第69—70页。
② 参见(2013)惠刑初字第15号刑事判决书。
③ 参见(2019)苏0492刑初166号刑事判决书。

部中部门或项目行使有限的管理职权，公司法没有将其作为竞业禁止的主体。因此，被告人肖某斌作为公司的副经理，不符合非法经营同类营业罪的主体要件。二审法院也认可了该说法，被告人最终没有被认定为本罪。① 以上案例进一步表现了司法实践中确实对于"经理"的认定标准模糊不一。

表 2　非法经营同类营业罪主体中"董事、经理"统计

犯罪主体	主体数量	主体数占比
总经理	28	51.9%
董事兼经理或副经理	6	11.1%
副总经理	10	18.5%
其他广义上的经理	10	18.5%
总计	54	100%

二、非法经营同类营业罪主体扩大的必要性

（一）是贯彻落实国家发展决策和实现宪法价值的必然选择

宪法是我国法律体系的根基，我国《宪法》第六条和第十一条先后明确了我国坚持公有制为主体、多种所有制经济共同发展的基本经济制度，国家保护个体经济、私营经济等非公有制经济的合法的权利和利益。国家鼓励、支持和引导非公有制经济的发展，并对非公有制经济依法实行监督和管理。为实现宪法目标，党中央始终高度重视民营企业发展工作；把民营企业的平等保护落实到法律和制度上，是党中央多次强调的重要指示，并要求从制度和法律层面落实平等对待，促进民营经济发展壮大。2023 年 7 月 14 日，中共中央、国务院发布《关于促进民营经济发展壮大的意见》，不仅明确强调要建立全面而高效的民营企业腐败防治体制，更是提出了民营经济在我国现阶段的定位是推进中国式现代化的生力军的论断，为我国进一步推动民营经济的发展提供了理论依据。② 紧接着，为依法惩处民营企业内部人员的腐败性犯

---

① 参见（2005）汉刑终字第 85 号刑事判决书。
② 参见张义健：《〈刑法修正案（十二）〉的理解与适用》，载《法律适用》2024 年第 2 期，第 71—83 页。

罪，进一步优化民营经济的法治环境，在 2023 年 7 月，最高人民检察院颁布《关于依法惩治和预防民营企业内部人员侵害民营企业合法权益犯罪、为民营经济发展营造良好法治环境的意见》，旨在用高质效的检察职能为民营经济的壮大保驾护航。在这一系列政策的推动下，《刑法修正案（十二）》终于将民营企业内部人员的背信行为纳入刑法规制范畴，既是对国家保护民营企业产权、壮大民营经济目标的实践落实，也是向建立健全中国现代企业制度的目标迈出的坚实一步。

（二）加大了对民营经济的保护力度

1995 年《全国人民代表大会常务委员会关于惩治违反公司法的犯罪的决定》的出台，商业受贿罪、侵占罪和挪用资金罪等旨在打击侵犯非国有公司、企业利益罪名的设立，标志着非公有制经济逐渐在刑法中成为保护的对象。1997 年《刑法》将之前的破坏集体生产罪改为破坏生产经营罪，将破坏不同所有制经济企业的生产经营的行为都纳入刑法规制，此外，还增设了非国家工作人员受贿罪、职务侵占罪和挪用资金罪等，进一步强化了对各类所有制经济主体的平等保护。但同样是在 1997 年《刑法》中设立的第一百六十五条至第一百六十九条"非法经营同类营业罪"等五个罪的犯罪主体只能是国有企业的人员，便是典型的针对保护国有公司、企业而设立的刑法条文，此类背信行为仅因其行为人所属企业的所有制性质不同存在罪与非罪的根本性区别。随着民营企业不断发展壮大，新情况新问题逐渐显现，《刑法修正案（十二）》从"惩治民营企业内部人员的腐败犯罪"这个角度切入，对第一百六十五条和一百六十九条做了修改，以促进对民营企业的平等保护，从而推动刑法在市场经济中实现对不同所有制企业的公平规制。

（三）维持了法治秩序的统一性

法律科学的精确追求、法律层序的系统化理论构建以及法的固有稳定性，促使我们建立法律统一性的基本原则，这一原则应作为解决各部门法律间冲突及刑法释义的核心准则。① 分析 1997 年《刑法》第一百六十五条针对"非

---

① 参见陈文涛：《犯罪认定中的法秩序统一性原理：内涵澄清与规则构建》，载《华东政法大学学报》2022 年第 25 卷第 2 期，第 46—58 页。

法经营同类营业罪"中"董事、经理"身份的主体规定与1993年《公司法》的相关条文是相契合的，随着2005年《公司法》的修订，两部法律之间逐渐出现不适应的情况。因此，在《刑法修正案（十二）》和公司法同步修订的机遇下，立法者顺应了公司法的最新修订，将原草案中"董事、经理"的主体表述进行了如下调整，把"国有公司、企业的董事、经理"调整为"国有公司、企业的董事、监事、高级管理人员"，"经理"这一角色被移除，同时又纳入"监事、高级管理人员"两个新的法律主体，使本罪主体的适用范围拓展至包括其他形式公司企业的高层管理人员。这一修订在法理上的逻辑性与合理性表现在其有效解决了行政违法与刑事犯罪之间的逻辑递进与连贯性问题，优化了法律体系内的行政与刑事法律的衔接机制[1]，通过精确界定主体规制的适用范围，避免了因《刑法》与《公司法》在责任主体认定上的差异而引发的刑事与行政责任衔接中的规范冲突与脱节现象，从而消解了立法层面的结构性矛盾，促进了《刑法》与前置性法律规范之间的有机整合与无缝对接。

三、非法经营同类营业罪主体扩大后的理解

《刑法修正案（十二）》对于本罪的主体主要做了以下两个调整，首先是新增了除国有公司、企业以外的其他公司的相关人员可以成为本罪的犯罪主体，即把民营企业内部的背信行为纳入了本罪的规制范围；其次是将本罪条文中原本规定的主体"董事、经理"改为"董事、监事、高级管理人员"。鉴于司法实践中执法的偏差，对于"高级管理人员"和"其他公司、企业"的理解有必要进行深入细致的理解。

（一）关于"高级管理人员"的理解

高级管理人员实际上是修正案颁布之前"经理"概念的扩展和延伸，主要包括经理、副经理、财务负责人等企业章程中规定的拥有企业决策与管理职权并承担对企业忠实勤勉的法定义务的其他人员。而总经理以外的其他以

---

[1] 参见曾粤兴、谭健强：《民营企业内部腐败行为的刑法防治：〈刑法修正案（十二）〉的新亮点》，载《河北法学》2024年第42卷第5期，第23—41页。

"经理"命名的管理层人员是否适格作为此类犯罪的主体一直是实践中争议的焦点。笔者认为本罪主体应依其是否担任具有决策权的公司高层职务并具备相应的职权来确定，更符合本罪的设立目的，而不能仅仅因为实践中某些公司、企业内部将一些中层管理岗位冠以经理的口语化职称就将其纳入本罪的规制范围，这种做法不仅忽略了职责与权利的法律对等原则，也可能引起法律责任与职务能力之间的不匹配。其次，在部分尚未实行现代企业制度改制、管理水平较低的国有公司、企业中，还存在一些与经理管理职能类似但职务名称不同的人员如主任、厂长、主管等职位，如果仅仅通过行为人职务名称的差异来判断其是否应当作为刑事责任主体，则会使具备实质管理职权的行为人有逃脱刑罚制裁的空间。

随着法定犯时代的到来，民营企业中的刑法防治腐败措施应当遵循既定的法律和规章，具体而言，一个人只有在违反了现行的行政法规的情况下，该行为才能被视为犯罪。① 然而，由于立法技术或司法实践的局限，前置法律未能详尽列出所有可能的责任主体，因此在实践中，法院往往采用更为开放的认定标准。② 因此，除了注册备案的高级管理人员和企业章程中明确规定的相关人员，实际具备高级管理职权的人员也可被酌情认定为"高级管理人员"。

(二) 关于"其他公司、企业"的理解

1. 单独设立本款的实际考量

关于针对本罪主体增设第二款的方式，不少意见都指出可以对第一款中的"国有公司、企业"的提法进行修订，即去除其中的"国有"二字，将其简化为单一款式，以此更显著地体现对各经济实体平等保护的法理精神，并在法律技术处理上追求更加精练的表达。③ 但《刑法修正案（十二）》最终还是决定采用分款的制定方式，主要基于以下考量：首先，为尽量保持国有

---

① 参见刘艳红：《犯罪圈均衡化与刑罚轻缓化：轻罪时代我国刑事立法发展方向》，载《中国刑事法杂志》2024年第1期，第17—31页。
② 参见刘仁文：《刑法强化民营企业内部反腐的最新发展与司法适用》，载《政法论坛》2024年第42卷第2期，第18—29页。
③ 参见赖早兴：《〈刑法〉对民营企业权益平等保护的贯彻及制度改进——基于〈刑法修正案（十二）〉的思考》，载《法律科学（西北政法大学学报）》2024年第3期，第1—11页。

企业相关罪名的法律体系稳定，因监察机关与公安机关在调查权责上的差异，对两类企业分别设定刑责符合实际的管辖分工；其次，修正案在表述与犯罪门槛上针对民营企业的特定性质进行了调整，因此采用分款式表述；最后，此种规定有利于通过后续司法解释明确两种情形的具体定罪范围与标准，也为未来的法律解释提供灵活性。

2. 国有控股、参股公司的归类

国有控股或参股的混合所有制企业形式是否属于我国刑法中的"国有公司、企业"，一直存在解释上的灵活性。在本文前面的关于本罪主体认定的司法现况表明，在司法实务中，绝大多数案件的主体是国有独资企业以及国有独资企业委派到其他企业的相关人员。具体到此次刑法修正案中涉及的第一百六十五条、第一百六十六条与第一百六十九条，国有控股或参股公司以及涉及国资的中外合资企业等混合所有制形式等非国有全资企业，均应被归入"其他公司、企业"的范畴。

3. "其他单位"的归类

在审视刑法对"其他公司、企业"概念的适用范围时，关于是否应将"其他单位"纳入此定义，学界存在一定分歧。部分法学专家提倡对该概念进行扩展解释，建议包括村民委员会等非传统企业形式的实体，以确保这些具有法律保护需求的财产所有者及其经济活动不被法律忽视。然而，笔者认为，从法律条文的精确性和明确性角度出发，《刑法修正案（十二）》关于"其他公司、企业"的定义不应包含"其他单位"。这是因为将"其他单位"如民办学校、医院等包括在"其他公司、企业"之内，可能会扩展传统对这些术语的解释理解，并可能带来法律适用上的混淆。其次，"其他单位"的运营和组织架构与传统企业存在本质差异，且相关法律法规的预设和内部治理机制需要更精细的法律规范。再者，对于非典型单位内部的违法腐败问题，已有如《刑法修正案（六）》等法律条文通过扩大适用范围来提供解决路径，例如将贿赂罪的适用对象扩展至"其他单位的工作人员"，从而维护了法律的整体效力和适用性。

（三）"身份犯"与"非身份犯"共同犯罪的认定

《刑法》第二十五条阐明的共犯适用原则，不仅适用于一般主体之间的共同犯罪，同样适用于一般主体与特殊主体之间的共同犯罪。据此，不可简单依赖第一百六十五条判定主体资格。在审视非特定身份者是否构成本罪时，依第一百六十五条第一款，需客观分析当事人是否积极参与与国有企业经理的共谋，并借助该经理的职务便利进行同类经营活动以获取非法利益。在这一过程要强调对共犯关系及行为人行为动机和实际行为的全面审视。如（2019）粤1322刑初661号案例所示，朱某荣以非国企股东身份，与周某明共同经营公司，两者作用基本均等，故朱某荣被定为非法经营同类营业共犯。

《刑法修正案（十二）》规定新增了本罪条文第二款，"其他公司、企业的董事、监事、高级管理人员违反法律、行政法规规定，实施前款行为，致使公司、企业利益遭受重大损失的，依照前款的规定处罚"。因此，本罪在非国有公司、企业的相关人员的共同犯罪认定中，认定标准应与国有企业相关人员参与的共同犯罪有所不同，在行为方式上，应当考虑不具有特殊身份的当事人是否违反法律、行政法规规定，或者与具有身份的当事人共同违反前置规定。再者，该共犯行为的法律后果评估应侧重于是否导致了公司或企业利益的重大损失，而非仅仅依据第一款条文中获取较大数额非法利益的标准进行判断。

四、结语

习近平总书记在2018年民营企业座谈会上指出："民营经济是我国经济制度的内在要素，民营企业和民营企业家是我们自己人。"① 《刑法修正案（十二）》的颁布，正是为了实现习近平总书记的指示精神及党中央的战略决策，同时回应民营企业家的期待，通过新增故意背信罪名，为民营企业内部防控腐败行为提供了法律保障，并增强了对各类所有制企业的平等法律保护。《刑法修正案（十二）》扩大非法经营同类营业罪的主体范围，有助于推进民营经济的高质量发展。为了深入实施《刑法修正案（十二）》的立法宗旨，应当准确理解非法经营同类营业罪主体的内涵，在司法实践中严格认定，努力营造良好的法治营商环境。

---

① 参见习近平：《在民营企业座谈会上的讲话》，载《人民日报》2018年11月2日，第2版。

完善非法捕捞案件行刑衔接机制研究

房　丽　陈翘楚　陈冰洋*

摘要：完善非法捕捞案件行刑衔接机制，对于深入推进依法治渔、维护生态安全具有重要意义。其中，顺畅的正向衔接机制可以解决"有案未移""以罚代刑"等问题，有效的反向衔接机制可以应对"遗漏违法行为""行政处罚后渔业资源环境恢复不佳"等状况。目前，非法捕捞案件存在行刑判罚界分标准模糊、案件"应移未移"、被起诉对象"不刑不罚"、检察监督机制运行乏力等困境。可从完善非法捕捞行刑衔接相关规定、强化检察监督机制的有效落实、全面实现数据信息共享等方面寻求解决路径，以推动行刑衔接机制顺畅运行，促进对非法捕捞案件的综合治理。

关键词：行刑衔接　非法捕捞　渔业执法　刑事司法

一、问题提出

环境问题是当前社会公众普遍关注的社会问题，非法捕捞水产品罪作为环境领域发案率较高的刑事犯罪，法定最高刑为三年有期徒刑，属于典型的轻罪。虽然渔政部门已连续六年开展系列专项执法行动，但仍有不少人员利欲熏心，无视水域生态环境，大量实施非法捕捞行为。农业农村部2024年3月公布的数据显示，2023年全国各地渔政部门在"中国渔政亮剑2023"系列专项执法行动中，共查处违法违规案件6.6万件，涉渔违法人员7.5万人，

---

* 房丽，女，汉族，黑龙江齐齐哈尔人，四川轻化工大学法学院副教授；陈翘楚，女，汉族，四川自贡人，四川轻化工大学法学院2023级法律硕士研究生；陈冰洋，男，汉族，四川高县人，四川省屏山县人民检察院三级检察官。

非法捕捞水产品罪案件数量在环境犯罪案件总数量中占比高达 25.4%。①

在着力构建中国特色轻罪治理体系背景下，做好非法捕捞水产品罪这一轻罪的行刑衔接是进一步巩固渔业资源生态修复和保护的有效举措，更是实现生态环境领域轻罪治理的重要任务。尽管近年来我国陆续出台有关非法捕捞案件行刑衔接的一系列规范性文件，如 2011 年中央纪委、最高人民法院等八部门共同制定的《关于加强行政执法与刑事司法衔接工作的意见》、2015 年农业部长江流域渔政监督管理办公室和长江航运公安局联合颁布的《长江水域涉渔违法犯罪案件移送暂行规定》、2021 年最高人民检察院出台的《关于推进行政执法与刑事司法衔接工作的规定》（以下简称《行刑衔接工作规定》），但实践中仍存在诸多不协调问题，有必要对非法捕捞案件行刑衔接机制加以审视并完善。

二、非法捕捞案件行刑衔接的困境及诱因

透视非法捕捞行刑衔接不畅背后的困境及诱因是探寻优化路径的前提。从非法捕捞案件行刑双向衔接现状来看，现有法律规范倾向于宽泛性立法方式，缺乏具体清晰的制度设计，致使案件在移送程序及实体处罚结果上均存在瑕疵。

（一）实体困境：行政处罚与刑事处罚不协调

第一，行刑判罚界分标准模糊。我国《刑法》第三百四十条②将"情节严重"的认定视为非法捕捞水产品"罪"与"非罪"的界分标准。2016 年 8 月起实施的《最高人民法院关于审理发生在我国管辖海域相关案件若干问题的规定（二）》（以下简称《最高人民法院规定（二）》）第四条以及 2022 年 4 月 9 日起实施的《最高人民法院、最高人民检察院关于办理破坏野生动物资源刑事案件适用法律若干问题的解释》（以下简称《解释》）第三条均

---

① "农业农村部举行'中国渔政亮剑'执法行动新闻发布会"，载中华人民共和国国务院新闻办公厅官网，https://www.scio.gov.cn/xwfb/bwxwfb/gbwfbh/nyncb/202403/t20240326_839638.html，最后访问时间 2024 年 10 月 2 日。

② 《刑法》第三百四十条规定："违反保护水产资源法规，在禁渔区、禁渔期或者使用禁用的工具、方法捕捞水产品，情节严重的，处三年以下有期徒刑、拘役、管制或者罚金。"

对《刑法》第三百四十条中的"情节严重"作了规定，认为在"禁渔区使用电鱼、毒鱼、炸鱼等严重破坏渔业资源的禁用方法或者禁用工具""禁渔期使用电鱼、毒鱼、炸鱼等严重破坏渔业资源的禁用方法或者禁用工具"都可立案追诉。实践中，禁渔区与禁渔期较好认定，但对于地笼网、绝户网、刺网等工具是否属于禁用工具存在一定争议。例如，江西省抚州市"王某某在禁渔区非法捕捞水产品一案"，① 王某某使用两副双层刺网在宜黄县三都电站旁宜水河道（禁渔区）捕获渔获物3条，被宜黄县农业农村局作出罚款人民币600元的行政处罚决定。反观"阳某、杨某非法捕捞水产品罪一案"，② 公诉机关认为阳某、杨某在泸州市江阳区长江水域（禁渔区）投放刺网捕捞水产品1.4公斤的行为已构成非法捕捞水产品罪，分别判处二被告人拘役三个月，缓刑六个月。通过对比可以发现，同样是在禁渔区内使用刺网捕捞水产品，对刺网是否属于《最高人民法院规定（二）》和《解释》规定的禁用渔具的判断直接影响了入罪标准，致使两则案例处以完全不同的处罚。

第二，"不刑不罚"现象尚存。在非法捕捞行为人构成犯罪但被作出相对不起诉决定的案件中，非法捕捞行为人虽不需要被判处刑罚，但不代表其无需承担任何责任。在行刑反向衔接制度确立前，相对不起诉决定的宣告通常意味着案件办理终结，2021年最高人民检察院《行刑衔接工作规定》颁布后，检察机关经审查认为需要对被不起诉人给予行政处罚的，必须向同级行政机关提出检察意见，制发意见书。但实践中，检察意见书跟踪督促力度不够，存在检察机关向行政机关制发行政处罚检察意见书后，非法捕捞行为人以罚款金额过高等为由拒不履行行政处罚决定的情形，致使非法捕捞行为人既未被追究刑事责任，也未受到应受的行政处罚。

第三，行政处罚比例原则适用不够合理。比例原则要求行政机关在确保行政目的实现的同时，将对相对人造成的侵害降至最低限度。学界一般将合目的性、适当性、最小侵害理念视为比例原则的三项子原则，行政机关实施的具体行政行为只有同时符合这三项子原则的要求才具备正当性和合理性。③

---

① 参见"典型案例：抚州市、赣州市、吉安市、南昌市渔政执法典型案例"，载江西省农业农村厅官网，https://nync.jiangxi.gov.cn/jxsnynct/gzjz133/content/content_1879074511565062144.html，最后访问时间2024年10月2日。
② 参见泸州市龙马潭区人民法院（2021）川0504刑初103号刑事判决书。
③ 参见梅扬：《比例原则的适用范围与限度》，载《法学研究》2020年第2期。

2023年4月，周某某与沈某某在全年禁渔的太湖水域使用禁用渔具捕捞水产品7.25千克，检察机关认为渔获物数量较少，犯罪情节轻微，对二者作出相对不起诉决定。后渔政部门受检察机关行政处罚建议，以违反我国《渔业法》第三十八条为依据，没收其渔船。本案周某某、沈某某非法捕捞的水产品仅为7.25千克，在同类不起诉案件中，行为人非法捕捞的数量不同，使用的渔具种类、船只大小均不同，若不予区分一律没收渔具或船只，显然有违实质公平之嫌。① 再以没收渔具为例，常用于虾类捕捞作业的电脉冲部件实际为辅助性附属部件，将其脱离拖虾网后，拖虾网即恢复为传统的单船桁架拖网，属非禁用渔具。此类情况下，仅通过拆卸、没收电脉冲部件便能有效纠正违法捕捞行为。因此，对于渔具的没收处理，亦应依据各类渔具特有的构造特征，采取恰当且合理的处置方式。②

（二）程序困境：案件移送流程存在阻滞

程序性行刑衔接机制以行政机关向司法机关移送涉嫌犯罪案件的程序问题，以及司法机关对行为人作出相对不起诉决定后向行政机关提出行政处罚建议的程序问题为主要研究内容。目前，非法捕捞案件行刑衔接在移送程序上主要存在以下困境。

第一，非法捕捞案件双向移送承接不足。首先，正向移送动力匮乏。由于行政处罚伴随"经济效益"，行政执法人员认为将案件移送公安机关将弱化其"功劳"。同时，行政机关与公安机关对证据材料效力的认可不同，在一定程度上也削弱了行政机关移送案件的积极性。其次，反向移送标准不够完善。2021年修订的《行政处罚法》第二十七条第一款、2021年最高人民检察院公布的《行刑衔接工作规定》第八条以及2023年最高人民检察院公布的《关于推进行刑双向衔接和行政违法行为监督 构建检察监督与行政执法衔接制度的意见》（以下简称《双向衔接意见》）均对反向移送程序的启动主体及适用情形有所界定，但表述较为宽泛，缺乏详尽且具有可操作性的反向移送执行准则，导致反向移送常流于形式。

---

① 参见高娜、罗瑞瑞：《轻罪治理背景下行刑双规判罚合理衔接研究》，第七届上海政法学院"刑法论坛"（2024）刑行民衔接与轻罪治理刑事法问题研究会议论文，第73—83页。
② 参见孔凡宏、牛增巧、邱忠霞：《我国渔业行刑衔接的现实困境与机制重构》，载《陕西行政学院学报》2023年第2期。

第二，检察监督机制运行乏力。检察机关作为国家法律监督机关，是"两法衔接"工作中最主要的监督主体，需要对行政机关是否移送案件、公安机关是否对受移送案件立案、反向衔接案件移送后的行政处罚是否落实等情况进行监督。鉴于我国《刑事诉讼法》第一百一十三条对检察机关的立案监督已有较为明确的规定，故其实施成效颇为显著。《双向衔接意见》虽然确立了检察机关在行刑正向衔接和行刑反向衔接中的监督主体地位，但未阐述监督权的具体行使细节，存在法律监督盲点，难以覆盖行刑衔接机制运行的宽广领域。再加上行政处罚在运行程序上具有相对闭合性，检察机关对行政执法案件的信息了解受限，导致检察机关在行刑衔接中的监督常常处于被动状态，监督质效大大缩减。

第三，行刑数据信息壁垒依然存在。渔政执法与刑事司法信息共享平台建设已久，但渔政部门存在"有案不录""不及时录""选择性录"情形，导致司法机关难以同步获取涉罪案件的关键信息。同时，随着流域协同治理理念的不断深化，各地逐渐将联席会议、案件会商、联合办案等制度纳入联动执法合作协议。但总体而言，由于缺乏长效的评估、监督机制，跨区域渔业行政执法与刑事司法联动效果并不理想。近年来，非法捕捞犯罪团伙化特征逐渐凸显，跨区域"捕捞、收购、运输、销售"一体化产业链开始涌现，如果司法机关不能及时掌握渔政执法的最新情况，将在极大程度上影响办案效率。以"张某节等10人非法捕捞水产品、吴某龙等10人掩饰、隐瞒犯罪所得一案"① 为例，司法机关耗时三年才将这条跨省份捕捞、运输、销售长江野生鱼的黑色产业链成功斩断。环环相扣下非法捕捞产业链打击的高难度，凸显了完善跨区域渔业执法与司法联合攻关的现实紧迫性。

三、非法捕捞案件行刑衔接的完善路径

应对非法捕捞案件行刑衔接困境的关键在于促使渔政部门与刑事司法部门在相关问题上形成整体性认知。建议完善有关实体法律规范、强化检察监

---

① 参见"'检察为民办实事'之检察机关依法惩治长江流域非法捕捞水产品犯罪典型案例"，载最高人民检察院官网，https://www.spp.gov.cn/spp/xwfbh/wsfbt/202111/t20211105_534468.shtml#2，最后访问时间2024年10月3日。

督、优化案件数据信息共享，在制度与程序层面共同作出改进。

（一）细化、补充行刑衔接有关规定

第一，出台司法解释进一步细化非法捕捞案件的情节认定。《最高人民法院规定（二）》以及《解释》对非法捕捞水产品罪"情节严重"的认定标准还可以细化。首先，对其中"禁用工具"的认定，可以严格依据农业农村部《长江流域重点水域禁用渔具名录》，将地笼网、绝户网、刺网等列入禁用工具。其次，其中"情节严重"的规定并非完全列举。有学者对"其他情节严重的情形"予以补充，包括：以非法捕捞水产品为业的；一年内已因非法捕捞受到行政处罚两次以上，仍非法捕捞的；抗拒渔政管理，威胁、恐吓甚至殴打渔政管理人员，尚不构成妨碍公务罪的。[①] 本文基本同意上述观点，认为可以将其纳入"其他情节严重的情形"范畴。同时，还可以在司法解释附件中以清单形式梳理非法捕捞案件的行政违法行为、案件移送标准、构罪要件、主要证据要求等内容，形成本罪"罪"与"非罪"的衔接清单，构建主客观相统一、定性与定量相结合的移案标准，[②] 以压缩各地渔政部门案件移送的裁量空间，提高非法捕捞案件移送的效率与精准度。

第二，丰富我国《渔业法》规定的行政处罚手段。罚款为当前非法捕捞案件中最常见的行政处罚手段，但内陆地区非法捕捞行为人普遍"文化低、收入低"，不免存在巨额罚金"执行难"问题，可以增加"购买鱼苗增殖放流"等具有"生态补偿性质"的处罚手段。目前，已有地区做出类似尝试。2021年3月，四川省简阳市农业农村局执法人员挡获张某某、钟某在沱江河水域非法捕捞，检察机关考虑到二者犯罪情节轻微、有悔罪表现且认罪认罚，决定对其不起诉，要求渔政部门对其作出行政处罚。同时，该检察院联合渔政部门举行增殖放流仪式，由张某某、钟某将出资4000元购买的鱼苗全部放入沱江，[③] 起到了良好的宣传教育作用，推进了比例原则的适用。鉴于我国

---

① 参见谢雄伟、李福顺：《非法捕捞水产品罪司法认定的法教义学研究》，载《法治社会》2016年第3期。
② 参见李煜兴：《行刑衔接的规范阐释及其机制展开——以新〈行政处罚法〉行刑衔接条款为中心》，载《中国刑事法杂志》2022年第4期。
③ "为民办实事｜以检察办案守护沱江生态"，载简阳市人民检察院，https：//www.cdjyjcy.gov.cn/jjxw/232457.jhtml，最后访问时间2024年10月3日。

《渔业法》并未涵盖生态补偿性处罚手段，因此，可以先以部分地区为试点，准许在当地范围内增设有生态补偿性质的处罚手段，再根据这些处罚手段的实际执行成效来评估是否将其纳入我国《渔业法》范畴。

第三，补充我国《行政处罚法》中行刑反向衔接内容。目前，我国关于行刑反向衔接的立法多为规范性文件，法律位阶较低，不具有普遍约束力。虽然《行政处罚法》第二十七条①增加了关于反向移送的规定，但没有明确具体的反向移送操作标准。应当对《行政处罚法》第二十七条规定加以补充，明确办理行刑反向衔接案件在调查核实流程、文书送达规范以及回复期限等方面的协作配合，同步细化行政管辖规定与行政处罚方式，统一执法标准，以保障行政追责与刑事追责衔接机制的常态化运作。

（二）强化检察监督机制的有效落实

检察机关在整个行刑衔接监督体系中扮演主要的监督角色，但由于对案件信息了解受限，检察监督长期处于被动境地。建议通过以下措施激活检察监督机制的运行，使之从被动转化为主动。

第一，落实检察机关对所有非法捕捞案件的知情权和适度调查权。其中，知情权可以依托案件数据信息共享平台的完善得到落实。适度调查权包括对非法捕捞案件本身的直接调查，以及对渔政部门执法工作的调查②，可以通过以下方式落实：首先，通过法律赋予检察机关提前介入案件的权利，在不干扰渔政部门正常执法的前提下，可以调阅相关案件卷宗以及询问当事人。其次，采用双向激励机制解决渔政部门内部案件移送意愿不强问题。一方面，检察机关要尊重渔政部门在执法中的地位，充分参考渔政部门的案件处理意见。另一方面，检察机关应主动调取、排查涉嫌非法捕捞犯罪的案件是否应移尽移，对于渔政部门"有案不移"的行为，应当明确具体的追责机制。

第二，利用大数据构建行刑反向衔接法律监督"四步走"模型。第一步，对比检察机关作出相对不起诉决定的案件数据与检察机关向渔政部门发出检察意见的案件数据，对检察机关未按相关规定提出检察意见的行为进行责任

---

① 《行政处罚法》第二十七条第一款规定："……对依法不需要追究刑事责任或者免予刑事处罚，但应当给予行政处罚的，司法机关应当及时将案件移送有关行政机关。"

② 参见王露：《渔业行政执法与刑事司法衔接机制研究》，上海海洋大学2021年硕士学位论文。

约束。第二步，对比检察机关发出检察意见的案件数据与渔政部门作出行政处罚决定的案件数据，对渔政部门未作行政处罚决定的案件进行监督。第三步，从比例原则出发，参照典型案例，对行政处罚的正当性、合理性进行监督。第四步，对行政处罚后续的落实情况加以监督，防止"不刑不罚"现象产生。整个"四步走"过程紧密联系，通过数据反馈，检察机关若发现渔政部门未执行检察意见，有权提出相应的检察建议促其整改，以巩固检察监督的权威地位。[1]

(三) 优化案件数据信息共享机制

共享案件数据信息是行刑衔接机制运行的重要保障。当前，信息不对称成为阻碍渔政部门与司法机关协作的一大因素。因此，必须优化案件数据信息共享机制，完善案件数据信息共享平台及流域渔业执法与司法相关主体联席会议规则，以加强渔政部门与司法机关的沟通与协作。

第一，完善由省、市、县三级联动的非法捕捞案件数据信息共享平台，坚持"线上+线下"的数据对接与反馈策略。为减少渔政部门"有案不录"情形，渔政部门必须在12小时内将涉嫌非法捕捞犯罪的案件录入数据信息共享平台，经公安机关线上接收后再进行线下移交，公安机关不予立案的，应当在平台上作出说明。此外，应建立通报批评制度，对渔政部门未及时或未按照既定标准录入案件信息的行为进行通报批评。若渔政部门跳过案件信息录入环节，直接将案件交至公安机关的，公安机关应予接收，且须在信息共享平台上注明案件的具体来源。

第二，完善各流域渔业执法与司法相关主体联席会议规则，推进建立重大疑难案件会商等配套制度。目前，针对非法捕捞案件，我国长江流域部分地区已逐步建立起联席会议、案件会商等制度，但如何将其推广至全流域乃至全国，还需统筹谋划长效工作机制，明确制度运作的牵头部门、联络部门以及启动标准等事项。笔者认为，可以由检察机关牵头召开联席会议，将其分为定期会议与不定期会议。其中定期会议以发布典型案例、通报疑难案件等形式反馈非法捕捞案件的近期治理情况，不定期会议则主要会商解决跨区

---

[1] 参见刘星、陈孝翔、朱雅雯：《电信网络诈骗案件行刑衔接的困境与纾解》，载《武汉公安干部学院学报》2024年第2期。

域行政司法协作中出现的疑难、争议问题，以加快对跨区域非法捕捞产业链的打击进度。①

四、结语

非法捕捞水产品罪作为我国主要的涉水类环境犯罪，其行刑衔接机制须对党的二十大报告提出的"健全现代环境治理体系"要求作出回应。目前，非法捕捞案件行刑衔接仍存在不畅：从实体处罚结果上看，行政处罚与刑事处罚不协调，如行刑判罚界分标准模糊、"不刑不罚"现象尚存以及行政处罚比例原则适用不够合理。从案件移送程序上看，案件双向移送承接不足、检察监督工作不到位、行刑数据信息存在壁垒。为此，需要从制度、程序两个层面共同作出改进。具体而言，要进一步完善非法捕捞案件行刑衔接相关立法、强化检察监督机制的有效落实以及优化案件数据信息共享机制。

---

① 参见田恬：《长江流域环境司法与行政执法协作的困境与出路》，载《重庆行政》2024年第2期。

"破坏"民刑分立的惩罚性赔偿制度：
隐藏的公法

刘秀明　王　媛*

摘要：民法领域中的惩罚性赔偿在适用中体现出侧重于惩罚而不是填补的功能，与行政法、刑法等公法出现竞合。惩罚性赔偿计算标准不明确、罚金刑与惩罚性赔偿并行适用、证明标准不统一等问题限制了当事人的实体权利与诉讼权利。在惩罚性赔偿案件中，法官应当变通适用处分原则，结合比例原则进行审理，采取主客观相结合的标准，作出合法合理的判决。同时对于当事人的同一行为不应该重复惩罚，充分保障当事人的权利。

关键词：惩罚性赔偿　民刑分立　比例原则　法域竞合　证明标准

一、我国惩罚性赔偿制度的缘起与发展

在《民法典》颁行之前，我国没有给予惩罚性赔偿正式的法律承认，但是该制度在侵权责任中早已适用。《侵权责任法》第四十七条就规定了产品责任中被侵权人有权请求相应的惩罚性赔偿；《消费者权益保护法》第五十五条①也规定消费者可以请求商品价款或服务费用的三倍赔偿金，这是受害者额外获得的赔偿，具有对加害人的惩罚性质。惩罚性赔偿制度在侵权领域中的适用逐渐发展，因此《民法典》中，总则在承担民事责任方式中规定"法律

---

* 刘秀明，四川轻化工大学法学院教授；王媛，四川轻化工大学法学院2022级法律硕士研究生。
① 《消费者权益保护法》第五十五条第一款规定："经营者提供商品或者服务有欺诈行为的，应当按照消费者的要求增加赔偿其受到的损失，增加赔偿的金额为消费者购买商品的价款或者接受服务的费用的三倍……"

规定惩罚性赔偿的，依照其规定"，分则中在知识产权侵权、产品责任以及环境侵权中规定，被侵权人有权请求相应的惩罚性赔偿。至此，我国在民法典中正式承认了惩罚性赔偿。

民法典中虽然正式规定了惩罚性赔偿在侵权责任中的适用，但只是规定"相应的惩罚性赔偿"并没有表明具体的计算方法，系纲领性的笼统规定。[①]以产品责任为例，《民法典》第一千二百零七条[②]作为一般性规定，列明了请求惩罚性赔偿的一般构成要件包括：侵权行为、主观过错、侵权结果以及因果关系，在没有特别规定的情况下，民事主体可以该条规定为请求权基础。在《消费者权益保护法》第五十五条第一款中，更明确地规定了侵权人实施"欺诈"情形，消费者可以请求价款或服务费三倍的赔偿金；第二款中，对《民法典》第一千二百零七条规定的"相应的惩罚性赔偿"释明，以所受损失两倍计算。同时，《食品安全法》又对产品责任细分，消费者因食品受到侵害，依据第一百四十八条第二款[③]可以请求生产者或者经营者支付价款十倍或者损失三倍的赔偿金。这是针对《消费者权益保护法》中的特殊规定再次限制适用领域的特殊规定。比如，在最高人民法院发布的典型案例中，销售者杨某在二手商品网站以欺诈方式销售无线耳机，虚假宣传"知名品牌无线耳机"使消费者高某等陷入错误认识与其订立合同达成交易。其行为构成欺诈，法院依据《消费者权益保护法》第五十五条判令杨某退还商品价款并承担价款三倍的惩罚性赔偿。

二、惩罚性赔偿制度中的争议

（一）惩罚性赔偿的"准刑罚性"

正如王泽鉴教授所言："惩罚性赔偿具惩罚、报应及吓阻的作用，同于刑

---

① 参见张平华：《〈民法典〉上的惩罚性赔偿法定主义及其规范要求》，载《法学杂志》2023年第4期。

② 《民法典》第一千二百零七条规定："明知产品存在缺陷仍然生产、销售，或者没有依据前条规定采取有效补救措施，造成他人死亡或者健康严重损害的，被侵权人有权请求相应的惩罚性赔偿。"

③ 《食品安全法》第一百四十八条第二款规定："生产不符合食品安全标准的食品或者经营明知是不符合食品安全标准的食品，消费者除要求赔偿损失外，还可以向生产者或者经营者要求支付价款十倍或者损失三倍的赔偿金；增加赔偿的金额不足一千元的，为一千元……"

罚，因此被称为准刑罚或刑事侵权，乃穿着民事请求权衣服的刑事制裁。"①

1. 功能上，惩罚性赔偿旨在惩罚和吓阻侵权人。一般的民事责任要求，受害人获得的赔偿以其所受损失和所失利益为限度，这样的责任承担方式已经足以吓阻行为人进行"无效益违约"。惩罚性赔偿的具体目的已经不是填补受害人的损失，而主要是惩罚不法行为人，意在吓阻"有效益违约"。从具体的产品责任中来看，经营者如果以欺诈方式销售产品，不仅需要依据一般侵权责任退还价款，还需要支付三倍惩罚性赔偿金，其足以有效地遏制生产经营者交易缺陷产品扰乱市场的行为。

2. 责任根据上，惩罚性赔偿要求行为人有主观过错。《民法典》第一千二百零二条规定因产品存在缺陷造成损害生产者就应当承担责任，即一般的产品责任都采用无过错归责原则，不以侵权人的过错来量定赔偿的金额。再看《消费者权益保护法》中的规定，只有当经营者实施欺诈或者是明知产品存在缺陷时，才会适用惩罚性赔偿，重点关注行为人的过错，这一点与刑事责任的适用相似，不对轻微违反注意义务的行为进行惩处。

3. 证明标准上，部分惩罚性赔偿采用高标准。民事诉讼中对于一般的民事实体事实采用"高度可能性"的证明标准，通过责任人的举证使法官内心对证明事实的确信状态达到"一般情况下是这样"的即可。但是对于一些特殊事实的证明，比如"欺诈"，当事人需要使法官内心对证明事实的确信状态达到"事实几乎都是这样"的状态，此时采用"排除合理怀疑"的证明标准，与刑事诉讼中的证明标准一致。

(二) 惩罚性赔偿与罚款、罚金刑聚合导致双罚风险

一事不再罚是我国行政法中的一项原则，旨在保护行政相对人的人权，针对同一行为不能对其重复施加同种性质的处罚。《行政处罚法》中分别规定了对同一行为不能两次罚款以及同一案件中行政处罚应在刑事处罚中的折抵。该原则主要体现在规制行政法与刑法的关系，并未涉及民法内部以及与行政法、刑法之间的调整。在民事权利纠纷中，一方面优先考虑双方当事人意思自治，另一方面民事责任主要目的是填补当事人的损害，所以可以合并使用赔偿损失、支付违约金等手段。同时产生行政责任、刑事责任时，公民的利

---

① 王泽鉴著：《损害赔偿》，北京大学出版社2017年版，第365页。

益保护优先，民事责任先于行政责任和刑事责任执行。此时，三大部门法各司其职，并没有发生责任上的交叉、冲突。

一般性损害赔偿与罚金两者分别实现自身的价值，填补损失的私法目的与惩罚预防的公法目的相互配合，能够更好地保护公民权益。但惩罚性赔偿是对侵权人施加的额外财产剥夺，与刑法中罚金刑的功能高度相似，甚至在部分案件中，惩罚性赔偿的数额高于罚金，体现出更严厉的制裁力度。民事责任承担方式重于刑法制裁方式，出现责任倒挂，打破了民刑分立的体系。2017年7月至2018年7月，被告人祝某以营利为目的，销售假药，销售金额40240元，盈利12180元。一审法院认为其构成销售假药罪，并且依据《消费者权益保护法》认为其具有"欺诈行为"，除应承担刑事责任外，还应承担相应的民事侵权责任，判处其有期徒刑八个月，罚金85000元，惩罚性赔偿金120720元并对其违法所得12180元予以追缴。[①] 在该案例中，惩罚性赔偿金高于罚金3万元有余，是被告人销售金额的三倍，盈利金额接近十倍。如果说法律通过惩罚吓阻不法行为人，并发挥预防功能，罚金85000元难道不足以实现吗？惩罚性赔偿金在填补民事损失之余以如此高比例计算意图实现什么功能呢？

(三) 惩罚性赔偿对民事诉讼原则的突破

处分原则作为民事诉讼法的核心原则之一，是民法中"意思自治原则"在民事程序法中的延伸。处分原则构成了对审判权的制约，法院不能就当事人未提起的事项作出判决。在产品责任中，一般的产品侵权，由于适用无过错归责原则，所以法官在作出判决时仅须针对客观事实进行认定，而惩罚性赔偿的适用需要判断行为人主观上"明知"或者"欺诈"的过错程度，将客观危害与主观过错综合评判。民事诉讼中，不同于刑事诉讼全面审查案件事实，法官依据当事人处分后的事实，作出具有"准刑罚"性质的惩罚性赔偿给被告人带来超越传统民事责任的负担，却没有赋予其严格的程序保障。这无疑是缺乏正当性的，因为法官对侵权人作出惩罚需要结合被惩罚人的主观过错，需要查明事实，而不能依据一般的程序使侵权人失去对处分权和辩论权的保障。

---

① 参见山东省曹县人民法院（2019）鲁1721刑初519号刑事判决书。

（四）惩罚性赔偿计算标准不明确

从我国《消费者权益保护法》《食品安全法》的规定可知，在产品侵权中惩罚性赔偿计算基数为产品价格或者消费者所受损失，看似在法律中予以明确的规定，但是在实践中还是存在缺陷。以产品价格或者服务费用为计算标准，虽然容易确定金额，但是在价格较低的交易中，惩罚性赔偿不易发挥其惩戒的作用，在价格较高的交易中，又容易出现惩罚畸高的弊端。以消费者所受损失为计算标准，一方面，《消费者权益保护法》第五十五条第二款中明知产品有缺陷造成受害人死亡或者健康严重损害的，实际损失很难明确界定；另一方面，在《消费者权益保护法》第五十五条第一款、《食品安全法》第一百四十八条中惩罚性赔偿不需要以消费者受到实际损害为前提，在消费者仅受欺诈购得产品或者购得不符合标准食品而未有实际损失时，又以什么标准界定计算基数。

另外，尽管在一些特别法中，对惩罚性赔偿的计算倍数有相应的规定，主要有二倍、三倍、十倍三个标准。但是在《消费者权益保护法》和《食品安全法》中，同时可适用价款十倍或者受欺诈时价款三倍即出现竞合，导致实践中仍存在同案不同判的情形。

最后，司法实践中，民事公益诉讼提出惩罚性赔偿的案件已经比较普遍。公益诉讼中受害人数不确定且范围广，若以受害人的损失为基数计算赔偿金是不现实的。那选择商品价款作为计算基数，行为人实际违法销售的金额是否包含未销售缺陷产品的金额、难以确定销售金额时是否以进货金额作为基数等还是存在实际裁量时法官的衡量选择。[1]

三、惩罚性赔偿制度的完善

刑法通过刑罚手段对公民的权利进行限制或者剥夺，作为最严厉的制裁手段，国家通过立法对其适用加诸严格的限制条件。虽然惩罚性赔偿规定在民法中作为侵权责任的承担方式，但是为了避免对该"隐藏的公法"的滥用，

---

[1] 参见郭雪慧：《食品药品安全民事公益诉讼惩罚性赔偿制度研究》，载《浙江大学学报（人文社会科学版）》2023年第8期。

应当通过更加细致的法律规定进行规范。

(一) 弹性计算赔偿额

行政法中规定了比例原则,在刑法中也有类似的罪责刑相适应原则。比例原则要求行政机关作出的惩罚应当与当事人的过错大小相适应,能不罚就不罚,能少罚就少罚。罪责刑相适应原则规定刑罚的轻重应当与客观的犯罪行为、危害结果、犯罪人的主观恶性、事后态度相适应。不管是行政法还是刑法中的规定,都是对公权力机关的限制,防止其滥用权力侵害当事人权益,不允许对所有案件进行"一刀切",顶格以最高刑处理。但是我国在民事法律中并没有规定比例原则,主要依处分原则、辩论原则来实现对法官的限制、对当事人权利的保障。但是我国民法承认惩罚性赔偿制度,实质上更类似刑法中的"罚金"刑,甚至罚得更重。

比例原则作为一种分析权衡的工具[1],不仅适用于行政处罚、刑罚,也能够普遍地适用于各种制裁方法。在民事法律中引入比例原则要求法官在对行为人施加惩罚时充分考虑行为人的过错以及危害的程度。行为人在侵权时的主观过错程度可以作为一个重要影响因素,法律中规定的"欺诈""明知"都表明惩罚性赔偿是作为惩罚行为人故意的手段,但是结合生活及司法经验,"欺诈"的恶劣程度是高于"明知"的[2],那么《消费者权益保护法》中"欺诈"的三倍计算与《食品安全法》中"明知"的十倍计算发生竞合,可能会出现同案不同判。故关于产品侵权中倍数的确定,法律应该更加明确适用的条件并解决这种竞合的矛盾。首先,对于恶性程度高的"欺诈"规定高倍数计算。其次,对于"明知"则根据行为人的恶性程度在两倍以上十倍以下确定。同时应当考虑行为人事后的态度、承担责任的能力,作出的惩罚性赔偿应当能够发挥惩罚的作用,同时不能过高导致生产、经营者无力生产经营或者生活。最后,结合处分原则,当法官审理后确定的惩罚性赔偿金额高于原告所主张的金额,应以原告请求的数额为限;如果法官确定的金额低于原告所主张的金额,应当以其确定的数额为准。

---

[1] 参见刘志阳:《惩罚性赔偿适用中的实体正义与程序正义》,载《法制与社会发展》2022年第1期。

[2] 参见朱晓峰:《论〈民法典〉中的惩罚性赔偿体系与解释标准》,载《上海政法学院学报(法治论丛)》2021年第1期。

(二) 提高证明标准

当代司法裁判奉行"证据裁判原则",该原则指明在诉讼中,对于案件事实的认定必须依据证据。我国在民事诉讼法中虽然没有明文规定,但是《最高人民法院关于民事诉讼证据的若干规定》第八十五条第一款规定了"人民法院应当以证据能够证明的案件事实为根据依法作出裁判"。前文中简要介绍了刑事诉讼的证明标准要求达到"排除合理怀疑"程度,我国认定行为人有罪的标准为"案件事实清楚,证据确实、充分",以排除合理怀疑作为一个综合因素和重要补充,是一个主客观结合的标准。民事诉讼的证据标准,是建立在客观真实基础上的法律真实,对于普通案件要求"高度盖然性",对欺诈、口头遗嘱、赠与等特殊事项提出"排除合理怀疑"的证明标准。我国在适用惩罚性赔偿的产品侵权案件中,只对欺诈一种情形提高证明标准的要求,但是同样是接受惩罚、主观故意的侵权人,"明知"产品缺陷的行为却以低证明标准承担相同的重责。

鉴于惩罚性赔偿案件作为民事案件中的特殊类型,应当适当提高证明标准以维护被惩罚者的合法权益,但可以不要求对全部事实达到刑事责任的排除合理怀疑标准。一方面因为在民事案件中,大部分受害者处于弱势地位,并不能期待民事主体能向公安机关、检察院依职权调查取证,举证存在一定的难度;另一方面效率也是法律的重要价值,但绝不是安于现行法律的规定,使受"惩罚"行为的证明标准与普通民事事实落于同一程度,应对"明知"产品缺陷的行为提高证明标准,与"欺诈"行为保持一致。同时,应当对该类案件采用主客观相结合的认定标准,法官在自由裁量时须考虑侵权人主观恶性及道德上的可非难性程度与最终确定的惩罚性赔偿金额的关系。

(三) 限制在民事案件中提出惩罚性赔偿

我国在公法中,都以不得重复处罚的规定限制公权力的滥用,在保证对违法行为人进行惩罚的基础上,也要体现保障其权益的机能。在民法领域,我国立法规定民事主体同时需要承担民事责任和刑事责任时,两份责任应当并行,在民事主体财产不足时应当优先承担民事责任。这项规定的立法目的在于利益填补的同时也予以惩罚,二者并不矛盾,但是惩罚性赔偿具有"准刑罚"的功能,与罚金同属于财产性罚则。在一起案件中将两种责任同时加诸在侵权人身上时，就会造成重复评价、重复处罚，特别是在民事公益诉讼中，惩罚性赔偿金最后也不归属于侵权受害人，往往归于国家日后对相应领域进行治理。① 在我国法律体系中，刑法作为最具打击力度的法律应该体现最强的制裁力，而民法作为平等主体之间意思自治的调节器，则应该以温和的方式干预。惩罚性赔偿与罚金的数额悬殊使民刑责任颠倒，破坏了体系的统一。既然在行政处罚与刑罚中都避免了重复侵害违法行为人权利的情形，那么将惩罚性赔偿局限在民事案件中，既能突出惩罚侵权人不足以构成犯罪的过错行为，又能够避免与刑事责任聚合导致双罚危险，构建一个惩罚力度由低到高的体系：惩罚性赔偿—行政罚款—罚金。②

四、结语

惩罚性赔偿制度经历了两百多年的发展，由于其常被作为填补刑法漏洞的补充手段仍饱含争议。我国吸收引进该制度，不断完善相关立法，但是惩罚性赔偿的"准刑罚"性质突破了民事责任的界限，表现出更接近刑法功能的一面。在司法适用中，笼统的计算标准、过高的惩罚性赔偿金额、与罚金刑的并行适用等都是对行为人权利的不当剥夺；另外，不同的证明标准却适用相同的惩罚标准，打破了公平正义的法治环境。

一项法律制度从产生到完善需要经历反复地打磨修改。惩罚性赔偿的适用更应该借鉴我国行政法、刑法领域对公权力的限制经验，避免重复惩罚过分限制公民的权利。同时应当结合比例原则的要求，使法官在自由裁量时作出与行为人主客观相适应的惩罚性赔偿数额。最后，完善民事程序法中惩罚性赔偿案件的证明标准，保护公民的诉讼权利并提供有效的保障。

---

① 参见王勇：《刑附民公益诉讼案件惩罚性赔偿的民事适用及其刑事调和》，载《政法论坛》2023年第3期。

② 参见吕英杰：《惩罚性赔偿与刑事责任的竞合、冲突与解决》，载《中外法学》2022年第5期。

单位犯罪刑事责任归责的路径优化

房　丽　覃雨婷　段婷婷*

摘要：随着经济社会的发展，单位犯罪案件的复杂性和多样性日益显现，在当前司法实践中，单位犯罪的归责方式模糊、法律适用标准不一、行刑衔接机制不足等问题仍未得到有效解决。为有效应对单位犯罪归责的复杂性，需要从多方面入手，优化刑事责任归责机制。首先，应明确法律规范的适用，细化和统一刑事责任认定标准；其次，应健全行刑衔接机制，确保刑事与行政责任的协调一致；最后，应加强部门间的协作与信息共享，以提升法律适用的效率和一致性。

关键词：单位犯罪　刑事责任　归责路径

一、问题的提出

当前单位犯罪涉及的范围和深度持续扩大，已经影响了正常的社会秩序和市场经济的稳定发展，尤其在环境污染、食品安全、药物管制、金融欺诈等领域，这也对现行的法律体系提出了新的挑战。尽管我国《刑法》对单位犯罪作出了基本规定，但面对日益复杂的案件形式和犯罪手段，传统的刑事责任归责机制显得力不从心。在司法实践中，主要体现在以下几个方面。首先，单位与员工的责任界限模糊，刑事责任的归责标准不清，导致实践中对责任的认定存在不一致性；其次，行刑衔接机制存在诸多不足，不同部门之

---

* 房丽，女，黑龙江大庆人，四川轻化工大学法学院副教授，法学博士；覃雨婷，女，四川大竹人，四川轻化工大学法学院2023级硕士研究生；段婷婷，女，四川兴文人，屏山县人民检察院检察官助理。

间衔接不畅，信息共享机制尚未完善，制约了刑事追责的效率与准确性。这些问题使得现行的刑事责任归责机制在面对复杂化的单位犯罪时，显得力不从心。因此，如何在复杂多变的法律环境中，优化单位犯罪的刑事责任归责路径，已成为亟待解决的问题。

二、我国单位犯罪刑事责任归责现状

当前单位犯罪的归责方式存在一定模糊性，尤其是单位需要为员工的犯罪行为承担责任的界限以及如何区分单位责任与个人责任方面。此外，当前的归责认定方式过于一元化，往往倾向于将单位和个人的责任统一处理，缺乏必要的针对性和灵活性。司法实践中，囿于单位犯罪相关的条文较少且不够完善，单位犯罪的法律适用问题也存在较大不确定性，不同地区和法官对同类案件的处理方式存在差异，加剧了单位犯罪刑事责任认定标准的不统一性。

（一）归责方式与法律适用的不确定性

自我国1997年《刑法》规定单位犯罪以来，单位犯罪的归责方式一直依赖于自然人的行为，尤其是单位内部"直接负责的主管人员"或"其他责任人员"的犯罪行为及其主观犯罪目的。具体来说，当单位发生违法行为时，依据相关人员是否具有为实现单位利益的目的，来判断该犯罪行为是否可归咎于单位整体意志。这种归责方式的思路在于：单位活动是通过自然人实现的，单位刑事责任的认定要以自然人的刑事责任为前提。[1] 然而，这种"一元模式"归责方式在实际操作中难以明确区分单位本身的行为与其员工的行为，导致单位在某种程度上成为自然人承担责任的附属体，由此产生了法律适用上的不确定性。

同时，如何明确区分单位责任与个人责任也是实践中的突出问题。单位意志的体现是单位犯罪的归责核心，但实践中，单位意志与个人行为的界定极为复杂。在某些情况下，单位的直接责任人可能以单位的名义实施犯罪，

---

[1] 参见何秉松：《人格化社会系统责任论——论法人刑事责任的理论基础》，载《中国法学》1992年第6期。

但其行为动机和意图可能并不完全代表单位的整体利益。在这种情况下，如何准确区分单位刑事责任与个人刑事责任，成为司法实践中的一大难题。如"张某和北京奥某瑞丝贸易公司走私普通货物案"①中，法院查明张某受北京奥某瑞丝贸易公司负责人盛某的指使，因盛某为公司的负责人，根据我国单位犯罪的规定可推定盛某代表着公司意志，认定该公司构成走私普通货物罪，张某被认定为犯走私普通货物罪（单位犯罪）。同样，"刘某和西安曲江皇某国汇娱乐管理有限公司、西安曲江皇某影视演出有限公司非法吸收公众存款案"②中，法院认为两家公司的行为构成非法吸收公众存款罪，判处两公司的实际控制人刘某有期徒刑七年六个月，并处罚金二十五万元，对单位并未作出处罚。这种归责标准的不确定性导致了司法实践中的困惑和不一致。

（二）责任认定方式的单一性

我国传统单位刑事责任的认定一直遵循着"一元模式"，这种归责方式将单位刑事责任依附于单位成员刑事责任之上，导致单位责任逐渐演变为对自然人的责任延伸。虽然在一定程度上简化了法律适用的操作，但在复杂的经济犯罪或组织犯罪中，却可能导致法律适用的僵化和不公正。

首先，现行的归责模式倾向于通过对自然人刑事责任的认定来推导单位的刑事责任。这种模式过分依赖于自然人的行为和主观意图，而未能充分考虑单位作为独立法人实体的特殊性。单位的决策过程往往涉及多个层级和不同的利益群体，单纯依靠自然人的犯罪行为来推定单位的刑事责任，可能无法准确反映单位整体的意志和行为。这样的认定路径在司法实践中，导致存在大量单位犯罪被认定，却未对单位本身进行刑事追究，仅将单位成员行为认定为单位犯罪且只处罚单位成员的情形。

其次，归责认定的一元化也导致了实务中法律适用的机械性。实务中，单位犯罪以"以单位名义+违法所得归单位"为主要认定标准③。在现代企业中，个人行为既可能是为了单位的利益，也可能是为了个人私利。在这种情况下，简单地将个人行为与单位责任捆绑在一起，容易导致误判。

---

① 参见北京市第三中级人民法院（2015）三中刑初字第00149号刑事判决书。
② 参见陕西省西安市中级人民法院（2020）陕01刑初19号刑事判决书。
③ 参见最高人民法院1999年6月25日发布的《最高人民法院关于审理单位犯罪案件具体应用法律有关问题的解释》和2001年1月21日发布的《全国法院审理金融犯罪案件工作座谈会纪要》。

(三) 刑事责任认定方式的模糊性

在我国现行法律体系中，单位犯罪的刑事责任认定存在一定的模糊性。

首先，现行《刑法》对单位犯罪的归责标准规定相对粗疏，缺乏细致的可操作性指引。我国单位犯罪体系以"双罚制"和"单罚制"两种方式为基础，构建了自然人与单位并存的归责机制。双罚制要求对单位和自然人同时追责，而单罚制则仅对自然人追责，不对单位施以处罚。从理论与实务的结合上来看，我国单位犯罪入罪标准实行的是归责机制虽然在理论上具有一定的合理性，但实践中自然人和单位的入罪标准并不统一。自然人的入罪门槛通常较低，而单位的入罪条件则更为严格。当单位和自然人独立构成同一罪名时，单独实施犯罪的自然人与单位中的直接责任人员受到的刑罚可能存在显著的差异，通常体现为自然人犯罪重于单位犯罪。以非法吸收公众存款罪为例，单位的入罪标准为自然人的 5 倍。① 这一差异导致了同一罪名下，仅因自然人与单位主要责任人员身份的不同，法律制裁的标准便有所不同。这样的责任认定方式是否违背了刑法中的罪刑法定原则与刑法适用平等原则。

此外，这种差异可能使自然人利用单位犯罪制度逃避更重的刑事责任有相对合理的依据。在单位入罪标准高于自然人的情况下，单位犯罪对单位一般适用罚金刑，而直接责任人员适用的刑罚还包括刑法规定的主刑，进一步加剧了法律适用差异。

其次，法律条文过于抽象，导致在实践中难以准确适用。我国《刑法》第三十条、第三十一条虽对单位犯罪的刑事责任作出了原则性规定，但缺乏对具体情境的详细规则。法律缺乏足够的指导给司法机关在单位意志与个人行为的区分带来了极大的难度。加之，单位犯罪通常涉及多个层级的决策以及复杂的利益牵连，单位的整体意志与个体成员的独立行为本就难以界定。

最后，法律的滞后性决定了其在面临复杂单位犯罪案件时，需要司法机关根据个案作出灵活判断。这就意味着法官的自由裁量权在单位犯罪案件的处理中起到重要作用。不同法官的专业基础、经验积累、对法律条文的理解

---

① 参见《最高人民法院关于修改〈最高人民法院关于审理非法集资刑事案件具体应用法律若干问题的解释〉的决定》将第三条修改为："非法吸收或者变相吸收公众存款，具有下列情形之一的，应当依法追究刑事责任：（一）非法吸收或者变相吸收公众存款数额在 100 万元以上的……"

甚至是所属辖区不同都会导致对法律适用的偏差，这也是导致"同案不同判"的原因。其中以经济类犯罪为代表，不同法院对区域经济发展的考量不同决定了对犯罪单位从严处理的方式不同。这种刑事责任认定标准不统一可能使单位产生逃避法律责任的侥幸心理，即"法律购物"现象。①

三、单位犯罪刑事责任归责失范的成因分析

我国《刑法》对单位犯罪的规定主要集中在特殊犯罪类型中，但法律条文的抽象性使得其在具体案件中如何适用成为挑战，尤其是在归责标准不一、量刑尺度不明等问题上，亟待进一步规范。

（一）法律条文理解与适用的差异性

我国《刑法》、《刑事诉讼法》及相关司法解释在规范单位犯罪时，更多关注于实体法层面的规定，而对程序法及其适用的规范则相对薄弱。这导致了在具体案件中，法律适用的不确定性较大。随着社会的发展，单位犯罪的范围日益扩大，案情复杂程度增加，法律规范自身的局限性越发明显，进一步增加单位犯罪刑事责任归责的难度。②

第一，法律条文的抽象性增加了适用上的难度。虽然《刑法》对单位犯罪的有关概念作出基本规定，但多为指导性原则，缺乏详细规则。《刑法》在界定单位意志时，仅规定了"单位意志"为标准，对单位内部决策和行为之间的关系未能进一步细化。但在实践中单位犯罪案件往往涉及复杂的决策过程和多个责任主体，这种抽象性增加了法律适用的难度。

第二，程序法与实体法的衔接不足进一步加剧了法律适用的困难。《刑法》在实体法层面对单位犯罪作出了部分规定，但在程序法层面仍旧存在空白部分，特别是在证据收集、责任认定和量刑裁判等环节，缺乏明确的操作指导。

第三，法律自身具有一定的滞后性。当前单位犯罪的形式和领域日益多

---

① 法律购物现象指，单位或自然人在选择司法管辖地时，可能会故意选择对类似案件判决较为宽松的地区，以期望逃避应承担的法律责任。这种行为不仅违背了法律的公平正义原则，也损害了法律的权威性和社会的法治秩序。

② 参见孙国祥：《单位犯罪的刑事政策转型与企业合规改革》，载《上海政法学院学报（法治论丛）》2021年第6期。

样化，现行法律的滞后性日益凸显。尤其是以高科技犯罪以及金融犯罪等新兴领域为主的单位犯罪更加隐蔽与复杂，现有的法律难以覆盖其新型犯罪形式。因司法机关处理相应案件时没有确切的法律依据，导致单位犯罪刑事归责的不清晰。

(二) 行刑衔接机制的不足

单位犯罪具有复杂性和集体性的特征，因此单位犯罪往往涉及多部门、多层级的法律适用，其中刑事责任与行政责任的衔接最为广泛。但我国现行法律体系在行刑衔接机制方面存在明显不足，在一定程度上为单位犯罪刑事归责带来了阻碍。

首先，行刑衔接机制不足首要表现在二者在法律标准上的差异。行政处罚和刑事追责在证据标准和责任认定标准上往往不一致。行政机关通常依据较低的证据标准和较为宽松的责任认定标准对单位行为进行处罚，而刑事追责则要求更高的证据标准和更严格的责任认定。在司法实践中，有的行政机关对区分和把握罪与非罪的标准认识不统一，可能出现该移送的不移送，或者擅自处理以罚代刑。① 正是因为如此，刑事与行政两个领域在针对同一违法行为的处理结果上会出现相悖的情况。

其次，行刑衔接机制的理论与实践尚未完全结合。行刑衔接涉及多个行政以及司法部门，各个部门在案件移送时常常面临职责重叠或模糊不清的问题，导致案件移送和处理过程中的责任分工不明确，影响案件处理效率。行政机关通常是最早发现单位违法行为并对其进行初步处理的主体，但行政机关与司法机关，二者之间的信息共享平台尚未完全开通，无法破除信息壁垒，畅通衔接渠道。在程序与信息差异的双重阻碍下，司法机关在介入单位犯罪案件时，缺乏足够的证据和信息支撑，从而影响了刑事追责的及时性和有效性。

最后，正是由于行刑衔接涉及的部门众多，各个部门在处理单位犯罪案件时，往往难以明确界定自己的职责。这就会导致踢皮球现象的出现，一方面是由于行刑衔接机制的不完善，另一方面是由于执法或司法人员"少做少错"的逃避心态。这种职责划分的不明确性，不仅会导致案件处理的效率低下，还可能会出现部分犯罪单位利用程序漏洞逃避刑事责任的风险。

---

① 参见杨寅：《论我国食品安全领域的行刑衔接制度》，载《法学评论》2021年第3期。

（三）单位犯罪刑事责任归责的复杂性

1. 跨地区执法中的法律适用挑战

跨地区性的单位犯罪是当前司法实践中的又一难题。不同地区的司法机关在法律适用和执法标准有一定的差异。由于经济发展水平和司法资源配置存在差异，地方司法机关在处理单位犯罪时会根据当地的司法环境和资源配置自行裁量，这就导致各地对单位犯罪的刑事责任归责呈现出一定的不一致性。[1]

2. 跨部门执法中的实际困难

单位犯罪的刑事责任追责过程充满了复杂性，具体操作诸多实际困难。隐蔽性和复杂性是单位犯罪的显著特征，这也是单位犯罪刑事责任归责困难的重要原因。与自然人犯罪相比，犯罪单位内部的决策过程和行为实施链条较长，相关证据的收集和认定更加困难。同时，单位犯罪通常涉及多个法律领域和部门的协同合作，包括行政执法、刑事侦查、检察起诉和法院审判等环节。然而，由于各部门在职责划分、执法标准和操作流程上存在差异，不同部门之间同一案件处理的进度和结果可能不一致。加之，因为单位犯罪可能涉及合同法、劳动法、行政法等多个领域，这进一步增加了案件处理的复杂性。司法机关在追责过程中，不仅要全面理解和适用相关法律，还要协调不同部门之间的合作，以确保刑事责任的准确归责。最后，个案差异性也是单位犯罪刑事责任归责的阻碍之一。不同的司法人员在解释法律、评估证据和裁量案件时，往往受到个人经验、职业素养以及社会舆论的影响，案件处理结果难免存在差异。

四、单位犯罪刑事责任实现的路径优化

（一）建立组织体责任制度与完善内部控制机制

建立组织体责任制度与完善内部控制机制成为防控单位犯罪的重要途径。

---

[1] 参见孙国祥：《单位犯罪的刑事政策转型与企业合规改革》，载《上海政法学院学报（法治论丛）》2021年第6期。

组织体责任制认为，单位是一个独立的组织，因此单位承担刑事责任的基础在于单位自身的意志和行为表现。组织体责任制强调单位自身的独立意志，为单位独立承担法律责任提供了理论支持。同时，该制度能够推进单位强化自我管理和完善内部组织机制，这也有助于单位犯罪的预防。

首先，组织体责任制度的建立是强化单位主体法律责任的核心。组织体责任制度的核心在于将单位的行为与其成员的行为分离开来，使单位在法律上作为独立的责任主体对其行为结果负责。单位作为拥有独立人格的主体，对其内部成员的行为负有严格的监督与管理责任，并应该对由于管理失职所导致的违法行为承担相应的法律后果。通过建立组织体责任制度不仅能够有效地对单位意志与"主要责任人员"等意志进行区别，还有助于通过法律的强制性规范单位主体的行为，促使单位在日常经营中自觉强化内部管理，预防犯罪的发生。

其次，内部控制机制的完善是单位主体有效防控犯罪的关键措施。内部控制机制旨在确保单位活动符合法律规定、行业标准和内部规章，防范和控制风险。通过建立全面、有效的内部控制机制，确保单位主体及时发现并应对内部的法律风险，从而避免可能导致的刑事责任。

最后，组织体责任制度为内部控制机制提供了法律框架和基础。一方面，组织体责任制度要求单位在法律上承担责任，这促使单位必须建立健全的内部控制机制，以防止和减少犯罪行为的发生；另一方面，单位有完善的内部控制机构可以在行政责任认定时作为一定的减轻事由。这一防控路径既能通过法律的外部强制力对单位行为进行规制，又能通过内部控制机制促使单位自身主动防控犯罪风险。

（二）行刑衔接机制的健全

在健全行刑衔接机制的过程中，可以适当地引入资格刑。一方面，当前我国对单位犯罪的刑事处罚较为单一，适当引入资格刑有利于建立多元化的刑事处罚体系。另一方面，能够更好地与《行政处罚法》中相关资格罚制度进行合理衔接。依据"双罚制"的原则，刑事法律中资格刑适用的主体可以是单位及其主要责任人员，尤其是涉及公共安全、环境保护、食品安全等领域的单位犯罪。资格刑的引入一方面是对当前单位犯罪刑事归责的一种有效补充，另一方面能进一步增强法律对单位犯罪的震慑和预防作用。

信息不对称与跨部门协调机制的不完善是行刑衔接效率低下的重要因素，因此应该建立系统化的统一信息共享平台。通过设立统一的信息共享平台，及时录入相关案件信息，避免各部门之间的信息差异化。在建立跨部门的协作与沟通机制与系统化信息共享平台的基础上，可以进一步通过司法解释或指导性文件，明确各部门在案件移送中的职责分工和合作方式，完善各部门职责模糊的问题。针对行政机关应当明确其在案件初步处理阶段的责任，包括各个部门之间的分工。针对司法机关则应该及时与行政机关进行沟通，要明确自身对案件的刑事追责与审判负有全责。同时，为确保行刑衔接机制的有效运行，应该加强对各部门工作人员的专业培训，提升其法律职业道德素养，确保其在处理单位犯罪案件时能准确把握行刑衔接的关键环节。

（三）完善刑事责任认定的标准

单位犯罪刑事责任的认定应结合单位的组织特性与实际情况，为了实现对单位犯罪的有效制裁，有必要进一步完善相关的法律标准与适用规则。

1. 单位犯罪构成要件的明确

单位犯罪认定的难点在于如何准确地认定单位意志。首先，需要明确单位犯罪的构成要件，建立统一的认定标准。特别是单位在实施犯罪行为时的主观故意和客观行为，以及与单位利益的关联性，这是依法裁判的基础。在实践中，单位犯罪的认定往往涉及单位高管的行为、单位内部控制机制的有效性、单位的责任制度等多个因素，需要在法律层面明确这些因素在刑事责任认定中的地位和作用。此外，明确单位犯罪与自然人犯罪在犯罪构成、刑事责任内涵以及认定归责等方面的不同①，充分考虑单位犯罪中非犯罪行为外在表现形式的因素，避免认定要件一元化。

2. 增强法律适用的统一性

法律不可随意变更，但法律自身具有滞后性，为确保单位犯罪刑事责任归责的有效性，应加强司法解释与指导原则的完善。可以细化全国性的量刑裁量专编的量刑指导原则，进一步统一单位犯罪的认定标准和刑事责任追究的具体规定。此外，对于特定行业的单位犯罪，可以根据行业特点和犯罪性

---

① 参见赵赤：《企业刑事合规视野下的单位犯罪构造及出罪路径》，载《政法论坛》2022年第5期。

质在司法解释和指导原则中作出专条解释，以确保法律的精确适用。

五、结语

单位犯罪一直是刑法研究的重难点，目前我国单位犯罪刑事归责的路径仍旧存在归责方式与法律适用的不确定性、归责方式过于一元化等问题。为了优化营商环境也为了适应社会经济的发展，必须优化单位刑事责任归责的路径。在不断变化的社会环境中，法律不仅要反映时代的需求，还应具有前瞻性和适应性。完善单位犯罪刑事责任归责机制，可以使我国的法治体系更加健全，为社会的稳定与发展提供更加坚实的法律保障。

高空抛物罪的认定问题分析

张少会[*] 彭 理

摘要：高空抛物罪是自2021年3月1日起施行的《刑法修正案（十一）》新增罪名，在此之前高空抛物行为造成的人身财产损失往往通过民法上的侵权责任机制进行救济。将高空抛物行为纳入刑法规制，迫切且必要，但是在具体司法实践中，对于高空抛物罪的适用过程中仍然存在许多争议，这里主要从司法实践中争议较大的具体案例对比分析入手，然后着重分析具体实践中高空抛物罪的入罪标准以及"情节严重"的判断、罪与非罪、此罪与彼罪等方面存在的问题，最后提出相应的应对对策。

关键词：高空抛物罪 情节严重 此罪与彼罪

一、问题的提出

（一）基本案情

案例一：2021年3月1日，犯罪嫌疑人李某（家在三楼）与张某发生口角，李某一怒之下，从厨房里掏出一把刀，张某见此情形，想要去抢，却无功而返，李某将刀朝楼下的出租屋扔去。楼下居民发觉后向楼上质问，李某听到质问声后，又跑到厨房取刀，张某再一次没抢过刀，李某将第二把菜刀扔进了楼下的出租屋，被楼下的住户发现后，报警。法院经审理认为，李某

---

[*] 张少会，女，四川宜宾人，副教授，硕士研究生导师，刑法学硕士。主要从事刑法学及婚姻家庭继承法学的教学与理论研究工作。彭理，女，四川宜宾人，四川轻化工大学法律硕士研究生，研究方向：法律（法学），基层司法实务。联系地址：四川省宜宾市翠屏区大学路188号，邮编644000。

在高处抛物，虽然没有对他人的身体和财产造成严重的损害，但其从楼上扔管制刀具的行为，已构成了高空抛物罪，根据《刑法》，对李某进行了五个月的处罚，并处罚金2500元。

案例二：2021年4月1日，被告人李某忠因心情不畅在楼顶平台上饮酒后将多个空酒瓶抛下，砸中楼下散步的被害人马某，致其头部受伤；砸中被害人李某停放在附近的小面包车的前挡风玻璃。经鉴定，马某损伤属轻伤一级。法院认为，被告人李某忠高空抛掷酒瓶造成一人轻伤一级、一车受损，尚未造成严重后果，其行为已构成以危险方法危害公共安全罪。①

（二）争议分析

1. 抛掷物的种类、次数是否影响高空抛物罪的认定

首先，案例一中的行为人是向楼下抛掷菜刀，并且在第一次抛掷没有达到泄愤目的之后随即二次抛掷；然而案例二中的行为人抛掷的物品是空酒瓶。其次，综合裁判结果分析，案例一抛掷菜刀的行为人以高空抛物罪定罪，而案例二的行为人以以危险方法危害公共安全罪定罪；再者加上抛掷次数在案例一法院审理意见中也没有相应的阐述。所以在上述两个案例中可以看到同是高空抛物行为，但是最终定罪不同，那么抛掷物种类的不同、次数的多少是否对最终的定罪量刑结果有影响？是否因为抛掷物品种类及危险性的不同，又或是抛掷的次数不同才导致了两个高空抛物行为的最终定性的不同均有待商榷。

2. 高空抛物罪的认定是否需要以危害结果为前提

从危害结果方面来讲，同样存在争议。案例一的行为人抛掷菜刀的行为尚未造成相对人人身财产损失，案例二抛掷空酒瓶的行为却造成了相对人轻伤以及相应的财产损失。在此基础上来看二者的定罪不同，根本无法得出上述两个案例定罪量刑的具体依据、具体标准是什么？危害结果是否是构成高空抛物罪的入罪条件？那么危害结果应该如何界定？什么情况下的危害结果才能构成上述犯罪？

3. 高空抛物犯罪中的"情节严重"认定标准不一

结合案例一的高空抛物行为，法院认为抛掷管制刀具的行为即使没有造

---

① 参见大东区人民法院（2021）大东刑初字第00472号刑事判决书。

成人身财产损害也已经构成了情节严重的程度,然而案例二中的高空抛物行为既造成人身损害和财产损失,但是法院最终却是以危险方法危害公共安全定罪,所以引发笔者思考,高空抛物犯罪的"情节严重"认定的标准是什么?具体的危害结果的发生与否与"情节严重"有没有关联?

二、高空抛物罪认定方面存在的问题

(一)"情节严重"标准不统一

《刑法》第二百九十一条之二对高空抛物罪并没有明确规定行为方式及情节,《最高人民法院关于依法妥善审理高空抛物、坠物案件的意见》(以下简称《意见》)第五条虽然有关于高空抛物罪的认定,但是也过于原则化,仍然没有对作为入罪基础的情节严重作出规定。导致目前的司法实践对客观构成要件以及情节严重的认定没有一个统一的标准,模糊不清楚,条文简单明了的一句话,在现实的司法实践中实际执行起来却是很难。[①] 对于"抛掷物情况"、"情节严重"、主观心态等认定,各个法院认定存在不一致。由于没有一套统一的主客观要件认定标准,即便出现同种高空抛物行为不同定罪处罚也时常发生。通过对比上述两个案件,可见不同的法院对人身损害情节严重的认定标准并不统一。

(二)此罪与彼罪的界限模糊不清

《刑法修正案(十一)》出台之前,高空抛物行为也有定性为寻衅滋事罪,但大多数是以危险方法危害公共安全来定罪处罚。《刑法修正案(十一)》生效后,高空抛物案件的定性问题仍然没有解决,主要就是和以危险方法危害公共安全罪之间的争议。

在刑法中,区分此罪与彼罪的重点就是看行为所侵犯的法益,因此,在司法实践中对于某项危害行为所侵害的具体法益以及对于犯罪的构成要件的理解不一,其结果往往会导致对案件的定性出现争议,有可能导致同案不同

[①] 周杰:《"高空抛物罪"立法评析与适用难题研究》,载《北方法学》2021年第6期,第32页。

判的结果。① 比如前述案例中即出现了司法实践中对于高空抛物行为处理不同的定罪量刑。高空抛物行为侵害的法益到底是公共安全即不特定多数人的人身财产安全，还是社会公共秩序，这在具体实践中是很难清晰定义的。

（三）主观故意和过失难以区分

高空抛物犯罪的主观因素，核心在于犯罪者在实施高空抛物行为时展现出的内心心理状态，这一状态可区分为故意与过失两种。一般而言，高空抛物罪更多地被视为一种故意犯罪行为。然而，在特定情形下，若行为人因疏忽大意导致物品自高处落下，并因此造成人员伤亡，那么此类情况将依据过失致人重伤或过失致人死亡的法律条款进行惩处。高空抛物行为的行为人实施高空抛物行为时一般没有客观的直接证据能证明其实施高空抛物行为，那么行为人的主观心态也就很难确定。那这种故意的心理状态应当如何认定呢？这是司法实践中对于高空抛物罪认定的疑难点所在。受限于技术因素，主观心态的验证高度依赖于行为人的供述。在案件发生后，行为人为了规避或减轻法律责任，经常倾向于将高空抛物描述为物品自然坠落，或是声称并非故意抛出，甚至有时会将责任归咎于无需承担刑事责任的儿童，这些行为极大地增加了案件认定的复杂性和难度。

（四）责任主体认定难

刑事犯罪中，定罪量刑必须做到事实清楚，证据确实、充分，证明标准要达到排除合理怀疑。与民事责任的证明规则不同，我国《民法典》第一千二百五十四条第一款的规定是一种行为的推定，是高度盖然性的标准，但"罪责刑相统一"是我国刑法的基本原则之一，从司法实践来看，高空抛物罪证明危害结果的间接证据较多，比如现场勘验笔录、伤情鉴定报告、财产损失价格评估报告、物证等，但是认定行为人的直接证据较少。对这类案件，有些责任人将抛物责任推给未成年人或称是大风吹落，例如花盆掉落砸伤他人，以此逃避刑事责任的承担，这种情况证明难度更大。② 根据不完全统计数

---

① 参见肖中华：《依据法益是否受损认定高空抛物罪》，载《检察日报》2021年第8期，第16页。
② 参见韩旭：《高空抛物犯罪案件司法证明之难题》，载《法治研究》2020年第2期，第18页。

据显示，2015 年至 2021 年，全国范围内发生了近百起备受关注的高空抛物案件。在这些案件中，仅有 45% 的案件成功确定了高空抛物行为人，而剩余 55% 的案件则未能查明具体行为人。因此，收集证据并确定实际的高空抛物行为人，成为处理此类犯罪时最为棘手的问题之一。

三、关于高空抛物罪认定问题的对策提出

（一）明确"情节严重"的认定标准

新罪行的认定必然伴随着理解、适用等多方面的挑战。为了确保司法适用的统一，从而精准地对高空抛物犯罪进行定罪与量刑，首要任务是统一入罪标准。为此，笔者建议尽快发布相关的司法解释，以增强司法实践中的可操作性和协调性。一方面，高空抛物罪旨在保护公共秩序这一法益；另一方面，必须清晰界定高空抛物罪与以危险方法危害公共安全罪在具体适用上的区别。因此，迅速出台司法解释以明确该罪的界限至关重要，以防止法律适用的不当扩张。司法解释应主要包括对客观方面和主观方面在具体适用中的统一。

情节严重从语义上来理解是一个表达程度的词语，从《刑法》的角度来说就是行为对法益的侵害程度，对社会的危害性大小。《刑法》条文明确规定了需要达到"情节严重"的条件才能够构成高空抛物罪。《意见》第六条规定应当从重处罚的情形，但没有针对"情节严重"作出认定。

1. "情节严重"与危害结果之间的关系

"情节严重"作为高空抛物罪的入罪标准可以从危害结果方面来讲，主要涉及抛掷的场所问题，针对是否属于人员密集的场所"情节严重"的认定有所不同：

第一，如果高空抛物行为发生在非人员密集场合，那么高空抛物行为需要达到一定程度的现实危险性，才构成犯罪。也就是说高空抛物致人人身损害构成犯罪需要达到造成损害的具体危险程度，针对财产则需要造成一定数额的财产损失。根据现有数据分析，造成人身具体损害的案件比重不高，但所有的案件都可能存在造成人身损害的具体危险；造成财产损失的案件绝大多数在 1000 元以上。高空抛物造成财产损失达到多少数额可以入罪，相关司

法解释并没有明确的规定。本文认为高空抛物罪造成财产损失应达到数额较大。故意毁坏财物罪数额较大为5000元，量刑起点比高空抛物罪高，法益侵害程度较高，不能借鉴该数额。本文认为可以借鉴盗窃罪的数额较大标准，为1000—3000元。

第二，如果高空抛物行为是在人员密集的场合，即使高空抛物行为没有造成具体的损害后果，但是在人员密集的场合，只要行为人实施了高空抛物的行为，不管有没有造成实害结果，都应当属于"情节严重"，如果此时涉及危害公共安全的，属于想象竞合犯，则以危险方法危害公共安全罪定罪处罚。

2. 抛掷物与"情节严重"的认定

行为人进行高空抛物的频次、所采用的手段、所抛物品的数目与重量，以及这些物品可能覆盖的区域，均会对损害后果的程度产生影响，进而左右"情节严重"的判定。一枚鸡蛋从2楼抛下，不会对人身造成物理损害，从4楼抛下会导致人的头部肿胀，从18楼抛下则能砸破人的头骨。因此对于被抛掷的物品，只要从一定的高处坠落后会对他人人身、财产造成物理性损伤，都应当属于"物品"的范畴。《意见》将多次实施作为从重处罚的情节，刑法的"多次"一般指三次以上，也就是说只要实施了高空抛掷物品的行为，一次就构成"情节严重"。

此外，对"情节严重"的评估还可以深入犯罪人的犯罪手段、动机及态度等方面进行分析。犯罪手段能直接反映行为人主观恶性的程度，而行为人的主观动机则能揭示其人身危险性的有无及强弱。在高空抛物案件中，犯罪动机主要可归为发泄报复型和贪图便利型两大类。发泄报复型动机通常意味着主观恶性大、社会危害性重，如行为人因生活或工作不满而报复社会，或因恋爱纠纷、生活琐事产生报复心理，试图通过抛物行为来宣泄不满和怨恨。动机越卑劣，行为人的主观恶性及人身危险性越大，由此导致的犯罪行为危害性也越强。相比之下，贪图便利型犯罪动机则表现为行为人仅为追求生活便捷，随意从高处抛掷垃圾，此类情况下行为人的主观恶性及人身危险性相对较小。

（二）准确区分此罪与彼罪

对于此罪和彼罪的区分最主要的就是高空抛物罪和以危险方法危害公共安全罪的区分存在较大的争议。以危险方法危害公共安全罪侧重归于公共安全的危害，及不特定多数人的人身财产安全，而高空抛物罪没有这种要求，高空抛物罪所侵害的法益的社会管理秩序，只要存在行为身居高位抛掷物品，达到情节严重，妨害了社会管理秩序就可以定罪处罚。

首先，从"公共""安全""不特定性"等基础概念来辨析。"公共"是与"个人"相对应的概念，强调公众性、社会性和数量上的多数，因此不应该包括少数在内，我国刑法学上的"多数"通常是指三人以上，此处的多数并不是用数字可以确定的，"多数"仅仅是一个相对的概念，不能"一刀切"地只看数量上的多数。① 还需要注意的是其不特定性。比如行为人以刀杀的方式一次性杀掉了一家五口人，这种情况下虽然说数量达到三人以上，但是其杀害的对象具有特定性，不属于不特定的多数人。而对于高空抛物行为来说，其既可以具有"公共"、"安全""不特定性"等特征，但是又不以此为基础。

其次，从侵害的法益上讲，高空抛物是危害社会治安妨害社会管理秩序的犯罪范畴，其侵害的对象是社会治安即社会公共秩序，然而以危险方法危害公共安全被归类于危害公共安全类犯罪，且有属于兜底口袋罪名的风险，顾名思义，以危险方法危害公共安全罪的法益侵害对象为社会公共安全，即不特定多数人的人身和财产安全。以危险方法危害公共安全罪与高空抛物罪存在明显的区别，它是一种社会危害性严重的犯罪。

因此，本文认为，构成危害公共安全罪的前提是对不特定或多数人的生命权、健康权以及重大公私财产安全造成具体且现实的威胁。而在日常生活中频繁发生的高空抛物案件中，行为人通常只抛下一个物品，例如一把菜刀或一块砖头，这种行为导致的损害结果是针对特定个体的，损害范围相对明确。虽然无法预知具体哪位行人会遭受损害，但这种不确定性并不等同于危害公共安全中的"不特定性"。此外，仅抛出一个物品的行为仅可能导致有限的少数人伤亡，不存在危险扩大的可能性，因此不能认定其行为危害了公共安全。普通的高空抛物行为不具备危害公共安全的特征，不应以此罪论处。

(三) 主观故意、过失的定性

笔者在裁判文书网检索发现，以高空抛物罪定罪处罚的案例中90%以上

---

① 参见劳东燕：《以危险方法危害公共安全罪的解释学研究》，载《政治与法律》2013年第5期，第13页。

都是出于行为人的故意心理，即"明知不可为而为之"，而故意包括直接故意和间接故意两种主观心态，并且在这90%以上的案例当中，行为人很少是出于直接故意的心态，针对特定的人或物，意图造成伤害、杀害或毁损的结果。在多数情况下，行为人实施抛物行为是出于间接故意的心理，即他们明知高空抛物会带来危害社会的风险，却仍然放任这种风险的发生。无论是直接故意还是间接故意，行为人在主观上都属于故意范畴，且他们认识到抛物行为可能会导致一定的社会危害后果。因此，在实践中判断行为人是否构成高空抛物罪时，应综合考虑其客观抛物行为及其造成的社会危害后果，并遵循主客观相统一的原则。

在讨论高空抛物行为所涉刑事责任的主观认定时，本文持这样一种观点：其构成要件核心在于故意心态。首要理由在于，现行法律体系仅针对明确列举的过失犯罪行为实施刑事制裁，而审视高空抛物罪的立法条文，我们并未发现与过失相关的任何规定。进一步讲，从行为人的主观意图层面剖析，高空抛物无疑体现出一种故意的倾向。"抛"这一动作本身就蕴含了显著的主动性与目的性，直接指向行为人有意实施的这一行为，凸显了故意的本质。再者，从司法审判的实际情况出发，倘若物体的落下是由于行为人的疏忽大意，且导致了人员重伤或死亡的严重后果，那么法律将依据过失致人重伤、死亡罪来追究其责任；若仅造成财产上的损失，则此类情况通常被视为民事侵权纠纷，不涉及刑事责任的判定。综上所述，高空抛物罪的主观要件应严格限定为故意。

（四）强化对于责任主体的调查取证机制

在调查取证的问题上，《民法典》第一千二百五十四条规定了公平责任原则，然而，《刑法》是最为严厉的法律，追究到具体的行为人的责任，不可能像民法一样，在没有追究到具体的行为人时可以要求所有有可能加害的人承担责任。因此，高空抛物案件中调查取证工作是极其重要的，要求重事实重客观。对于这一问题，我们可以从如下方面着手：首先，对于此类案件，应当尽量采用认罪认罚从宽制度，以促使犯罪人作出主动、真实的供述，从而促进诉讼进程的正常进行。其次，治安等执法机构要在城区主干道上加装摄像头，物业公司也要在辖区内增加摄像装备，力争做到住宅小区、城区主干道都有摄像装备，为案件侦破提供强有力的证据支撑。最后，在"大数据"、人工智能和人力资源的帮助下，对其进行全面的分析与论证。比如，通过大数据分析，对早起晨练、接送子女上学的父母、在外上班的人群等进行跟踪，以确定犯罪嫌疑人，为破案提供科学证据。

结语

高空抛物罪作为一个新增罪名，对于存在高空抛物行为能够起到积极的规制作用，但是新罪名需要能适应社会发展以及千变万化的社会大环境，在实际操作过程中出现问题在所难免，所以在今后的适用过程中应当更加注意实际解决这些问题，准确地定罪量刑为实现法律的公平正义。在当今的社会中，高空抛物已经成为一种很普遍的罪名，也有一些学者将其视为仅次于"醉驾"的"最接近民众"的罪行，所以，对其的研究还需要司法实践部门和学术界进行广泛的讨论，在理论和实践上进行更深层次的讨论，对其进行更多的关注，使其符合"罪刑法定"、"罪刑相当"的刑法规范，才能准确地判断其侵害的法益，才能确保司法的公平和合理。

微罪立法时代犯罪附随后果的优化

杨 帆 曹 越[*]

摘要： 近些年，我国刑事立法趋向积极，微罪立法呈现扩张趋势。诚然，微罪立法为我国严密法网、促使刑法结构现代化转型提供了正向作用，但是我国犯罪附随后果制度并未能跟上微罪立法的步伐，犯罪附随后果的适用受到来自犯罪分子人身危险性普遍降低和附随后果内容缺乏合理性两方面的挑战。对此，应当优化犯罪附随后果的适用条件与适用期限，差异化进行附随后果设定。

关键词： 微罪治理　附随后果　优化

在全球法律体系的发展进程中，微罪立法作为一项旨在减少过度刑事化趋势、推动司法资源有效分配的重要改革措施，正逐渐占据显著位置。当前，现行刑法规定的犯罪数量、种类较1979年《刑法》已发生巨大变化，面对日益增多的轻、微罪案件，如何依据案件的特性实现差异化治理，进而推动罪刑配置的合理化与均衡化，已成为新时代国家犯罪治理工作面临的重大课题。在如今犯罪结构发生变化的背景下，犯罪附随后果制度面临着诸多挑战。必须对犯罪进行惩罚，但不能以放弃罪犯的方式进行惩罚。犯罪附随后果可能会对他们产生巨大的负面影响，让他们难以重回正轨。因此，我们需在微罪立法的背景下，优化犯罪附随后果，实现惩罚与教育的平衡，减少二次伤害，提高社会接纳度，最终降低再犯率。

---

[*] 杨帆，四川轻化工大学法学院副教授；曹越，四川轻化工大学法学院2022级法律硕士研究生。

一、关于微罪

（一）微罪

我国刑法目前没有关于微罪的具体规定，但是微罪显然是轻于轻罪的犯罪。这些犯罪通常不会造成严重的身体伤害或大规模财产损失，且犯罪者的社会地位和背景通常与更严重的犯罪行为者有明显区别。刑法学界针对微罪的研究，大多是从法定微罪出发。法定刑由立法机关规定，其高低直接反映了犯罪的社会危害程度，① 这也是世界上大部分国家所采取的划分标准。而如果将宣告刑作为认定微罪的标准，那么微罪的认定就会具有不确定性，刑罚的轻重不一定反映出犯罪的轻重。

（二）微罪的界定标准

根据我国理论界的通说，轻罪是法定最低刑为三年以下有期徒刑的犯罪。《刑法修正案（八）》和《刑法修正案（九）》公布后学界普遍认同微罪的界定标准为法定最高刑是拘役，但是从《刑法修正案（十一）》中对高空抛物和干扰公共交通工具正常行驶等行为的刑罚中可以看出，立法者倾向于将一年有期徒刑作为微罪的分界线。② "严格地讲，微罪主要是预防性立法，直接打通行政违法与刑事不法之间的界限，主要制裁一些危害大、危险性高的行政违法行为等的轻微行为。"③

二、犯罪附随后果

在我国，犯罪附随后果指犯过罪的人及其亲属、特定社会关系人因其犯罪或刑罚处罚记录所产生的权利或资格限制、禁止或者剥夺等后果。《刑法修

---

① 参见张红昌：《积极刑法观下的轻罪立法研究》，载《吉林大学社会科学学报》2024 年第 1 期，第 56 页。
② 参见张婷婷：《微罪前科消灭制度研究》，内蒙古大学 2023 年硕士学位论文，第 7 页。
③ 孙道萃：《微罪的积极刑法治理之塑造》，载《苏州大学学报（哲学社会科学版）》2024 年第 4 期，第 27 页。

正案（八）》公布以来，轻、微罪名逐渐增多，这意味着大量主观恶性和人身危险性不大的犯罪人要被适用犯罪附随后果，其亲属和特定社会关系人会因此受牵连。

我国犯罪附随后果在防止犯罪人重新犯罪、维护社会稳定等方面发挥了重要作用。但是犯罪附随后果制度也存在一些问题，对此国内学者的意见基本达成一致，比如犯罪附随后果制度违反比例原则，对所有犯罪人无差别适用；违反罪责自负原则牵连其近亲属；不经法定程序直接适用且缺乏救济程序等。这些缺陷可能对轻微犯罪者重新回归社会造成巨大阻碍，从而增加其再犯的可能性。

（一）我国犯罪附随后果制度的种类

根据我国法律，犯罪附随后果一般有职业禁止（限制从事相关职业）、利益剥夺（排斥社会保障、限制信誉或荣誉的获得）、资格受限（如不予签发护照、禁止或限制考试资质、限制落户、限制收养等行为）等。有犯罪记录人的亲属及特定社会关系人在就业、上学、入伍及社会活动中也会受到不同程度的限制。比如政治审查的审查范围通常包括被政审者的家庭成员和亲属。

（二）我国犯罪附随后果制度的缺陷

1. 规范层级复杂不统一

我国犯罪附随后果的立法，除《刑法》中规定的禁业规定与前科报告外，其他主要规定在刑法之外的法律法规中，具有明显的非刑事化特征，[①] 且适用标准不一，较为杂乱，没有形成一个科学、合理的体系。以"受过刑事处罚"为关键词的北大法宝官网检索结果显示，截至 2024 年 7 月，涉及犯罪人本人的附随后果法律法规共计 316 条，各层级都有，具体分布如图 1 所示：

---

① 参见谷永超、张恒飞：《犯罪附随后果准用制度的构建》，载《衡阳师范学院学报》2024 年第 4 期，第 74 页。

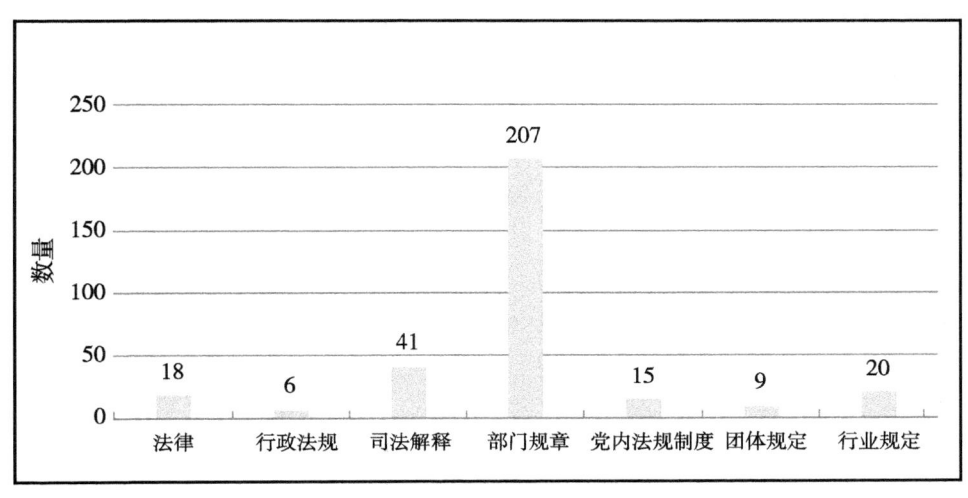

图1 涉及附随后果法律法规数量

数量：法律 18，行政法规 6，司法解释 41，部门规章 207，党内法规制度 15，团体规定 9，行业规定 20

本文就部分规范文件进行简单罗列（表1），可以发现各级法律规范都在作出规定，同时可以看出各个地方的规定未能统一。例如广东作出了限制，而其他地区没有类似的规定，该条文就明显违反了法秩序统一性原则。

表1 现行有效的部分规范

效力层级	文件名称	规定内容
司法解释	《人民检察院审查案件听证工作规定》	第七条：有下列情形之一的。不得担任听证员：（一）受过刑事处罚的。
部门规章及规范性文件	《人民监督员选任管理办法》	第十条：有下列情形之一的，不得担任人民监督员：（一）受过刑事处罚的。
	《国家统一法律职业资格考试实施办法》	第十条：有下列情形之一的人员，不得报名参加国家统一法律职业资格考试：（一）因故意犯罪受过刑事处罚的。
	《交通运输部办公厅关于开展新一轮水运工程和交通支持系统工程评标专家以及水运建设市场抽查检查专家申报工作的通知》	四、不接受以下人员申报：（二）曾受过刑事处罚的。

续表

效力层级	文件名称	规定内容
部门规章及规范性文件	《新闻记者职业资格考试办法》	第十一条：有下列情形之一的人员，不得报名参加新闻记者职业资格考试，已经办理报名手续的报名无效，已经参加考试的考试成绩无效：（一）受过刑事处罚的。
	《国家能源局信息中心2023年度公开招聘应届毕业生公告》	（二）应聘资格条件：9.有下列情形之一的人员，不得报考：因犯罪受过刑事处罚的。
其他规定	《广东省群防群治组织监督管理规定》	第十二条：有下列情形之一的人员，不得参加群防群治组织：（一）曾因故意犯罪受过刑事处罚的。

2. 连带效应影响范围大

犯罪附随后果不仅适用于犯罪人本人，还适用于犯罪人亲属及特定社会关系人。对犯罪人及其近亲属的权利和资格的剥夺所带来的痛苦可能会超过刑罚本身所带来的痛苦。在某些犯罪案件中，犯罪分子的家庭成员、近亲属确实有可能帮助犯罪。如果他们的行为涉及违法、犯罪，应该直接对其适用法律。若是对他们适用犯罪附随后果，有"连坐"的嫌疑。更何况很多近亲属根本不知道犯罪分子的行为，甚至还是受害者。《监狱法》中规定"刑满释放人员依法享有与其他公民平等的权利"。但事实上，其近亲属的权利都可能受到了影响。无论是就业限制，还是名誉受损，都违背国家刑事追责只针对犯罪人个人的应有之义，在不当侵害个人和集体合法权益的同时，还会带来公信力降低、增加不稳定因素等衍生问题。①

醉驾入刑以来，危险驾驶罪作为争议比较多的新增罪名，最高刑罚只有6个月拘役刑，但根据现有的法律、法规，机动车驾驶人还需要承担一系列的犯罪附随后果。这些软制裁实质上不仅影响犯罪人本人的社会评价、职业前途、工作生活、社会信用，还影响犯罪人近亲属的就业、就学、入伍、升职。从2018年起，此类犯罪占比就高居首位，且呈现快速增长趋势。最高人民检察院发布的《刑事检察工作白皮书（2023）》显示，2023年全国检察机关受

---

① 参见黎宏、袁方：《从消极惩罪到积极治理：中国特色轻罪治理体系的反思与完善》，载《中州学刊》2024年第4期。

理审查起诉各类犯罪251万余人，其中危险驾驶罪排名首位，占比22%，即约55万人。如果以一家三口人计算，将会有约150万人因此面临犯罪附随后果的影响。

3. 权利剥夺可能终身

在我国，犯罪附随后果往往具有终身性，各类犯罪没有差异化且适用的标准欠缺考量。比如我国《刑法》明确规定公民有前科报告的义务①，但是并没有对前科报告的时间、报告范围等进行明确，亦即犯罪人有报告犯罪记录的终身义务。只有极少数法律限定了职业禁止、权利限制的时间。例如，《注册建筑师条例》中有年限的限制规定。② 大多数情况只要犯罪人被宣告有罪并判处刑罚，犯罪附随后果就会终身伴随，不利于其重新融入社会，开始新生活。犯罪人一旦被贴上"犯罪分子"的标签，在社会中难免会被孤立和排斥，其近亲属也会受到严重的影响。如此严厉的犯罪附随后果无须法官裁量即可适用，也没有任何的救济途径。当犯罪人复归社会的生存保障和精神条件均被阻断时，犯罪人可能会铤而走险，再次走上犯罪的道路。

4. 设定无区分、无层次

现有附随后果的差异化处理尚未充分实现。理想情况下，附随后果应根据犯罪者的个体情况和再犯风险进行定制，以提高矫正效果。我国犯罪附随后果中大多数从业限制与具体犯罪行为的关联性较弱，③ 在未充分考虑犯罪行为性质和内容的情况下，对其从业资格进行了剥夺，这忽视了犯罪行为与处罚之间的内在联系。例如，《拍卖法》、《导游人员管理条例》中都对因故意犯罪受过刑事处罚的人员进行了限制：不得担任拍卖师④、不得颁发导游证⑤。但是高空抛物、干扰公共交通工具正常行驶都属于故意犯罪，这些行为

---

① 《刑法》第一百条规定　依法受过刑事处罚的人，在入伍、就业的时候，应当如实向有关单位报告自己曾受过刑事处罚，不得隐瞒。犯罪的时候不满十八周岁被判处五年有期徒刑以下刑罚的人，免除前款规定的报告义务。

② 《注册建筑师条例》第十三条规定　有下列情形之一的，不予注册：（一）不具有完全民事行为能力的；（二）因受刑事处罚，自刑罚执行完毕之日起至申请注册之日止不满5年的……

③ 参见王与萱：《微罪扩张背景下犯罪附随后果的规范与限缩》，载《山东青年政治学院学报》2024年第2期。

④ 《拍卖法》第十五条规定　拍卖师应当具备下列条件：……被开除公职或者吊销拍卖师资格证书未满五年的，或者因故意犯罪受过刑事处罚的，不得担任拍卖师。

⑤ 《导游人员管理条例》第五条规定　有下列情形之一的，不得颁发导游证：……（三）受过刑事处罚的，过失犯罪的除外……

与拍卖师或导游的职业并没有关联性。

职业禁止存在一定的幅度，也要考虑手段的最小侵害。必须考虑手段的必要均衡性，职业禁止需与所实施的犯罪有关联，必须是"因利用职业便利实施犯罪，或者实施违背职业要求的特定义务的犯罪被判处刑罚的"，不能对没有任何职业关联的行为人进行职业禁止。①

5. 不经法定程序直接适用且缺乏救济程序

建立和健全权利救济制度，在人民的权利遭受侵害时能够为其提供有效的法律救济是不可或缺的一环，缺少救济的权利不能称为合格权利。② 根据《德国刑法典》第66a条的规定，保安处分的执行需要以法庭的判决为前提，并且规定了严格的程序。然而，我国犯罪附随后果制度的实施并不需要经过严格的司法机关的裁决，而是采取自动追加的形式。在救济措施不够完善的情况下，犯罪人无法就伴随其终身的否定性评价提出异议或救济，这也是导致对犯罪附随后果负面评价的原因之一。

郎某因醉驾被判处拘役3个月和罚金4000元。据说是代驾出于索要钱财的目的，将车子开到小区门口后，谎称自己肚子疼，让郎某自己开到地下车库，随后给同伙发消息。郎某一看都到小区门口就爽快地答应了，谁知刚起步不远，车子便被代驾的同伙追尾，后车司机要求郎某赔钱，郎某觉得是敲诈讹人直接拒绝，对方明知郎某喝酒了，遂报警。如果此事为真，在一个主观恶性极轻、造成危害极轻、判处刑罚也轻的个案中，其本人和亲属受到的终身影响明显高于他的过错本身，但对此却没有救济的方法，这明显不合理。

三、完善我国微罪附随后果制度的建议

基于犯罪附随后果预防风险，具有提高社会一般公民治安安全感的作用，因此不能轻易废止，但"一刀切"的犯罪附随后果适用模式应该作出改变，以平衡惩罚与教育的功能，促进犯罪者有效融入社会，降低再犯率，以适应微罪时代的新变化。对此，我们可以从以下方面完善犯罪附随后果制度体系：

---

① 参见罗翔：《犯罪附随性制裁制度的废除》，载《政法论坛》2023年第5期。
② 参见邹子铭：《轻罪扩张背景下的犯罪附随后果研究》，载《法学杂志》2023年第6期。

(一) 立法适当限缩

首先，对立法主体作出限制。犯罪附随后果通常涉及对犯罪分子基本权利的限制，这种基本权利的限制只能由法律作出规定。并且对同一犯罪行为，上一位阶的法律法规没有设定犯罪附随后果的，下一位阶的法律规范在没有权限的情况下也不得设定。且犯罪附随后果制度对于同一行为，各地域的评价应保持一致。

其次，废除当前不合理的规定。法律位阶以下有关犯罪附随后果的独立性规定应予以废止，特别是擅自加码的团体规定和行业规定。除刑事法律外，当前诸多其他法律、法规、行业管理规范及单位内部规章制度等对犯罪附随后果进行了规定，这无疑对犯罪人员及其近亲属的就业平等权、生存权等构成了严重制约。有鉴于此，我们有必要废除这些涉及犯罪附随后果的不合理规定。同时应剔除那些犯罪行为与从业资格之间关联不强的条款，以便犯罪人员重新融入社会，不至于无路可走再次犯罪。

(二) 设置差别化附随后果

1. 区分初犯

2009年公布的《刑法修正案（七）》规定了对逃税罪的初犯不予追究刑事责任的特别条款，通过给予初犯者一个改正的机会，鼓励逃税者在被发现后主动采取措施补缴税款，从而减少逃税行为的发生。同时避免将有限的司法资源用于处理初犯者的刑事责任，而是更多地用于处理那些不积极配合、情节严重的逃税行为。《行政处罚法》在2021年修订中也增加了"首违不罚"的规定。微罪与行政违法的界限本来就非常模糊，同样可以在刑法中推广初犯微罪无犯罪附随后果的制度。

2. 区分轻、微罪和重罪

比例原则作为法律正当性的重要基石，要求刑罚的严厉程度应当与犯罪的严重性相适应。犯重罪者人身危险性较高，可以继续适用犯罪附随后果制度。对犯轻罪者应综合各方面因素决定如何适用犯罪附随后果；犯微罪者，因为其所受的刑事处罚已经对其行为进行了制裁，罪刑相适应。如果再次适用犯罪附随后果，过犹不及。

其次，"尽管我国刑法规定了处罚一切犯罪的未完成形态，但司法实践中很多犯罪的犯罪预备、未遂和中止都是不罚的"。① 因此，在适用附随后果时也应谨慎考虑，对轻微犯罪的未完成形态原则上不适用附随后果，但是对于涉及重大法益的犯罪或者已被处罚的未完成形态，司法机关则可以酌情适用附随后果。通过区分轻、微罪和重罪，可以实现对不同犯罪行为的有效治理，从而更好地维护社会秩序和公共安全。

3. 区分故意、过失

过失犯罪的犯罪附随后果应轻于故意犯罪的附随后果，过失犯罪人的职业限制限于其犯罪涉及的职业。根据行为人的主观恶性和行为后果的严重程度，法律对故意犯罪和过失犯罪规定了不同的法定刑。这既体现了法律对行为人主观恶性的评价，也确保了处罚与罪行相适应，从而维护了法律的公正性。因此，对于同样产生巨大影响的犯罪附随后果也应区分故意还是过失犯罪。

4. 区分涉己和涉他

对犯罪人的近亲属等一般不设置附随后果；仅在极少数涉及国家安全、政治安全等特殊岗位的职业，设置对其近亲属及特定社会关系人的职业限制。② 当前，部分法律和政策性文件对犯罪人的家庭成员的权利进行了限制，这种预防性措施既缺乏科学依据，也违背了罪责自负的刑法原则。应科学评估犯罪行为与家庭成员之间的关联度，并在合理范围内限制罪犯家庭成员的权利。对犯罪人及其亲属权利限制应精准与科学。

（三）提供救济途径

无救济则无处罚，指的是行政处罚或刑事处罚的实施过程中，若法律未明确规定相应的救济措施或途径，则不得对当事人进行处罚。在处罚决定作出之前，法律必须明确规定相应的救济措施，如申诉、复议、诉讼等。这些救济措施为当事人提供了维护自身权益的途径，确保其在受到处罚时能依法寻求帮助。若法律未规定救济措施，或救济措施不完善、不公正，那么处罚决定的合法性将受到质疑。在这种情况下，处罚决定可能因缺乏必要的救济保障而被认定为无效或违法。

---

① 参见刘传稿：《轻重犯罪分离治理的体系化建构》，载《中国刑事法杂志》2022 年第 4 期，第 14 页。

② 参见张鑫：《积极刑法观下轻罪立法问题研究》，广州大学 2024 年硕士学位论文。

因此国家在行使处罚权时，必须充分考虑到公民的合法权益，确保其在受到处罚时能够得到公正对待。受到犯罪附随后果制度影响的当事人可以提出申诉，由司法机关综合评判后进行处理。比如因防卫过当、避险过当行为受到刑事处罚的不应适用附随后果。近年来，我国对正当防卫实践的是去强调"法不能向不法让步"的精神。虽然对防卫过当行为施加刑罚处罚可以压制失控的防卫行为，但如果后续还受到犯罪附随后果的影响，是对其防卫行为正向价值的变相否认。

四、结语

刑法既要惩罚犯罪，也要维护社会秩序。当受犯罪附随后果影响不能回归社会的犯罪人员、受牵连不能正常生活的犯罪人员家属增加到一定程度，又将会违背刑法本意、影响到社会秩序，因此不能只一味增加罪名而忽视其辐射的范围。在此，希望通过优化犯罪附随后果，实现惩罚与教育的平衡，减少二次伤害，提高社会接纳度，最终降低再犯率。使犯罪附随后果在轻、微罪时代焕发新的生机。

以危险方法危害公共安全罪之"危险方法"的司法认定研究

——以 60 份裁判文书为样本

张少会　魏雅萍*

摘要：以危险方法危害公共安全罪之"危险方法"的认定对所涉领域无限制、具体方式无要求，存在认定难的现实困境。究其原因：一是客观层面对此无规定；二是主观认定标准不明晰。合理认定"危险方法"，首先应当进行法益考量，将危险行为是否侵害"公共安全"法益放在第一位；其次应当坚持罪刑均衡原则，严格适用"相当性"标准；最后应当秉持公平原则，以公正性价值为指引，让人民群众在每一个司法案件中感受到公平正义。

关键词：危险方法　扩张适用　相当性　认定标准

为保护社会法益与个人法益，司法机关严格打击不法行为，将"酒后毒后驾车肇事""私拉电网伤人"等危险行为纳入以危险方法危害公共安全罪的"危险方法"之列。虽然力求全方位保障社会法益的初衷是可贵的，但若无法定原由和统一认定标准将某些行为纳入"危险方法"的范围，未免有随意认定"危险方法"之嫌，在一定程度上会造成对公共安全的过度干预和限制个人权利的风险，这与刑法保障社会和个人法益的初衷相悖。[①] 因此，明确"危险方法"的统一认定标准，推动其在司法实践中的合理认定十分必要。

---

* 张少会，四川轻化工大学法学院副教授；魏雅萍，四川轻化工大学法学院法律硕士研究生。
① 参见张亚平：《以危险方法危害公共安全罪的性质重释与限缩适用》，载《国家检察官学院学报》2021 年第 4 期。

一、以危险方法危害公共安全罪之"危险方法"的司法认定现状

本文研究样本来源于中国裁判文书网。① 按照以下条件进行检索：案件类型为刑事案件，案由为以危险方法危害公共安全罪，文书类型为判决书，以"危险方法""公共安全"等为关键词进行搜索。删除重复赘余的裁判文书以及经二审做出最终判决的一审判决书后，筛选出60份裁判文书作为研究样本。

（一）"危险方法"涉及领域

从60份裁判文书中提炼的信息看，以危险方法危害公共安全罪之"危险方法"涉及的领域宽泛。具体数据为：道路交通领域有36件，占比60%；社会管理秩序领域有16件，占比27%；财产领域有6件，占比10%；食品生产销售领域有2件，占比3%。

上述数据的饼状图如图1所示：

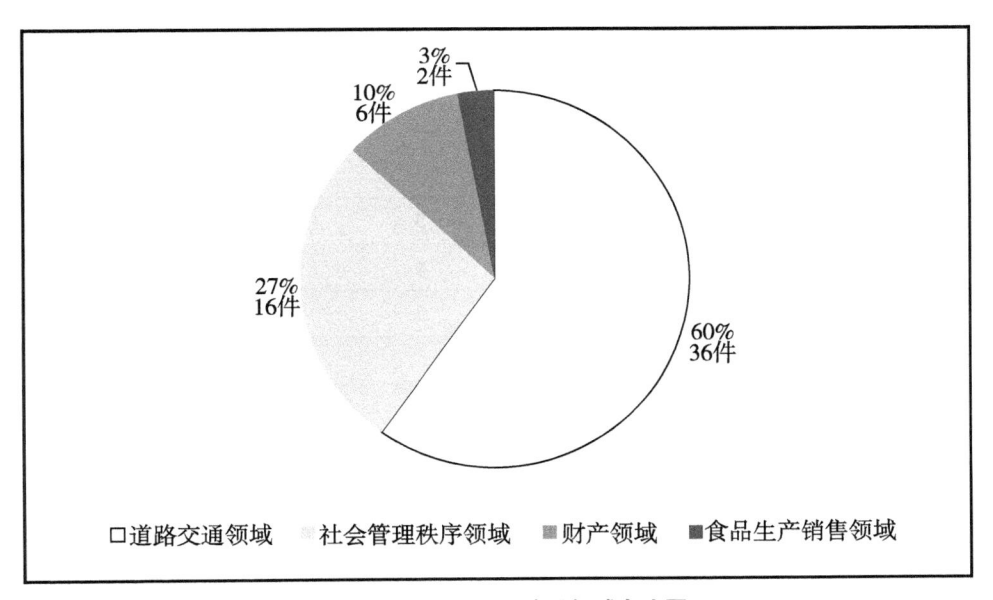

图1 "危险方法"涉及领域占比图

---

① 研究所涉及的60份裁判文书均来源于中国裁判文书网（https://wenshu.court.gov.cn. 最后访问时间2024年7月5日）中2012年—2024年之间所做出裁决的判决书。

由图 1 可知，在 60 份裁判文书中，道路交通领域中的危险行为被认定为"危险方法"的情形最多，社会管理秩序领域和财产领域次之，食品生产销售领域最少。

(二)"危险方法"表现形式

从 60 份裁判文书中提炼的信息看，以危险方法危害公共安全罪之"危险方法"的具体方式呈多样化。具体数据为：被认定为"危险方法"的裁判文书中，酒驾、醉驾、毒驾的样本有 19 件，占比 32%；驾车肆意冲撞的样本有 7 件，占比 12%；妨害公共交通工具安全驾驶的样本有 5 件，占比 8%；追逐竞驶的样本有 3 件，占比 5%；无证驾驶的样本有 2 件，占比 3%；引爆煤气罐、天然气的样本有 6 件，占比 10%；恶意捅刺他人的样本有 1 件，占比 2%；高空抛物的样本有 4 件，占比 7%；私拉电网的样本有 5 件，占比 8%；偷盗窨井盖和偷盗消防器材的样本各有 3 件，各占比 5%；生产、销售有毒有害食品的样本有 2 件，占比 3%。上述数据统计如表 1 所示：

表 1 "危险方法"行为方式及案件数量统计表

行为方式	数量（件）	占比（%）
酒驾、醉驾、毒驾	19	32%
驾车肆意冲撞	7	12%
妨害公共交通工具安全驾驶	5	8%
追逐竞驶	3	5%
无证驾驶	2	3%
引爆煤气罐、天然气	6	10%
恶意捅刺他人	1	2%
高空抛物	4	7%
私拉电网	5	8%
偷盗窨井盖	3	5%
偷盗消防器材	3	5%
生产、销售有毒有害食品	2	3%

由表 1 可知，在 60 份裁判文书中，酒驾、醉驾和毒驾的样本最多，其次是驾车肆意冲撞，再次是引爆煤气罐、天然气。在样本涉及的 12 种具体方式

中，其他9种方式占比均不到10%。

二、以危险方法危害公共安全罪之"危险方法"的司法认定困境与原因

司法实践中案件承办人在判断行为人所采用的行为方式是否属于"危险方法"这一问题上面临认定难的困境，究其原因在于"危险方法"没有明确的判断标准和依据，适用标准缺乏一致性。

（一）客观判断标准缺乏

以危险方法危害公共安全罪之"危险方法"的司法认定缺乏客观的判断标准。一是"危险方法"的内涵不明。"危险方法"的具体内涵在法律和司法实践中存在明显的概括性和模糊性，对于何种行为构成"危险方法"并未明确定义。二是"危险方法"的外延不清。《刑法》对"危险方法"这一概念的描述具有一定的抽象性和开放性，没有对"危险方法"进行明确的细化定义，其认定范围以及具体的行为方式没有严格规定，危险程度缺乏量化标准。

以危险方法危害公共安全罪之"危险方法"的司法认定缺乏客观判断标准的根源在于立法固有的局限。《刑法》没有明确的条文对"危险方法"提供统一认定标准。《刑法》中第一百一十四条和第一百一十五条罪名的规定并没有对该罪的行为要件进行具体和严格的描述，而是采用了一种"宽泛式"的表述方式。[1] 行为方式以及危险程度在条文中并没有明确的外延，法条虽然隐含着本罪与放火、决水、爆炸、投放危险物质等具有相同的性质，但是没有进一步规定其具体内容，罪名规定过于笼统抽象，适用领域太过宽泛模糊。[2]

以危险方法危害公共安全罪之"危险方法"的司法认定缺乏客观判断标准的直接原因在于司法实践中操作不一。一方面表现在"危险方法"没有明

---

[1] 参见汪小芳：《以危险方法危害公共安全罪适用范围扩大化的"症候"及应对》，载《江西警察学院学报》2021年第3期。
[2] 参见韩雨静：《以危险方法危害公共安全罪中"危险方法"认定研究》，河南财经政法大学2023年硕士学位论文。

确的适用领域，在财产领域、社会管理秩序领域、食品生产销售领域、道路交通领域都有涉及。另一方面表现在司法实践中对认定"危险方法"的行为方式没有具体规定，虽然最高人民法院和最高人民检察院以及其他相关的部门已经对安全驾驶行为、妨碍公共交通工具行为、高空抛物行为、偷盗窨井盖行为发布了司法解释，但仍未对准确判断"危险方法"提出明确方案，可见此举并不足以解决"危险方法"的司法认定困境。

（二）主观认定把握不一

以危险方法危害公共安全罪之"危险方法"的司法认定主观把握不一。一是案件承办人的主观意志对"危险方法"的认定有影响。由于"危险方法"在客观层面无统一认定标准，进而造成在主观层面中的认定无参考依据，案件承办人在判断行为方式是否构成"危险方法"时自主发挥空间大。二是疑难案件具有特殊性。在法律参考依据不充分的情况下，普通的案件可以结合以往案例做出判断，但疑难案件的影响因素多，仅凭借过往案例不足以解决问题。

案件承办人自身的能力与经验存在差异是"危险方法"的司法认定主观把握不一的原因之一。由于案件承办人的办案经验以及所受法律教育程度不同，对法律条文的理解存在差异，一些法官注重法律条文字面意义的解释，而另一些法官更倾向于考虑案件的实质影响，对认定"危险方法"是否与放火、爆炸、决水与投放危险物质这四种危险行为的危险程度相当缺乏一致性，在认定行为人所实施的行为是否属于"危险方法"时存在较大的主观判断空间。而不同的案件承办人对"危险方法"的认定标准存在偏差，对同类行为甚至是同一行为有不同的看法，在适用罪名和刑罚时就会出现差异。如在周某某一案中，[1] 被告人周某某要求在某高速路口下车未得到司机的应允，周某某在驾驶座后面多次拉扯司机抢夺操纵装置的行为被认定为妨害安全驾驶罪；而在何某某一案中，[2] 被告人何某某因过站未能下车与驾驶员发生争执抢夺方向盘的行为被认定为以危险方法危害公共安全罪。两个案件中，行为人都采取了抢夺操纵装置的行为干扰司机驾驶，但同样的行为因案件承办人的主观

---

[1] 重庆市第一中级人民法院（2021）渝01刑终66号刑事判决书。
[2] 宁波市鄞州区人民法院（2020）浙0212刑初1317号刑事判决书。

认知偏差呈现出了不同的结果。

特殊个案中的社会舆论压力是"危险方法"司法认定中影响案件承办人主观判断的因素之一。网络时代，社会公众通过网络平台自由发表意见，当一些未被判决的案件被某些为博流量的媒体"添油加醋"地大肆报道后，公众在网络上自行"审判"，这样的舆论背景对司法机关判决案件产生了很大的压力。然而社会公众并不是专业法律人，不具备专业的法律素养，对道德与法律之间的界限并不明确，受到网络信息和不良媒体的误导，倾向于根据道德标准来对行为人进行处罚。如在刘某、奚某某使用国家禁用产品饲养生猪进行售卖一案中，法官认定行为人用盐酸克仑特罗喂养生猪销售的行为是"危险方法"。① 从"危险方法"的认定来看，行为人饲养生猪销售的行为并未与此罪所提及的四种危险行为达到相当的程度，那么为何要将行为人用禁用药物喂养生猪销售的行为纳入"危险方法"之列以以危险方法危害公共安全罪论处，而非生产销售有毒有害食品罪呢？河南省高级人民法院副院长针对该案指出："此案向社会昭示：沉疴还需猛药，乱世须用重典。"由此可看出此案判决似乎是为了给社会公众一个交代而适用重罪。②

三、合理认定以危险方法危害公共安全罪之"危险方法"的路径选择

合理认定"危险方法"，首先应当进行法益考量，将危险行为是否侵害"公共安全"法益放在第一位；其次应当坚持罪刑均衡原则，严格适用"相当性"标准；最后应当秉持公平原则，以公正性价值为指引。

（一）法益考量

以危险方法危害公共安全罪之"危险方法"，须是危害了公共安全或是具有危害公共安全可能性的危险方法。此罪之"危险方法"，前提必然是侵犯了公共安全，《刑法》第一百一十四条和第一百一十五条都表明了"危险方法"

---

① 河南省焦作市中级人民法院（2011）焦刑二初字第9号刑事判决书。
② 参见冀天福：《研制生产销售"瘦肉精"构成以危险方法危害公共安全罪》，载《人民法院报》2011年9月8日，第7版。

侵害的法益是公共安全，行为人采用的"危险方法"要能对公共安全产生法益的侵害，必须是对公共安全具有实质性或潜在危险性的行为，才符合该罪名的构成要件。

学界虽对"危险方法"的认定存有诸多观点，但对"危险方法"要求具有危害公共安全的属性却是统一的。劳东燕教授认为认定此罪由两个独立要件构成，分别是"公共安全"和"危险方法"，那么对行为人实施的行为是否满足"危险方法"应该从性质和程度两个方面来衡量，首先行为人的危险行为要满足具有导致多数人重伤或者是死亡的内在危险的客观要求，其次还要危险行为能够导致危险结果同时满足蔓延性、直接性和高度概然性等"相当性"的特征。① 张明楷教授认为此罪的"危险方法"应当在行为的危险性质上与放火、决水、爆炸与投放危险物质等具有同样的性质，而上述四种行为的特点是对危害行为造成的危害结果的数量以及危害范围都不可控。② 孙万怀则认为判断危险方法的危险性应该从危险方法的基本属性入手，对危险性做出了要达到一定"量"的标准，要求行为人实施的危险行为存在着高度危险性。③ 以上学者的观点虽然着重点不一致，但是都暗含了要达到"危险方法"要具有危害公共安全这一属性。

"危险方法"的司法认定过程中，应先判断通过该方法实施的行为是否侵害（或主要侵害）了公共安全法益。第一种情形：行为人实施的行为只侵害了一种法益。当行为人实施的行为只侵害了一种法益，只需判断行为人实施的危险行为是否危害了公共安全，倘若其行为侵害了公共安全的法益，则可进一步评估该行为是否符合"相当性"标准。如行为人在偏远无人的沙漠进行爆破实验，不小心炸死了10个沙漠探险者，此种情形下，将行为人的爆炸行为纳入"危险方法"中并不妥当，因为行为人实施爆炸行为所处的环境是无人的沙漠，其行为所侵害法益不可能是"公共安全"；反之如果行为人进行爆破实验这一行为是在人口众多的城市，其行为所侵害法益便是"公共安全"，应认定为"危险方法"。第二种情形：行为人实施的方法侵害了多种法益。当出现行为人实施的危险行为侵害多个法益时，首先应当分清危险行为

---

① 劳东燕：《以危险方法危害公共安全罪的解释学研究》，载《政治与法律》2013年第3期。
② 张明楷著：《刑法学（下）》，法律出版社2021年版，第891页。
③ 孙万怀：《以危险方法危害公共安全罪何以成为口袋罪》，载《现代法学》2010年第5期。

主要侵害的法益是否为公共安全。如在吴某某偷盗消防设施一案中，① 吴某某盗窃正在使用中的多个消防设施，该偷盗行为既侵害财产权益又侵害公共安全法益，但行为人盗窃的是正在使用中的消防设施，该行为所造成的危险性是不可估量的，一旦在人员密集的高层建筑中发生火灾，消防栓由于缺少接头及水枪，其消防功能将全部或者部分失效，可能导致火灾因缺水而无法及时扑灭，从而危及不特定多数人的财产及人身安全，足以危害公共安全，所以其行为主要侵害的是公共安全的法益。

(二)"危险方法"的界定

1. 以相当性原则为标准

认定以危险方法危害公共安全罪之"危险方法"，应遵循罪刑均衡，严格适用相当性原则。相当性原则强调的是行为人所实施的"危险方法"，在危险的本质属性、可能造成的危害程度以及潜在的危害后果上，必须与《刑法》第一百一十四条和第一百一十五条明确列出的放火、爆炸、决水、投放危险物质等高度危险行为具备相当程度的严重性和紧迫性。

《刑法》第一百一十四条和第一百一十五条将以危险方法危害公共安全罪与放火、爆炸、决水、投放危险物质等危险行为并列规定在相同法条中并设定相同法定刑的举措足以说明为何在认定"危险方法"时要遵循相当性原则。这一立法安排意在强调，行为人实施的"危险方法"在危险性上要与放火、爆炸等行为具有相当性，在认定行为人采用的方法是否属于"危险方法"时，要严格将其行为所带来的危险性与放火、决水等行为进行比对，以该类行为带来的危险程度为参照标准和比较基准。②

准确适用相当性原则，应综合考虑行为人对危险行为的主观认识以及该危险行为所带来的客观危害程度。从主观层面分析，应判断行为人对其采取的危险方法所产生的危害结果、危害范围、危险程度等能否准确预料。如果行为人能够准确预料其行为所带来的危害结果、危害范围、危险程度，那么其行为就不具备成就"危险方法"的可能性。危险方法与其所造成的危害后

---

① 成都市郫都区人民法院（2018）川 0124 刑初 667 号刑事判决书。
② 江溯、朱源哲：《以危险方法危害公共安全罪一审裁判规则研究》，载《法律适用》2024 年第 1 期。

果之间存在复杂的因果关系，导致行为人无法预料其行为所带来的具体后果。采用放火、爆炸、决水、投放危险物质等行为产生的危害是无法准确预料的，所以以危险方法危害公共安全罪之"危险方法"的认定也应如此。从客观层面分析，应判断行为人采取的危险方法是否具有使危害结果随时向多处扩展的可能性。如果其采取的方法不具备此种可能性就不应认定为"危险方法"。如放火行为完成后，火焰将以惊人的速度蔓延扩展；爆炸行为结束后，其释放的热量会引发高温和高压，导致周围物体瞬间燃烧或爆炸；决水行为完成后，水流会泛滥至其他地区，造成无法估量的损失；危险物质一旦释放，会随着传播介质大范围扩散到其他地方，给周围环境和人口带来严重威胁。① 以上行为都具备了使危害结果向多处扩展的可能性，所以在认定行为人所采取的方法是否属于"危险方法"时也应当以此特性为标准。

2. 以公正性价值为引导

公正性价值贯穿人们的生活，是法律的生命线，是司法审判活动的追求目标，是人类社会共同遵循的理念。《刑法》将罪责刑相适应作为基本原则之一便是公正性价值的体现，要求刑罚轻重与客观的犯罪行为及其危害结果相适应；司法实践中要求法官公正断案，落实罪责刑相适应原则便是对公正性价值的遵循；公正性价值亦在社会公众的日常生活中发挥举足轻重的作用，公众以公平正义为判断是非的衡量标准。

公正性价值贯穿整个司法审判过程，公正判案不仅是实现司法公正目标的关键一环，更是对法律公正的深刻诠释。英国哲学家培根说过："一次错误的审判造成的损害要远胜无数的罪行，因为后者不过是污染了水流，而前者则污染了其源头。"可见司法不公所带来的破坏性和严重后果，因此在审理案件的过程中要严格以公正性价值为指引，在尊重事实真相的前提下，通过严谨的逻辑推理和法律适用，做出公正的判决。

以公正性价值为指引应严格贯彻其在司法实践中的重要性以及提高公众对公正司法的认同度。在司法实践中，必须坚定不移地贯彻刑法的基本要求，严格遵循罪责刑相适应原则，以此为指导推进司法公正的实现。审判人员应全面审视并评估危险行为所造成的客观损害及行为人的主观认知，确保刑罚

---

① 参见黄弘毅、程聘：《以危险方法危害公共安全罪的适用扩张与解释限缩》，载《湖北警官学院学报》2023年第3期。

的适用与犯罪事实、刑事责任之间实现统一，认定"危险方法"要使其危险性能与此罪法条中列出的四种行为所具有的危险性相当，对行为人判处的刑罚与危害结果相匹配，达到罪刑均衡。在社会生活中，应提升群众对公正司法的认同度。通过法律宣传教育来弘扬公正理念，进一步提高公民的法治意识，从而知晓判决结果的合法性和合理性；增强公众对司法程序的了解，让广大民众了解法律和司法判决的公正性、权威性，促进其理性地看待司法判决和法律，避免盲目相信谣言和误解。

四、结语

司法公正在国家治理体系中发挥着极为重要的作用，是建设法治社会和法治国家的根本支持，因此明确"危险方法"的统一认定标准，推动其在司法实务中的合理认定十分必要。实践中，应严格遵循"危险方法"的认定标准，贯彻公正性价值引导，力求符合我国《刑法》规定的罪责刑相适应原则，实现刑法保障人权的目标。

受虐妇女反杀案件的正当防卫条件

李汶遥　熊德禄[*]

摘要：家庭暴力作为一种发生于最亲密、最隐私场合之中的暴力行为，其本质与法治社会的原则背道而驰，理应受到法律的坚决抵制。但由于家庭暴力的特殊性，使得法律在介入时面临诸多挑战，主要集中在正当防卫限度和时间的认定，导致在司法实践中能够认定为正当防卫的受虐妇女杀夫案件较少。从受虐妇女反击视角切入，通过分析学界相关观点，建议对受虐妇女杀夫案件正当防卫限度和时间的认定条件适当放宽。

关键词：家庭暴力　受虐妇女杀夫　正当防卫

一、问题的提出

家庭暴力作为一种严重的社会问题，不仅严重影响家庭的温馨与和谐氛围，更是对社会稳定构成了潜在威胁。并且女性往往是家庭暴力最主要的受害者群体，她们因体力的弱势，在面对暴力时更加脆弱无助。当受虐妇女在无法忍受丈夫的家庭暴力后会选择对丈夫的暴力行为进行防卫。

2015年最高人民法院、最高人民检察院、公安部以及司法部联合颁布《关于依法办理家庭暴力犯罪案件的意见》（以下简称《意见》），其中对正当防卫的认定条件作出了规定。在司法实践中却鲜有将受虐妇女杀夫案件认定为正当防卫的，即使认定此类案件具有防卫因素也会由于受虐妇女造成施暴者重伤或死亡，而认定受虐妇女在进行防卫时超过必要限度构成防卫过当。

---

[*] 李汶遥，四川轻化工大学法学院法律硕士研究生；熊德禄，四川轻化工大学法学院副教授，法学博士。

若仅简单地以受虐妇女造成的防卫结果而认定为防卫过当或不成立正当防卫,此类裁判并未充分考虑到妻子遭受长期家暴状况以及受虐妇女特殊性这一特点,有不恰当限缩正当范畴之嫌。①

为研究受虐妇女杀夫这一现象,笔者在中国裁判文书网上,以"家庭暴力""夫妻""刑事案件"为关键词,下载了2018年至2024年的裁判文书,一共351篇,排除掉非受虐妇女杀夫案件,最终得到有效样本96份。这96份受虐妇女杀夫案件判决书,罪名通常是故意杀人或故意伤害,刑期从五年以下有期徒刑到无期徒刑不等。样本中,仅1名被告妇女依法成立正当防卫,10名被告妇女被认定为防卫过当。基于这96份受虐妇女杀夫案件判决书样本,对长期遭受家暴的妇女杀夫及类似行为的正当防卫限度问题进行深入分析,以揭示受虐妇女反杀案件的正当防卫的认定疑难,并提出应对策略。

二、受虐妇女反杀案件中正当防卫的特殊性

家庭暴力中受虐妇女的防卫行为较之一般的防卫行为有其自身的特殊性,这种特殊性来源于家庭暴力的特殊性质,并且具有与一般暴力行为不同的犯罪主体。

(一)受虐妇女相对于一般犯罪主体的特殊性

笔者对中国裁判文书网上96份相关的判决书的数据进行了归纳整理,总结出受虐妇女较一般犯罪主体的特殊性。

1. 受虐妇女受教育程度较低

对96份样本中被告女性的文化程度进行统计后发现,8份判决书中未提及被告女性的文化程度。在剩余的88份样本中,仅有2例(占比2%)的被告女性达到了大学专科及以上文化程度,显示出高学历群体在此案件中的稀缺性。值得注意的是,占比最大的为初中文化水平(29例,占比约33%),其次为文盲(23例,占比约26%),这一比例显著较高(见表1)。从数据中表明,受虐妇女普遍文化水平较低。受虐妇女受制于文化水平和生活阅历,

---

① 参见彭文华:《受虐妇女综合症与杀夫案中正当防卫的认定》,载《法学评论》2022年第5期。

她们缺乏获取外界援助的意识，对法律救济途径及可寻求帮助的机构知之甚少。在此情形下，这部分受虐妇女在面对到家庭暴力时只能选择默默忍受。

表 1 受虐妇女受教育程度统计表

受教育程度	文盲	小学文化（包括肄业）	初中文化（包括肄业）	高中文化（包括肄业）	大学专科及以上
案件数	23	32	29	2	2
占比	约26%	约36%	约33%	2%	2%

2. 受虐妇女多数无正式职业

在对 96 份样本中的受虐妇女职业状况进行分析时，除了 21 名受虐妇女的职业在判决书中未提及外，剩余 75 份样本的受虐妇女多为农民或者无业。共计 41 份样本受虐妇女的职业为农民，其次是无业，总共有 21 份样本。仅有极少数的受虐女性有正式职业具有相对较稳定的收入（见图一）。"受虐妇女由于在家庭中没有收入来源，被家暴后碍于依附男方经济收入生活，只能忍受家庭暴力，最终酿成以暴制暴的悲剧。"① 经济上的弱势地位加剧了受虐妇女在家庭中的不利处境，特别是在那些依赖丈夫收入维持生计的家庭中，这种经济依赖关系削弱了受虐妇女的自我保护能力和防卫能力。

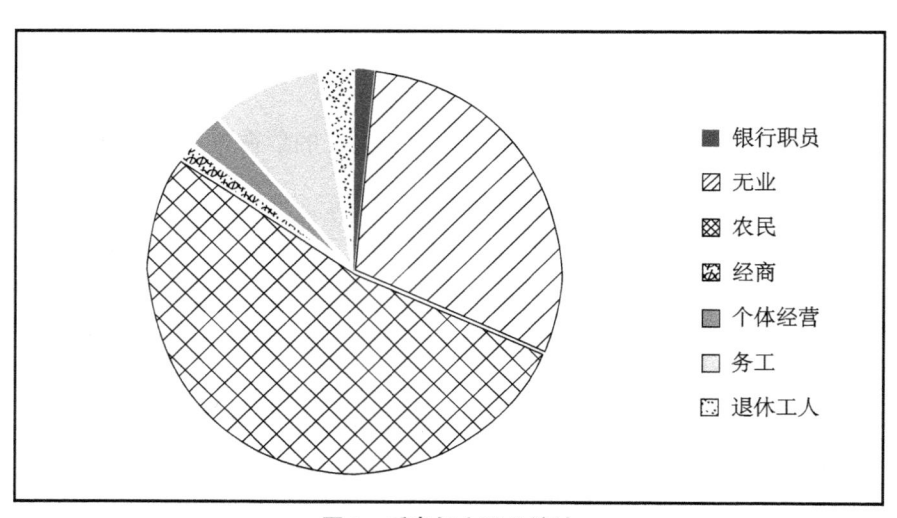

图 1 受虐妇女职业统计

---

① 林佳嘉：《预防与应对：家庭暴力犯罪案件实证研究》，载《郑州航空工业管理学院学报（社会科学版）》2022 年第 3 期。

(二) 家庭暴力相对于一般暴力的特殊性

家庭暴力作为暴力的一种形式，具有一定的特殊性。这些特殊性决定了家庭暴力不能简单使用传统的正当防卫理论，需要进行适当的扩展，以更有效地保障受虐妇女的合法权益。

1. 家庭暴力具有隐蔽性

"发生在家庭领域中的暴力与发生在公共领域中的暴力有所不同，其自由的行使并不会招致报复与威胁。"① 家庭作为一个隐蔽的私人空间，在家庭内部发生的事情都具有一定的隐蔽性，因此如果受虐妇女不主动公开遭受家庭暴力的事实，外界很难对犯罪状况有详细地认知。"并且即使有知情人，也会考虑到家庭暴力行为是传统意义上的'家事'，对于'家事'，许多人目前仍然秉持'清官难断家务事''法律不论琐事'等观念，因此再三缄口，不愿多谈更加不愿意干预。"②

2. 家庭暴力具有持续性

家庭暴力并非一次性的暴力侵害事件，而是一个由多次、反复发生的暴力侵害行为所形成的持续过程。如果施暴者（丈夫）对受虐妇女第一次实施家庭暴力行为时没有得到有效制止，这会成为暴力行为升级的催化剂，进而引发长期的、持续的家庭暴力。在长期的婚姻关系中，摩擦若未能得到妥善解决，这些负面因素会逐渐累积并加剧双方之间的冲突态势。单次的暴力事件，往往难以化解夫妻间的矛盾。若既有矛盾未得到有效平息，新的分歧又接踵而至，便会形成一个暴力循环。

3. 家庭暴力范围的限定性

家庭暴力具有主体范围的限定性，家庭暴力限定在家庭成员当中。"在家庭暴力当中，施暴者与受暴者之间具有家庭成员的关系，这是区别家庭暴力与一般暴力行为的根本特征之所在。"③ 我国《民法典》也对家庭成员的范围作出了规定，具有夫妻关系、父母子女关系的人员，当然属于家庭成员的范畴。至于其他亲属关系，则只有共同居住时才能认定为家庭成员。

---

① 周安平：《家庭暴力的法理学分析》，载《中共南京市委党校学报》2005年第5期。
② 蒋嫣婷：《家庭暴力犯罪实证研究——基于相关司法判决大数据报告》，载《南阳理工学院学报》2022年第1期。
③ 陈兴良：《家庭暴力的正当防卫》，载《政法论坛》2022年第3期。

三、受虐妇女反杀案件中正当防卫的认定问题

正当防卫的认定需从防卫行为的时间以及造成损害结果的正当性两方面去考虑。但由于此类案件通常会造成重伤及以上结果，司法人员出于对防卫结果的考量，即使认定具有防卫因素，也会认定为防卫过当。

（一）正当防卫的认定疑难

根据受虐妇女实施防卫行为造成的结果对该行为进行认定，存在两种结果，一是构成故意犯罪（故意杀人或是故意伤害），二是成立正当防卫。司法实践中，由于在防卫时间条件和防卫限度条件认定时往往存在重大争议，受虐妇女的防卫行为很难认定为正当防卫。

1. "不法侵害正在进行"的认定争议

受虐妇女的防卫行为在司法实践中较难认定为正当防卫。主要是由于部分受虐妇女的防卫行为被认定为事前防卫，即被视为在侵害实际发生前的不当防卫行为，而非针对正在进行的不法侵害的合理行为。正当防卫的成立要求不法侵害具有紧迫性，即"不法侵害正在进行"，但是，"正在进行"是一个过程，而不是一个确切的时间点，防卫人并不一定要求只能对即刻发生的不法侵害进行反击。[①] 受虐妇女由于长期处于家庭暴力的阴影下，当面对过去相似或相关的暴力场景时，往往难以避免地经历恐惧与无助。因此，在评估不法侵害是否已经出现时，不能依靠事后冷静、客观的视角来做出判断。我们应当站在事中的角度，从受虐妇女的角度出发，结合她们过往遭受家庭暴力的过往，去判断受虐妇女所面临的威胁是否已迫在眉睫，是否具有高度的紧迫性。

2. 司法实践倾向于限缩正当防卫的适用

当前司法实践中"唯结果论"的做法仍然存在，即仅因施暴丈夫出现重伤或死亡结果，便认定受虐妇女的防卫行为构成防卫过当。此举限缩了正当防卫的适用范围。在"昆山龙哥案"成为标志性转折点之前，正当防卫条款在司法实践中常处于"休眠"状态，特别是在处理家庭成员间矛盾时，司法

---

① 参见劳东燕：《正当防卫的异化与刑法系统的功能》，载《法学家》2018 年第 5 期。

人员对其适用更为审慎与保守。但家庭成员之间的亲密关系绝不能成为家庭暴力行为的庇护所。我们必须正视并严肃对待任何形式的家庭暴力，不因其发生在家庭内部而有所姑息。正当防卫，作为不法侵害受害者的基本权利，同样适用于家庭成员之间。

（二）正当防卫认定疑难的缘由

在受虐妇女杀夫案中，司法工作人员认为受虐妇女的防卫行为不满足正当防卫的认定条件。其主要是对防卫的时间和限度的认定要求较为严格，并且缺乏对受虐妇女特殊性的考量。

1. 缺乏对受虐妇女特殊性的考量

传统正当防卫理论是建立在双方实力相对均衡的前提下。在此种均衡状态下针对不法侵害实施防卫行为，方能彰显正当防卫作为私力救济手段的价值与意义。

由于家庭暴力的特殊性，加之双方在体力和武力等方面的不均衡，在此种情况下适用传统的正当防卫理论并不十分恰当。在家庭暴力中，双方实力的显著差异是一个客观且不容忽视的现实。因此在司法实践中，不应刻意回避或忽视这种客观差距，更不应为了追求形式上的平等而抛弃对事实真相的尊重。这种对表面平等的盲目追求，会导致最终判决结果的不平等与不公正，进而损害司法权威与受害者权益。

2. 对防卫时间和限度的认定要求较为严格

《意见》认为家庭暴力案件中，造成施暴者重伤或死亡且明显超过必要限度，属于防卫过当。在受虐妇女反杀此类特殊案件中，很难满足正当防卫成立的限度条件。受虐妇女因长期承受暴力与辱骂，心理常处于怨恨与极端恐惧中，致使其在面对新的暴力侵害时，所采取的防卫行为通常会超过必要限度，被认定为防卫过当。并且在司法实务中，司法工作人员会以防卫行为造成的损害结果去认定是否超过必要限度。若是为制止不法侵害所必需且无可避免的防卫行为，那么无论面对何种法益侵害，都应当被法律所认可与保护。

"一旦按照传统正当防卫理论去认定防卫限度条件，受虐妇女在面对家庭暴力时只能采取轻微并且难有成效的防卫手段。"[①] 具体而言，当施暴者实施

---

① 见叶秀雄：《论家庭暴力的正当防卫》，载《政法学刊》2022年第6期。

针对受虐妇女要害部位（如头部、腹部）的暴力行为时，受虐妇女在防卫时需审慎地选择防卫手段与限度，往往局限于徒手且无武器的直接反抗，且需极力避免对施暴者造成重伤或死亡。但由于男女的性别及体力差距，受虐妇女很难用这种防卫手段去阻断施暴者继续实施家庭暴力，并且此种防卫行为可能会激怒施暴者从而造成更加严重的家庭暴力。

3. 对防卫时间的认定要求过高

季理华教授提出施暴人对受虐妇女实施的暴力侵害的具体时间成为认定正当防卫或者防卫过当的关键点。① 在现行法律框架下，对正当防卫时间条件的严格界定，往往未能充分考虑受虐妇女作为弱势群体的特殊处境。

传统的正当防卫理论严格限制了防卫行为的时间条件，要求不法侵害必须正在进行且具有紧迫性，将防卫行为的实施时间限制在一个较短的时间段里，忽视了受虐妇女在持续的家庭暴力环境中所面临的长期的危险与威胁。对于受虐妇女实施的"以暴制暴"行为，若是按照传统正当防卫时间条件去进行认定，则没有考虑到受虐妇女杀夫这一类案件的特殊性，不利于体现正当防卫的公正性。正当防卫的设立的本意是希望在国家公权力来不及保护弱者利益时，弱者能够自救。如此情形显然有悖正当防卫制度的设立初衷。受虐妇女长时间遭受家庭暴力，心理会出现一些特殊问题，其心理上特殊的状态极大地挑战了受虐妇女把握反抗的时机。

四、受虐妇女反杀案件中正当防卫条件的修正

在受虐妇女反杀案件中，认定受虐妇女反杀案件成立正当防卫存在困境，主要集中在时间条件与限度条件的判断，很多学者提出了放宽正当防卫时间条件和限度条件的建议。但为保证《刑法》的权威性，对正当防卫认定条件的放宽，既要强调对受虐妇女特殊性的保护，也要注重罪刑法定原则的遵守，不能矫正过当。

（一）强化受虐妇女的特殊性保护

受虐妇女与男性相比本就在客观上处于弱势地位，从维护社会公平以及

---

① 参见季理华：《受虐妇女杀夫案中刑事责任认定的新思考》，载《政治与法律》2007年第4期。

实现司法公正的角度考量，在此类案件中应当强化对受虐妇女的特殊性保护。家庭暴力有其自身的特殊性，这也就要求司法人员考虑到家庭暴力的特殊性，强化对受虐妇女的特殊性保护，不能教条机械适用正当防卫的认定条件。

但并不意味着受虐妇女可以对其造成的严重损害完全不用承担刑事责任，也不鼓励其采取不计后果的反击行动。由于家庭暴力的独特性以及受虐妇女所面临的特殊困境，应适当放宽正当防卫的适用条件，以确保法律的公正与人文关怀。这既要求维护公平正义，确保受害者的权益得到应有保护；也强调法律的严肃性，避免滥用正当防卫权利。

（二）适当放宽正当防卫限度条件的认定

陈兴良教授曾言"降低正当防卫包括防卫过当的认定标准，就是提高不法侵害人的违法成本"。[①] 在司法实践中，对于受虐妇女的防卫行为是否超过必要限度，不能仅靠防卫行为造成的结果去判断是否构成防卫过当，需要考量多方面因素。

在受虐妇女杀夫案中，受虐妇女防卫行为的核心目的在于有效制止并且终止施暴丈夫的不法侵害，以保障受虐妇女的合法权益不受进一步侵害。若防卫行为未能有效制止不法侵害，将会招致丈夫更加严重的家庭暴力。鉴于此，受虐妇女可能在极端情况下采取更为激烈的防卫手段，即便导致施暴者伤亡，也不应轻易认定为超过了必要限度而构成防卫过当。因为在此情形下，受虐妇女的防卫行为实为制止不法侵害所必需，是受害者在绝境中的合理反应。然而，按照传统正当防卫限度条件的标准衡量，此结果被认为超越了正当防卫的合理界限。这在一定程度上忽视了受虐妇女所处环境的特殊性及其防卫行为的紧迫性和合理性，从而限制了正当防卫原则在保护受虐妇女权益方面的有效应用。

按照传统正当防卫理论，对于防卫限度的判断是需要进行利益衡量的。单从表象看，施暴者的死伤结果远重于受虐妇女所受到的非法侵害。但此种利益衡量忽略了受虐妇女的伤害是由施暴者造成的以及受虐妇女遭受了常年的家庭暴力。如果过度看重利益衡量的价值，难免会要求受虐妇女在面对不

[①] 见陈兴良：《正当防卫如何才能避免沦为僵尸条款——以于欢故意伤害案一审判决为例的刑法教义学分析》，载《法学家》2017年第5期。

法侵害时进行躲避而非防卫。因此对于受虐妇女的防卫限度应当适当放宽。

（三）适度放宽正当防卫时间条件的认定

鉴于受虐妇女杀夫案件的特殊性，可以从正当防卫的起始时间和结束时间对正当防卫的认定条件进行适当放宽，即在不法侵害行为的起始时间和结束时间。

在认定不法侵害行为的起始时间上，如果受虐妇女所面临的不法侵害已呈现出紧迫性，则不应限制其必须在暴力行为明确"着手"后方可实施防卫。基于受虐妇女综合征理论，许多长期遭受家庭暴力的女性，往往能够基于过往经历对暴力事件的周期性发作具备一定的预见能力。对不法侵害是否正在进行的判断，应当以受虐妇女的利益为优先考量，判断是否具有紧迫性。

在认定不法侵害的结束时间上，应当以施暴丈夫所引发的危险状态是否完全消除为判断标准。对受虐妇女来说，其遭受的家庭暴力可能在某个时间段内暂时停止，但这种暂停伴随着高度的不确定性，使得受虐妇女难以准确评估暴力行为的终止状态。在此情境下，即便暴力行为暂时停歇，但潜在的危险并未真正消除，受虐妇女仍有权采取正当防卫措施。"正当防卫不是拳击比赛，并非双方遵守比赛规则，公平公正地进行比拼。"[①]

五、结语

由于家庭暴力具有一定的特殊性，受虐妇女的防卫行为是否能够认定为正当防卫存在困境。结合当前司法实践中的案例、学界的广泛讨论，可以适当放宽正当防卫的认定条件，打破"唯结果论"的认定方法。具体而言，应从"事中"视角出发，认定防卫行为的合理性与必要性，以更贴近实际地判断其是否构成正当防卫。在坚守罪刑法定原则这一法律基石的同时，适度放宽家庭暴力案件中正当防卫的认定标准。

---

① 见车浩：《昆山启示录：正当防卫不是拳击比赛而是抗击侵略》，载《刑事法判解》2019年第1期。

轻罪治理视角下行刑衔接机制问题的研究

杨　成　马玲玉[*]

摘要：当前我国犯罪结构发生显著变化，轻罪惩处范畴显著扩张。行刑衔接机制在实践中面临多元主体协作、监督局限和信息共享不畅等挑战。尤其是监督职能分散、衔接主体不明确、信息共享平台建设滞后等问题，影响了行刑衔接的效率和效果。为解决这些问题，首先，通过司法解释明确主管机关的范围和移送标准，优化案件移送流程；其次，加强信息共享平台建设，打破部门壁垒，实现信息的即时、全面和准确共享；最后，强化检察机关在行刑反向衔接中的监督职责，建立责任追究机制，确保移送工作的规范化和制度化，旨在提高行刑衔接的效率，确保司法资源的合理分配，促进轻罪治理的法治化和规范化。

关键词：轻罪治理　行刑衔接　反向衔接　行政处罚

一、引言

随着我国社会经济的高速发展与法治体系的日益完善，犯罪态势展现出了明显的结构性转变。具体而言，重罪案件的发生率呈现出稳步下滑的趋势，与此同时，轻罪案件的比例却持续攀升，这一变化清晰地反映出我国犯罪治理已经进入了以"轻罪"为主导的新阶段，即所谓的"轻罪时代"。轻罪治理旨在通过程序法的积极响应，发挥程序在犯罪治理中的独特功能和作用，

---

[*] 杨成，法学博士，四川轻化工大学讲师；马玲玉，四川轻化工大学2023级法律硕士研究生。
　　基金项目：四川轻化工大学研究生创新基金项目"轻罪治理视角下行刑衔接机制问题的研究"（Y2024046）。

以适应犯罪态势的变化，提高治理效能。行刑衔接机制是轻罪治理中的关键环节，涉及行政执法与刑事司法之间的有效配合。良好的行刑衔接能够确保轻罪案件得到及时、有效的处理，同时避免因程序不畅导致的司法资源浪费和社会治理效能降低。如何应对行刑衔接中显现出的监督职能分散、衔接主体不明确、信息共享平台建设滞后等问题，是当下亟须解决的问题。

二、行刑衔接中的执法主体协作与监督

（一）行刑衔接中执法主体协作

行政机关是行刑衔接中的主要执法主体之一，《行政处罚法》第十九条、《刑事诉讼法》第一百一十条的规定体现了公安机关、人民检察院、人民法院以及各行政机关在行刑衔接中的职能。[①] 实践中以上主体在处罚性质上并不冲突，而是各司其职，共同维护社会秩序与公共利益。然而，在复杂多变的社会环境中，往往需要行政机关与各司法机关的紧密合作，采取"双罚"方能有效遏制违法行为的蔓延。以某建材有限公司重大事故隐患案为例，[②] 滨海县应急管理局在执法检查中发现该公司存在多达29处事故隐患，其中水泥罐未进行受限空间风险辨识且未设置安全警示标识，构成重大事故隐患。对此，应急管理局迅速作出反应，下达《现场处理措施决定书》，责令公司停产整顿。但是，该公司并未遵守指令，擅自恢复生产，严重违反了《刑法》中关于拒不执行停产停业决定的规定。滨海县应急管理局与公安局迅速启动行刑衔接机制，将案件移送公安机关处理。公安局对该公司正式刑事立案，并对公司法人姚某某等人采取了刑事拘留措施。可以看出"双罚"能够根据违法行为的性质和情节，灵活运用行政、刑事打击违法行为。但"双罚"的标准

---

① 《行政处罚法》第十九条规定"法律、法规授权的具有管理公共事务职能的组织可以在法定授权范围内实施行政处罚"。《刑事诉讼法》第一百一十条第一款、第二款规定"任何单位和个人发现有犯罪事实或者犯罪嫌疑人，有权利也有义务向公安机关、人民检察院或者人民法院报案或者举报。被害人对侵犯其人身、财产权利的犯罪事实或者犯罪嫌疑人，有权向公安机关、人民检察院或者人民法院报案或者控告"。

② "引以为戒！四起行刑衔接典型执法案例！"，载苏州市发展和改革委员会官网，https://fg.suzhou.gov.cn/szfgw/aqfzcsjs/202106/67e0557292734f0d98b5b53b6dc958f3.shtml，最后访问时间2024年11月1日。

应当进行统一,广东顺德区法院的判决中就危险驾驶罪与《道路交通安全法》第九十一条第二款适用不统一的问题再次鲜明地提出,①依据《道路交通安全法》第九十一条第二款的规定,②若犯罪嫌疑人承认罪行并接受处罚,或其违法行为满足相对不起诉的条件,则可免于刑事责任。在此情况下,醉酒驾驶的处罚仅限于吊销机动车驾驶证,相较于饮酒后驾驶营运机动车的处罚而言,显得较轻。此外,当检察机关将决定不起诉的醉酒驾驶案件退回公安机关时,公安机关常以已吊销驾驶证为由,拒绝采取其他处罚措施。从行刑衔接的角度,以及行政与刑事法律适用应保持均衡的原则来看,对醉酒驾驶因不起诉而减轻处罚,显然与对饮酒驾驶的处罚不相称,存在不合理之处。因此,行政检察部门应深入探究此类案件的办理规律,协调统一公安机关与刑事司法部门的办案流程与时间限制从而提升整体的执法水平。

(二) 行刑衔接中检察监督指引

2021年6月中共中央发布了《关于加强新时代检察机关法律监督工作的意见》其中明确指出,检察机关在履行法律监督职责的过程中,若发现行政机关违法行使职权或怠于行使职权,可依法发出检察建议等,以促使其进行纠正,为检察机关继续深化对行政违法行为的监督提供了新的指引。③至此,行政检察监督范围扩至行政诉讼检察监督、"四大检察"中发现的行政违法行为监督等。甘肃省、安徽省宿州市将自然资源、生态环境、市场监督、公安执法、社会保障等关系群众切身利益的规定纳入行政违法行为检察监督的范围。④通过对相关的部分政策进行梳理后发现,大部分文件并未将行刑衔接特别是反向衔接纳入行政违法行为检察监督的重点办案领域。实务中,检察机关在对多方渠道获悉的行政违法行为进行监督,都有政策或是司法解释的依

---

① 广东省佛山市顺德区人民法院(2020)粤0606刑初2648号刑事判决书。
② 《道路交通安全法》第九十一条第二款"醉酒驾驶机动车的,由公安机关交通管理部门约束至酒醒,吊销机动车驾驶证,依法追究刑事责任;五年内不得重新取得机动车驾驶证"。
③ "中共中央关于加强新时代检察机关法律监督工作的意见",载中华人民共和国最高人民检察院官网,https://www.spp.gov.cn/tt/202108/t20210802_525619.shtml,最后访问时间2024年11月1日。
④ 参见"甘肃:出台《实施意见》提升行政检察监督质效",载中华人民共和国最高人民检察院官网,https://www.spp.gov.cn/dfjcdt/202111/t20211110_534899.shtml,最后访问时间2025年2月18日。"宿州市人民政府宿州市人民检察院关于建立府检联动工作机制的实施意见",https://www.ahsz.gov.cn/zwgk/ztzl/szgb/szfwj/193035451.html,最后访问时间2025年2月18日。

据，但相关依据都存在过于分散或是规范层次较低，不具有普遍的约束力。为检察机关能够发挥法律监督的效能，应当将行政违法行为与行刑衔接制度进行融合，推动二者之间的完善。

三、行刑衔接的现实堵点

（一）衔接中主体不明确

在行刑反向衔接的过程中，一个显著的问题就是行政机关的数量众多且职责划分复杂。一个地区内往往存在多个具有行政管理职权的机构，如市场监管局、税务局、环保局等，这些机构在各自的领域内拥有行政处罚权或处分权。然而，由于不同行政机关的职责范围存在交叉和重叠，导致在具体案件中难以准确判断哪个行政机关是应当接收检察意见并作出相应处理的"主管机关"。例如，公安机关在接收药监部门移送的案件后，如果发现案件材料不全或者需要补充调查取证，若此时药监部门和公安机关都认为案件不在其办案程序中，就可能出现无人调查固定证据的情况。这种不确定性增加了行刑反向衔接的难度和复杂性。尽管《刑法》《刑事诉讼法》等法律法规对行刑反向衔接作出了一定规定，但关于"主管机关"的具体界定和移送程序等方面仍存在模糊性。[①] 其中都并未明确"有关主管机关"的具体范围和标准，检察机关在移送案件时往往面临选择困难，难以确定应向哪个具体行政机关移送。此外，相关规定对于行刑反向衔接的具体操作流程、材料要求、时限规定等也缺乏详细规定，导致各地在实践中操作不一，不同地区的检察机关和行政机关在衔接过程中往往根据自身理解和实际情况进行操作，以涉税案件中的行刑反向衔接为例，税务机关在移送案件前，需要准备哪些材料，是否需要包括完整的调查报告、证据材料、相关法律法规依据等这些都没有明确的规定。同时，由于缺乏统一的指导和监督，各地在衔接工作中容易出现推诿扯皮、责任不清等问题。综上，不仅增加了各机关的工作负担和成本，

[①] 《刑法》第三十七条规定"对于犯罪情节轻微不需要判处刑罚的，可以免予刑事处罚，但是可以根据案件的不同情况，予以训诫或者责令具结悔过、赔礼道歉、赔偿损失，或者由主管部门予以行政处罚或者行政处分"。《刑事诉讼法》第一百七十七条第三款规定"对被不起诉人需要给予行政处罚、处分或者需要没收其违法所得的，人民检察院应当提出检察意见，移送有关主管机关处理"。

还可能导致案件移送不及时或遗漏。

(二) 衔接中信息共享不畅

在《国务院关于加强数字政府建设的指导意见》的引领下，数字政府建设正以前所未有的速度推进，旨在通过信息化手段提升政府治理效能，促进数据资源的共享与利用。在此背景下，行政执法与刑事司法衔接的信息共享平台作为数字政府建设的重要组成部分，其重要性和面临的挑战也日益凸显。

上海市作为全国率先建立"行政执法与刑事司法衔接的信息共享平台"的城市，其经验为其他地区提供了宝贵借鉴。① 然而，随着平台建设的深入，一系列问题也逐渐暴露出来。一是尽管各区域已经构建了旨在促进行政执法与刑事司法衔接的信息共享平台，但这些平台在实际操作中往往未能实现与刑事司法机关及相关行政执法机构内部案件管理系统的深度对接。这种孤立状态意味着平台仅依赖于行政执法机关的自主判断来录入案件信息，进而导致了案件录入过程在即时性、全面性、精确性及广泛覆盖面上存在不足。由于这一局限，检察机关在获取涉嫌犯罪的行政执法案件信息时面临时滞性和准确性的挑战，最终影响了行政执法与刑事司法衔接机制的运行效率和实际成效。二是在信息共享过程中，各部门出台的规范性文件通常只要求将涉嫌犯罪案件录入平台，但对于信息的具体内容、格式、标准等缺乏统一要求。这导致不同部门在录入信息时存在差异，影响了信息的共享和利用。同时，过于强调行政机关向行政检察部门的正向衔接，忽略了案件的反向衔接。行刑反向衔接涉及行政执法机关、公安机关、检察机关等多个部门和机构之间的协作。在实践中，常出现由于部门间沟通不畅，导致案件移送、信息共享等环节出现延误或阻碍。例如，检察机关在决定不起诉后，需要依法移送有关行政主管机关处理，并制发检察意见，若部门间沟通不畅，就可能导致检察机关的检察意见无法及时传达给相关行政执法机关，从而影响行政处罚的及时性和有效性。三是工作人员滞后的理念也是影响信息共享不畅的一个重要因素。工作人员缺乏开放、创新的理念，就不愿意或不会积极引入和利用现代信息技术来优化办案流程和提高信息共享效率。相反，会仍然停留在传统的工作

---

① 参见陈涛、商凤廷：《数字政府背景下行刑衔接信息共享：问题与完善》，载《北京警察学院学报》2023年第6期，第17页。

模式上，依赖纸质文书和人工传递信息，导致信息共享不畅和效率低下。四是信息共享涉及大量敏感信息，包括案件详情、证据材料等。这些信息一旦泄露或被滥用，可能对案件办理造成严重影响，甚至损害相关当事人的合法权益。

（三）衔接中司法资源分配难题与监督局限

在司法系统中，员额制对人力资源的分配和利用有着重要影响。当法院案件数量不断攀升时，员额制的限制可能导致办案人员数量相对不足，检察机关在处理轻罪案件时可能难以充分考量非罪化因素，将大量轻微刑事案件起诉至法院，大大增加法院的工作量。在行刑反向衔接中，如果检察机关能够在轻罪行为非罪化中进行适当考量，将部分符合酌定不起诉条件的案件及时移送行政机关处理，就可以有效减轻法院的审判压力，使司法资源得以更加集中地用于惩罚更为严重的犯罪行为。

中共中央《关于加强新时代检察机关法律监督工作的意见》中，强调"健全行政执法和刑事司法衔接机制"，并指出检察机关在履行法律监督职责中，不仅应关注正向衔接，也应重视反向衔接。同时，《行政执法机关移送涉嫌犯罪案件的规定》第十四条第一款明确规定："行政执法机关移送涉嫌犯罪案件，应当接受人民检察院和监察机关依法实施的监督。"但是，根据《最高人民检察院关于推进行政执法与刑事司法衔接工作的规定》，行刑衔接的监督部门却局限于刑事捕诉部门。① 这种设置忽略了检察机关在行刑反向衔接中的重要监督作用，导致监督工作存在片面性和局限性。刑事捕诉部门虽然熟悉刑事司法程序，但在行政执法领域的专业知识和经验相对不足，难以构建起全面的、多维度的监督视角。现当下，与正向衔接相比，行刑反向衔接在宏观和微观层面均缺乏明确且可行的移送操作标准。这种缺失使得反向衔接在实践中往往仅具形式而缺乏实质内容，导致一个显著问题：刑事检察部门在发现不构成犯罪但涉嫌违反或可能违反行政法律规范的案件时，未能及时有效地将这些案件转交给具有相应管理职责的行政机关处理。同时，刑事检察部门并未将检查建议的制发以及跟踪落实纳入考评，因此导致相关工作人员

---

① "最高人民检察院关于推进行政执法与刑事司法衔接工作的规定"，载中华人民共和国最高人民检察院官网，https://www.spp.gov.cn/spp/xwfbh/wsfbh/202110/t20211011_531819.shtml，最后访问时间 2024 年 11 月 1 日。

不会花较多的精力与时间去监督反向移送案件的办理情况。

四、行刑衔接现实堵点的纾解路径

（一）司法解释与制度优化的双轮驱动

由于立法修订程序复杂、耗时较长且法律应当保持稳定性不能朝令夕改，因此，司法解释成为一个有效的补充手段。司法解释能够针对司法实践中遇到的具体问题提供及时、明确的指导。通过司法解释明确"有关主管机关"的范围和标准，可以迅速解决行刑反向衔接中的操作难题。

同时，要求各级政府和相关部门明确各自的执法权限和职责范围，对各类行政处罚权或处分权进行全面梳理，将不同类型的案件与相应的行政机关进行对应，打造一套清晰、明确的案件处理机制。在此过程中，应明确行刑反向衔接的启动条件，检察机关在作出不起诉决定后，应严格按照案件不构成犯罪、依法不追究刑事责任但应当给予行政处罚等情形对案件进行筛选和评估，制定详细的移送材料清单，明确接收机关的名称、联系方式等确认方式，并规定检察机关应在一定时限内将案件移送至行政机关处理，避免案件移送拖延导致的行政违法行为逃脱处罚的现象，行政机关也应在收到移送案件后尽快处理，并将处理结果及时告知检察机关。这样，在行刑反向衔接过程中，检察机关就能根据案件性质和违法行为类型，迅速确定接收案件的行政机关，从而提高移送效率和处理质量。

（二）信息共享打破部门壁垒和信息孤岛

随着我国数字政府建设的不断深入，一体化在线政务服务平台"国家政务服务平台"已投入使用，极大提升了政务服务效率。然而，在行刑衔接领域，信息共享平台的建设仍显滞后，制约了部门间的有效沟通与协作。因此，在数字政府的持续推进中，加强行刑衔接信息共享平台的建设显得尤为迫切。

通过加强信息共享平台的建设并将涉及行刑衔接的主体纳入平台建设，提升部门之间行刑衔接信息的有效沟通，可以有效打破地域和部门间的壁垒，实现信息的高效对接与流通。并将该平台建设成为中央至地方各级政府部门、公安机关、检察机关等共享行政执法与刑事司法信息的主渠道，通过深度对接各机关自身的案件管理系统,利用大数据、人工智能、区块链等先进技术,确保案件信息的即时、全面与准确。同时,为了确保信息的规范录入与共享,应规范录入标准,明确信息的具体内容、格式及编码规范,这一标准应涵盖案件基本信息、涉案人员信息、证据材料、处理结果等多个方面,以减少因信息录入不一致而带来的共享障碍。并且,在注重行政机关向检察机关正向衔接信息录入的同时,也应明确检察机关在决定不起诉后,将案件移送行政主管机关处理时的信息录入要求,确保信息的完整、准确与及时。

此外,为了提升工作人员的信息共享能力与意识,应加强培训与教育。通过举办专题讲座、案例分享、技术演示等活动,引导工作人员树立开放、创新的工作理念,积极拥抱现代信息技术。同时,组织工作人员参加信息技术培训,特别是信息录入、数据查询、系统维护等方面的技能培训,确保每位工作人员都能熟练掌握信息平台操作,从而提高信息共享效率。

(三)强化行刑反向衔接监督与责任追究机制

当前,我国行刑衔接机制主要侧重于行刑正向衔接的监督,而对于行刑反向衔接的监督则相对薄弱。因此,首先需要明确行政检察部门在行刑反向衔接中的监督职责,将其纳入整体监督体系之中。行政检察部门应成为行刑反向衔接的"守门人",对刑事司法机关移送的案件进行严格的审查,确保移送的合法性和准确性,防止案件在移送过程中出现遗漏或错误。行政检察部门与刑事捕诉部门在行刑衔接中各自承担不同职责,但二者之间应建立紧密的联动机制。通过信息共享、案件会商等方式,共同研判移送案件的性质、情节及法律适用等问题,形成监督合力。同时,对于移送过程中存在的争议或疑难问题,应及时沟通协调,确保移送工作的顺利进行。为确保移送工作的规范化和制度化,应建立完善的责任追究机制。对于在移送过程中存在失职渎职、徇私舞弊等行为的人员,应依法依规进行严肃处理;对于因移送不当导致案件处理结果出现偏差或造成不良社会影响的,也应追究相关人员的责任,通过责任追究机制的建立和实施,形成对移送工作的有效监督和制约。

五、结语

习近平总书记在党的二十大报告中着重强调"全面依法治国是国家治理

的一场深刻革命"。① 行刑衔接机制的顺畅运作，是全面依法治国在轻罪治理领域的具体体现，直接关系到轻罪案件的公正处理和社会秩序的稳定维护。在实践过程中，行刑衔接仍面临执法主体协作不畅、信息共享平台建设滞后、监督职能分散等多重挑战。当下，法治建设的深化与信息技术的快速发展将为行刑衔接机制带来新机遇，必须优化协作、强化信息共享平台建设、整合监督职能等，构建一个更加科学、高效、协同的行刑衔接机制，为轻罪治理提供坚实法治保障，促进社会和谐稳定，为推动我国社会治理体系和治理能力现代化迈上新台阶。

---

① "习近平：高举中国特色社会主义伟大旗帜 为全面建设社会主义现代化国家而团结奋斗——在中国共产党第二十次全国代表大会上的报告"，载中国政府网，https://www.gov.cn/xinwen/2022-10/25/content_57-21685.htm，最后访问时间 2025 年 3 月 22 日。

未成年人专门矫治教育研究

江凌燕　李墨语*

摘要：教育矫治一直是我国预防未成年人犯罪的主要手段，而作为针对实施刑法规定的行为、因不满法定刑事责任年龄不予刑事处罚的未成年人的教育矫治制度，专门矫治教育在预防未成年人犯罪方面具有重要意义。该篇主要对该项制度进行研究，分析专门矫治教育制度的优越性，同收容教养制度和专门教育制度相比较，指出当前存在的法律和制度问题，并思考其完善路径，从保障未成年人的权益出发，推动实现教育矫治犯罪未成年人的目的。该论文主要分为三个部分来阐述。第一部分是对专门矫治教育必要性的概述，主要阐释了它的概念、历史沿革与意义。第二部分是对专门矫治教育核心问题的探讨，从其设置目的出发，指出了当前专门矫治教育的主要问题。第三部分则从保障未成年人权益出发，并以法理和学理为依据，提出对专门矫治教育的完善路径，例如应明确入学年龄上下限，统一和细化实施标准、对就读年限进行限制等。

关键词：专门矫治教育　预防未成年人犯罪　未成年人权益保护　教育矫治措施

近年来，由于一些极端恶劣的未成年人犯罪案件影响，关于未成年人犯罪的话题常常会在社交媒体上引发广泛的讨论。根据《未成年人检察工作白皮书（2021）》显示，在2021年，检察机关受理审查起诉14周岁至16周岁未成年犯罪嫌疑人数占比相较于2017年提升了三个百分点，从犯罪人数看，

---

* 江凌燕，四川轻化工大学法学院副教授；李墨语，四川轻化工大学法学院2023级法律硕士研究生。

14 周岁至 16 周岁的未成年人犯罪嫌疑人数较 2017 年增加 2980 人，增幅高达 57.4%，近年来未成年人犯罪呈现出低龄化趋势。且根据数据，有过半数的未成年人在犯罪后没有接受刑事处罚。

怎样才能预防未成年人犯罪？如何保证未接受刑事处罚的犯罪未成年人不会再犯？谁来评估那些未接受刑事处罚的犯罪未成年人人身危险性？在笔者看来，未成年人专门矫治教育作为面向"未接受刑事处罚的犯罪未成年人"的一种制度，正是解决以上问题的最佳方案之一。

一、未成年人专门矫治教育的必要性

2020 年 12 月 26 日，十三届全国人大常委会第二十四次会议通过了新修订的《预防未成年人犯罪法》，创设了未成年人专门矫治教育制度。关于未成年人专门矫治教育的法律规定，仅可见于《预防未成年人犯罪法》（以下简称《预防法》）第四十五条①以及《刑法修正案（十一）》中对《刑法》第十七条第五款的修正。有别于矫治教育措施与专门教育，专门矫治教育是一种对"构成犯罪但未达刑事责任年龄"的未成年人采取的非刑罚处分措施。在此之前，我国也有类似尝试，例如实施收容教养制度。但是，由于未成年人犯罪问题日益复杂，收容教养制度又长期虚置。② 此前的努力并没有显著成效。

在笔者看来，未成年人专门矫治教育能够有效解决上述问题。虽然从历史沿革来看，专门矫治教育的前身，正是屡遭诟病的收容教养制度。收容教养采取拘禁关押的模式完全违背了对未成年人教育矫治优先、给予特殊保护的司法处遇规律，成为过分强调惩罚威慑的单一性处遇措施。专门矫治教育虽然采取了专门学校专门场所的闭环管理措施，对未成年人的人身自由进行了一定的限制，但与收容教养制度相比，未成年人专门矫治教育更具有前沿

---

① 参见《预防未成年人犯罪法》第四十五条：未成年人实施刑法规定的行为、因不满法定刑事责任年龄不予刑事处罚的，经专门教育指导委员会评估同意，教育行政部门会同公安机关可以决定对其进行专门矫治教育。省级人民政府应当结合本地的实际情况，至少确定一所专门学校按照分校区、分班级等方式设置专门场所，对前款规定的未成年人进行专门矫治教育。前款规定的专门场所实行闭环管理，公安机关、司法行政部门负责未成年人的矫治工作，教育行政部门承担未成年人的教育工作。

② 参见刘浩锴：《专门矫治教育的双重功能及其实现》，载《金陵科技学院学报（社会科学版）》2022 年第 1 期。

性和实践性。

未成年人专门矫治教育具有重要意义。专门矫治教育的对象是构成犯罪但未达刑事责任年龄的未成年人,这类未成年人的社会危险性与再犯可能性相比于有严重不良行为的未成年人更高,让此类未成年人及时接受教育矫治,既有利于预防此类未成年人再犯,也避免了此类未成年人与其他普通未成年人交叉感染的可能性,有利于预防未成年人犯罪这一最终目的的实现。

二、未成年人专门矫治教育存在的问题

总的来说,未成年人专门矫治教育制度的设置,是对于收容教养制度的替代性措施。作为专门矫治教育的前身,收容教养制度虽然具有教育矫治的功能,但在制度的运行中仍然存在适用程序失当、矫治措施异化、执行场所混同等显著问题。① 但遗憾的是,目前关于专门矫治教育的规定,仍然没有完全规避掉曾经收容教养制度的弊端,还存在诸多潜在问题。

(一) 实际执行场所混同

当前进行专门矫治教育的场所主要是专门学校,虽然专门学校不仅是专门矫治教育的执行场所,还是专门教育的执行场所,但专门矫治教育的教育矫治在内容上显著区别于专门教育。由于专门矫治教育所针对的是构成犯罪但未达刑事处罚年龄的未成年人,在内容上,矫治手段理论上应多于教育手段。专门矫治教育的教育矫治是以思想教育和行为矫正为主的。将专门教育和专门矫治教育的场所混同,从长远来看,并不利于对罪错未成年人的教育矫治,甚至可能会反过来对接受专门教育的严重不良行为的未成年人造成不良影响。

(二) 适用程序存在缺漏与争议

专门矫治教育的决定是由公安部门和教育行政部门做出的,而专门教育则是依申请决定,换言之,在是否接受专门矫治教育方面,学生本人并没有

---

① 参见刘浩锴:《专门矫治教育的双重功能及其实现》,载《金陵科技学院学报(社会科学版)》2022年第1期。

决定权,这体现了适用程序上的强制性。由于目前没有法律明确规定未成年人及其监护人是否能就此决定上诉,因此,救济程序是不够完善的。

其次,在执行过程中,专门矫治教育的学生为闭环管理,其执行场所与专门教育的场所是分离的。其中的"闭环管理"必然会对未成年人的人身自由进行相应的限制。但专门矫治教育作为预防未成年人犯罪法的一部分,是否具有限制人身自由的立法权仍然存在争议。

专门矫治教育对人身自由的限制,比起以往的收容教养制度要放宽许多,执行过程中的闭环管理并不是完全剥夺其人身自由,而是在特殊情况下,可以离开学校,学生因直系亲属病危、死亡或者家庭有其他重大变故,可以申请外出探视。但是,对于如何执行闭环管理,当前的实践依然在探索阶段,对于未成年人人身自由的限制程度,各地并不统一。

(三) 矫治措施存在异化风险

从历史沿革上看,专门矫治教育是对收容教养制度的继承与发展。收容教养制度将惩罚性作为第一位的理念,实践中,因为长期对未成年人的关押,让未成年人与社会脱节,在重返社会后无所适从,继而增加了其再次犯罪的风险,反而达不到预防未成年人犯罪的目的,因此收容教养制度最终被长期虚置。

而从目前来看,专门矫治教育还没有明确详细的立法规定或制度规章,只能在预防未成年人犯罪法和刑法中找到极为简略的概括性法条。由于缺乏统一和细化的法律规定,缺少未成年人申诉和救济的渠道等问题的存在,很可能出现对未成年人专门矫治教育的权力滥用或制度虚置,矫治措施存在极高的异化风险。

三、未成年人专门矫治教育制度的完善路径

(一) 明确专门矫治教育的执行场所

《预防法》规定,专门矫治教育的执行场所是专门学校内的专门场所。虽然从基础设施与配套师资上看,专门学校已经有了一些专门矫治教育的基础,

但是，根据《预防法》第四十四条①，专门学校的矫治对象与专门矫治教育的对象还是存在区别，存在两种主体之间交叉感染的可能性。其次，专门学校内设置的专门场所，可能存在现师资不对口的问题。对于如何避免前述的潜在问题，有学者建议设立一所专门矫治教育学校。笔者认为，这一建议看上去最为理想，但在落实过程中却会很困难，一是地方政府的资金有限，建设一座专门矫治教育学校的成本过于高昂；二是由于现实中符合专门矫治教育的未成年人并不常见，对教育资源的利用率也不甚理想。就连专门学校目前的执行场所都还十分有限，那么单独设立专门矫治教育学校就更是天方夜谭。因此，笔者建议，可以在专门学校的基础上，分校区或分区域设置执行场所，将接受专门教育和专门矫治教育的学生物理隔离开。例如，把专门矫治教育的执行场所用围墙等与专门教育场所分隔开，并设置不同的进出口。对于由于客观原因不能分校区的专门学校，分班级进行专门矫治教育的，也应该将班级与其他接受专门教育的班级隔离开来，如错峰上下课等。

（二）补全适用程序的缺漏之处

1. 明确适用专门矫治教育的年龄下限和具体情形

由于专门矫治教育规定了闭环管理，因此我们必须审慎对待，绝不能重蹈收容教养制度的覆辙。

虽然我国《预防法》和《刑事诉讼法》中对专门矫治教育的年龄上限作了规定，但是并没有规定适用年龄的下限，也并未明确地对适用专门矫治教育的具体情形进行列举或排除性规定。基于专门矫治教育的教育矫治属性和惩罚属性，笔者认为，需要明确适用专门矫治教育的年龄下限和具体情形。

专门矫治教育针对的是构成犯罪但未达到刑事责任年龄的未成年人，基于《刑法》第十七条的规定，此类未成年人所构成的犯罪不属于第二款和第三款的情形。笔者认为，专门矫治教育作为一种预防未成年人犯罪的特殊教

---

① 参见《预防未成年人犯罪法》第四十四条：未成年人有下列情形之一的，经专门教育指导委员会评估同意，教育行政部门会同公安机关可以决定将其送入专门学校接受专门教育：（一）实施严重危害社会的行为，情节恶劣或者造成严重后果；（二）多次实施严重危害社会的行为；（三）拒不接受或者配合本法第四十一条规定的矫治教育措施；（四）法律、行政法规规定的其他情形。

育制度，在适用年龄上，需要考虑该年龄段是否最利于实施教育和矫治手段，也要惩罚适度。笔者在综合考虑和衡量后，认为十二周岁是最合适的年龄下限。一是根据心理学研究，十二周岁以下的未成年人属于对家庭的绝对依恋期，离开家庭进行封闭式或半封闭式矫治，可能对其回归正轨起到反作用。二是充分考虑罪错未成年人人身危险性及其再犯可能性，低龄未成年人存在辨别能力与控制能力明显不足的特征，进入专门矫治教育场所接受集体教育，具有更高的交叉感染和再次走上犯罪道路的风险。① 三是基于保障未成年人的身心健康，在十二周岁前，未成年人的心智发展还未成熟，采用学校教育矫治的方法，可能并不能得到更好的效果，家庭教育仍然是最有效的措施。四是十二周岁前的未成年人还处于儿童时期，对其进行惩罚从情理上都不符合比例原则。结合上述原因，笔者建议，将专门矫治教育的适用年龄修改为十二周岁至十六周岁。

在适用的具体情形上，笔者认为，首先要建立在专门教育指导委员会的评估的基础上。专门教育指导委员会的评估需要审慎，即使该未成年人是"实施刑法规定的行为、因不满法定刑事责任年龄不予刑事处罚的"，也要从多方面评估其是否需要接受专门矫治教育的必要性，具体可以参考《预防法》的第四十四条，从未成年人的人身危险性、再犯可能性等方面对其进行评估，将适用情形细化为更直观、更客观的评价标准。

2. 打造公安机关、教育行政部门、法院共同决定的模式

教育行政部门的决定权是学界讨论的一大热点。有学者建议构建起"公安机关申请—检察院评估—法院决定"的决定程序，打破当前"公安机关和教育行政部门共同决定"的法律规定。也有学者参考收容教养制度，提出"公安机关调查—检察机关申请—法院决定"的决定程序。还有人认为专门矫治教育的决定程序需要司法化、中立化和专业化，建议由专门矫治教育委员会行使评估权，公安机关教育行政部门或人民法院行使决定权，检察机关全程行使检察权。以上观点均对教育行政部门的决定权持否定意见。

笔者认为，由于专门矫治教育是一种替代刑事处罚的非刑罚处罚措施，将法院作为决定程序的最终主体并无不妥；但是，专门矫治教育实际上是一

---

① 参见沈颖尹：《浅析未成年人专门矫治教育制度的适用》，载《浙江大学学报（人文社会科学版）》2020年第1期。

种特殊的教育制度，理论上是属于教育行政部门的管理范畴的，因此，笔者认为不可剥夺教育行政部门的决定权。综上，可以赋予法院以同等决定的权力，让公安机关、教育行政部门、法院共同决定。法院的介入，也让被决定的未成年人在不服决定时，多了一条申诉的救济途径。

3. 明确闭环管理的定义

在管理方式上，《预防法》规定专门矫治教育需要闭环管理，但并未明确其与以往的收容教养制度和监狱等闭环管理的区别。参考地方实施条例①，笔者认为，专门矫治教育的闭环管理应当采取更加人性化的管理模式，对学生人身自由的限制要处于一个适当的程度，不能照搬收容教养制度，完全剥夺学生的人身自由。首先，学生罹患重大疾病、直系亲属病危、死亡或者家庭有其他重大变故等情况，也应当允许学生出校接受治疗或者回家。其次，由于专门矫治教育也是教育制度中的一部分，应当和其他教育制度一样享有寒暑假待遇。当然，在学生寒暑假回归社区后，专门矫治教育机构也需要定期回访与监督，避免其在校外重新沾染上不良嗜好和行为。最后，必须完善上位法的立法，赋予专门矫治教育合法的人身限制自由的权力，否则，在实践中，其闭环管理的权威性与合法性仍然会被相关研究者质疑。

4. 细化离校的评估程序，明确最高学习期限

专门矫治教育制度在立法层面上规定了转出与结束程序，但并未具体明确离校的条件。《预防法》第四十六条只是规定了"经评估适合转回普通学校就读"这一条件，并未规定期限和具体条件。但过长的矫治时间，有可能让未成年人长期脱离社会，回归社会后无所适从，也并不能达到预防未成年人犯罪的可能性。

笔者建议，首先，在转出与结束的条件中，必须明确最高学习期限。作为专门矫治教育的前身，收容教养制度最大的弊病在于没有明确的收容期限，因此，专门矫治教育要明确其最高学习期限，由于接受专门矫治教育的未成年人是十六周岁以下，考虑到一般学校的教学期限是三年，笔者建议以三年为最高学习期限最为合适。

---

① 参见"河源市教育局关于《河源市专门教育及专门学校管理办法（试行）》公开征求意见的情况说明"，载河源市人民政府官网，https://www.heyuan.gov.cn/bmjy/hysjyj/tzgg/content/post_505782.html，最后访问时间 2024 年 11 月 1 日。

其次，对离校条件的程序，也需要进行细化。

在评估标准上，从《预防法》的角度看，可以规定为未成年人没有再犯可能性；从犯罪心理学的角度看，可以规定为未成年人的人身危险性和社会危害性明显降低，无犯罪心理；从教育矫治的角度看，完成专门矫治教育机构规定的学业。

在离校启动程序上，从目前的地方条例和学术研究中，可以提炼出两种启动方式，一是由专门矫治教育的执行机构定期评估，认为达到矫治目的后向专门教育指导委员会申请转出或结束；二是由未成年人父母或监护人向相关机构提出转出或结束的申请。未成年人的教育与矫治，既是社会与学校的责任，也是家长的责任。笔者认为这两种启动方式都十分实用，地方可根据管理需要采取其中一种程序，但为了实现专门矫治教育的目的，监护人的申请是否得以通过，依然需要专门教育指导委员会评估后才可批准。

在审核频率上，以学期作为划分是最合理的。原因之一是在学期末结束教育矫治，对学生的评估更为准确，二是学生在结束或转出后能尽快地回到普通学校进行教育，寒暑假也可以作为学生离校后适应社会的窗口期，有利于未成年人继续接受教育。

(三) 详细化矫治措施的内容

1. 赋予执行机构适当的惩戒权，制定相关章程

专门矫治教育作为非刑罚处罚措施，具有惩戒属性，应赋予执行机构一定的惩戒权。[①] 笔者建议，专门教育指导委员会可以赋予专门矫治教育的执行机构以适当的惩戒权，例如通报批评、适当的罚站、延期毕业、留校察看等。但需要对惩戒权加以限制，不得体罚或变相体罚、打骂等。专门矫治教育的最终目的是预防未成年人犯罪，过度的惩罚式教育反而会激发未成年人的逆反心理，从而做出过激行为，甚至再次犯罪。

为了让惩戒权更制度化、规范化，专门矫治教育执行机构需要对在校纪律和处罚制定详细规章。在这一方面，可以参考美国的"少年司法替代性教

---

① 参见肖姗姗：《美国少年司法替代性教育项目的运行框架与经验启示——以得克萨斯州为例》，载《预防青少年犯罪研究》2022年第1期。

育项目"制度中，对纪律和处罚（Discipline and Sanctions）的规定。①

2. 丰富和完善教育矫治措施

教育和矫治的手段是多样的，在具体执行过程中，教师和学校可以丰富和完善教育矫治措施，更好地培养未成年人正确的三观，促进其身心的健康发展。

在教学内容上，可以引入日本少年院的被害人同理心教育，即通过让接受矫正教育的未成年人考虑被害人的感觉，使他们认识到自己的罪错行为所带来的严重后果，理解被害人痛苦的教育课程。通过此种教育，既可以让加害人认识到自己的行为对被害人造成了怎样的身心伤害，从而唤醒内心的良知与愧疚，又可以警醒加害人，不可重蹈覆辙再次犯罪。其次，要坚持"教育为主，惩罚为辅"的指导思想，将教育矫治作为专门矫治教育执行内容的主要部分，但也要兼顾其惩戒属性。

3. 丰富对专门矫治教育成效的评估方式

当前的评估主体仅限于专门教育指导委员会，并没有具体规定评估的内容以及形式，只是规定了"必要的时候"以及"经评估适合转回普通学校就读的"。笔者建议，要丰富对专门矫治教育成效的评估方式。

在评估机制上，笔者认为，首先，作为进行矫治教育的机构和负责教育学生的老师，他们对未成年人的评估应当是最准确和最实时的，因此引入这两类主体作为评估方，能提升评估效率和准确性；其次，把社会调查制度作为可参考的一种证明材料②；最后，评估也要考虑未成年人的心理状况，引入心理咨询机构是必要的，也有利于判定其人身危险性和社会危害性大小。

笔者认为，作为一种代替收容教养的新制度，专门矫治教育具有显著优势。相比于收容教养制度更重视未成年人的权益保障与教育矫治。专门矫治教育的设置，让那些构成犯罪但因未达刑事责任年龄未接受刑事处罚的未成年人，能够及时接受教育矫治。在落实过程中，必须审慎对待接受专门矫治教育的未成年人，将保障未成年人的合法权益与健康的身心成长放在首位。笔者相信，专门矫治教育一定可以在预防未成年人犯罪方面发挥重要作用，让误入歧途的未成年人能够迷途知返。

---

① 参见肖姗姗：《美国少年司法替代性教育项目的运行框架与经验启示——以得克萨斯州为例》，载《预防青少年犯罪研究》2022年第1期。

② 参见黄柏芝：《再社会化视野下我国专门矫治教育的制度完善》，华南理工大学2021年硕士学位论文。

论个人破产制度的法律困境与路径探索
——以《深圳经济特区个人破产条例》为切入点

李丽　宋平[*]

摘要： 在全球范围内，许多国家陆续建立和完善了个人破产制度，以应对个人财务危机带来的种种挑战，但直至今日个人破产制度在我国法律体系中仍未得到正式确立，本文以《深圳经济特区个人破产条例》为具体案例，揭示这一制度在法律构建中存在的困境，随后提出完善个人破产制度的优化建议，旨在深化对个人破产制度法律困境的认识，并为未来发展提供有益参考。

关键词： 个人破产制度　法律困境　深圳探索　立法现状

2023年第十四届全国人大第一次会议上的《最高人民法院工作报告》中指出要"探索个人破产制度，让诚实而不幸的债务人能有重归市场打拼的机会"[①]，有关个人破产制度的研究讨论已长达数十年之久，这一制度不仅体现了社会对个体经济困境的理解与关怀，也反映了市场经济下的法律保障与公正。

---

[*] 李丽，四川轻化工大学法学院2024级法律硕士研究生；宋平，四川轻化工大学法学院教授，主要从事民事诉讼法研究。

[①] 参见"第十四届全国人民代表大会第一次会议关于最高人民法院工作报告的决议"，https://gongbao.court.gov.cn/Details/0cf2ab48a3d2a9cd604af4991aa7d7.html，载中华人民共和国最高人民法院公报网，最后访问时间2024年10月31日。

一、个人破产制度概述

（一）个人破产制度的定义与作用

个人破产制度是指，"诚实而不幸"[①]或"诚实而值得同情"的债务人因各种原因不能清偿到期债务时，经债务人或债权人申请，由司法机关介入而在特定条件下免除债务人债务的一项制度。2021年3月1日我国首个个人破产地方性法规《深圳经济特区个人破产条例》（以下简称《条例》）实施。[②]《条例》第一条就说明了其制定的目的是要通过合理调整债务人、债权人以及其他利害关系人的权利义务关系，促进诚信债务人经济再生，完善社会主义市场经济体制。

一般来说，当一个人被债务缠身并且确实没有能力偿还，如果没有法律途径能给予救济，将会产生许多直接或者间接的负面影响。这包括：对债务人来说，会影响他自己与其他家庭成员基本的正常的生活；对债权人来说，会使其受到损失的财产利益无法得到清偿，即便享有债权也会丧失活力，这样实际上不利于债权人利益真正的保护；对于社会来说，会损害整个市场经济的信用基础，不利于市场经济的健康发展。轻则影响个人的财产利益，重则扰乱整个市场经济秩序。

由此，建立个人破产制度是极其必要的，它为"诚实而不幸"的自然人提供法律保障，允许个人在经历经营或创业的失败后，能够在其维持最基本的生存条件下进入相应的破产程序。[③]通过个人破产促进竞争，鼓励创新、宽容失败，可以充分释放各类市场经济主体的经济活力，排除障碍与顾虑，为人们积极参加社会经济活动提供制度支撑、风险控制和社会保障。这不仅可以处理好个人的债务，也有利于整个社会市场经济的有序发展，增进社会利益。

---

① 参见"《深圳经济特区个人破产条例》解读"，载深圳市人民政府国有资产监督管理委员会官网，https://gzw.sz.gov.cn/ztzl/gzgqztzl/fzzl/lfgz/content/post_8591043.html，最后访问时间2024年10月31日。

② 参见"深圳经济特区个人破产条例"，载深圳市司法局官网，https://sf.sz.gov.cn/ztzl/yhyshj/yhyshjzcwj/content/mpost_9483606.html，最后访问时间2025年2月18日。

③ 参见王欣新：《个人破产立法中的观念转换与制度支撑》，载《中国应用法学》2024年第1期。

（二）我国个人破产制度的现状与特点

自 2021 年个人破产制度在深圳开始试行，相关案件都得到了推进，同年 7 月出现国内个人破产重整首案①、10 月出现个人破产和解首案②、11 月出现个人破产清算首案③。这几件案例对应着《条例》中不同的程序：重整、清算、和解。

针对不同情况的债务人，《条例》设计了三类程序供其适用。一是破产清算，债务人可以保留一部分财产用于必要的支出，这部分财产即豁免财产，其余的全部财产则须用于清偿债务。只要债务人在考察期内遵守行为限制，不存在破产欺诈情形，清算考察期经过之后就可以依法免除未清偿债务。二是重整，适用这一程序的对象条件具有一定的特殊性——债务人有未来可预期收入，由其向法院提出关于财产分配的重整计划方案，法院批准后再由债务人执行。三是和解，债权人和债务人既可以在法院的主持下达成和解，也可以在诉讼程序外自行和解，但无论是通过庭外或者庭内和解的方式，关于债务减免和清偿的和解协议都必须由法院依照法定程序对其进行合法性审查并予以认可后方能生效。由此可见，在个人破产这一制度设计中，为债务清理和经济再生的实现需探索多样化的法律途径，因为不同的有针对性的破产程序能更好地应对复杂多样的社会情形。

在个人破产重整和个人破产和解的程序中，债务人能够保留的、维持其生活、工作所必需的财产的范围相对灵活。经过债权人的同意，债务人可以多保留一部分财产以更好地生活和工作，在未来可以创造更多的收入来还债。④ 但是在个人破产清算的情况下，债务人可以保留的财产，其范围要严格按照《条例》第三十六条的界定仅用于保障基本生活，这样的设计主要是为了合理地平衡债权人利益保障和债务人生活保障。

---

① 参见（2021）粤 03 破 230 号。
② 参见（2021）粤 03 破 347 号。（个 6）
③ 参见（2021）粤 03 破 417 号。
④ 参见宋海鸥：《个人破产免责制度的中国建构：制度证成与方案设计》，载《南方金融》2022 年第 10 期。

二、个人破产制度的法律困境

(一) 个人破产立法的滞后性

国外许多国家的个人破产制度已经积累了多年的经验,而我国在 2006 年出台《企业破产法》后,相关的个人破产法制度一直未得到确立。一般而言,先有个人信用再有企业信用,然后是商业信用和社会信用,先建立个人破产制度再有企业破产制度,个人信用体系、个人破产制度是整个社会市场交易的基础。我们国家之所以先建立了企业破产制度而不是个人破产制度,是由于当时的时机并不成熟,缺乏个人征信制度,金融体系、金融基础设施还不完善,人们的交易行为很大一部分还是通过用现金交易支付,所以对于个人资产的确定相对困难,难以区分债务人是真正破产还是恶意逃债。

而目前大数据与互联网已经得到发展,我国建立了个人征信制度、黑名单制度和相应的配套制度,具备了个人破产立法的基本条件。在实践中,近几年个人债权债务纠纷的数量不断增多,此前的个人破产替代性制度针对债务纠纷的解决效果不佳,参与市场经济活动的个人需要一种有效的市场退出机制,这都使得建立个人破产制度的呼声日益高涨。

(二) 破产程序的复杂性

《条例》中确立了三种破产程序,其中的重整、清算程序,相较于和解程序都有着一定的复杂性。这表现在,就重整程序而言,根据《条例》第一百一十三条,有未来可预期收入的债务人或管理人要形成重整计划草案,交与债权人会议表决并提交给法院审查,若无法在一定期间内形成草案并提交表决,管理人则要在五日内向法院申请终结程序。

清算程序中,首先要由法院进行破产宣告,其后由管理人拟订关于破产财产的分配方案再提交债权人会议审议,方案通过后再由管理人将该方案提请人民法院裁定。法院认可后,管理人负责破产财产分配方案的执行。同时债务人自法院宣告其破产之日起三年进入免除未清偿债务的考察期限。考察期间,债务人要如实提供个人财产信息,管理人要对债务人的消费行为进行监督,专门部门还要对管理人的履职状况进行监督,可见破产程序进行过程中涉及的主体众多，各方都负有相应的义务，在执行过程中形成合力的难度较大。①

虽然《条例》第一百四十八条规定了在债权债务关系明确、债务人财产状况清晰明了且案情相对简单的情况下可以适用简易程序处理破产案件，但是无论适用哪种程序以及是否适用简易程序，前提条件都是要对债务人进行考察，即考察债务人是否属于"诚实而不幸"，要求债务人在申请破产的时候要将其全部财产进行申报，这一步骤的确是必要的，但是由于债务人和管理人需要准备申报的材料种类繁多，这无疑也加重了债务人和管理人的负担。

（三）社会公平与利益的平衡问题

中国传统观点认为"欠债还钱，天经地义"，而在个人破产制度中只要经过清算程序考察期并且经法院裁定免责，债务人就不必偿还剩余未清偿债务，这样的制度设计势必会对传统观念造成冲击。② 这也是在推行个人破产制度过程中持反对声音者的主要观点所在。

站在债权人角度来看，有了这样一个在特定条件下就可以免除债务人所负债务的制度，许多人都会对债权人利益保障产生怀疑，认为这势必对债权人产生不利影响。同时也有很多人认为个人破产制度给"老赖"提供了恶意逃避债务的可能，极易成为"老赖"的避风港，这必然不利于社会公平正义的实现。

三、解决个人破产制度法律困境的策略

（一）加强立法调研，完善相关制度

1. 加强破产法律的立法调研

深圳经济特区开始个人破产制度试点，对于立法机关从地方试点立法发展到全国整体立法有着重要的探索意义。目前我们面临的问题是，个人破产立法依然存在较大的争议，在这样的情况下，需要谨慎立法。鉴于我国经济

---

① 参见李曙光：《我国破产重整制度的多维解构及其改进》，载《法学评论》2022年第3期。
② 参见杨显滨、陈风润：《个人破产制度的中国式建构》，载《南京社会科学》2017年第4期。

发展的不平衡，需要考虑深圳作为市场经济最发达的地区之一，其试点的经验能在多大程度上推行到全国其他地区？① 所以在破产法律立法前期要进行充分的调研，了解不同地区的社会问题和技术发展的水平。我国浙江、四川、江苏、山东等地进行了与个人破产制度功能相当的个人债务集中清理的实践探索。② 在其他经济发展水平相对较低的地区制定一些临时性或试点性措施，进行充分地试验，能够为最终立法提供实践依据。

2. 健全破产法律所需的配套制度

个人破产制度涉及面广，制度系统复杂，配套规则众多。它以个人信用制度为前提，与此相关的配套制度包括个人信用评价制度、个人信贷制度、失信惩戒制度等。③ 针对目前我们的个人信用制度体系尚未完全形成的问题，需要对债务人的信用和消费行为进行限制并登记于个人征信报告，健全个人信用评价制度，完善信贷市场管理规范，丰富对失信行为的认定标准与惩戒手段。

（二）简化破产程序，提高办理效率

1. 优化破产办理流程，提高效率

为提升个人破产案件处理的效率，可以简化破产案件立案审查流程，缩短审查周期，对于符合条件的破产申请及时受理，确保早日进入破产程序。对人民法院受理公告、债权人会议召开等需要公告的事项，因时间相近或内容相近能够合并的，可以积极探索并采取合并公告的方式发布，提高公告信息的易获取性，使相关主体能够更加便捷地获得重要信息进而更好地保障利益。

2. 设置专门的破产管理机构，降低办理难度

一旦进入破产程序，无论前期还是后期都有大量的申报、审查、监督工作需要完成，因此设置负责个人破产行政事务管理的专门机构极有必要。④ 深

---

① 参见徐阳光、武诗敏：《个人破产立法的理论逻辑与现实进路》，载《中国人民大学学报》2021年第5期。
② 参见徐阳光：《个人破产法的范畴厘定与误区纠偏》，载《中国应用法学》2024年第1期。
③ 参见赵万一、高达：《论我国个人破产制度的构建》，载《法商研究》，2014年第3期。
④ 参见徐阳光、武诗敏：《个人破产立法的理论逻辑与现实进路》，载《中国人民大学学报》2021年第5期。

圳市在制定《条例》时洞察到了这一需求,故而在《条例》中规定要成立破产事务管理部门专门负责个人破产事务的行政管理工作。为降低办理难度,在个人破产制度的设计中还可以对该部门需要负责的事务进一步细分,选用具有专业知识的队伍担任具体职位,一方面能够保障工作处理结果的专业性和准确性,另一方面还能减少不必要的延误,极大地提升个人破产案件的处理效率。

3. 利用科技手段,提高破产办理的智能化水平

实施电子化申请系统,允许在线提交破产申请和其他相关文件。建立一个集司法系统与个人征信系统于一体的信息共享交流平台,[1] 或者在司法系统中添加征信平台的子板块,通过不同部门及时更新失信人员名单、破产债务人个人消费行为以及生产经营情况方面的信息,使债权人、债务人以及法院能够实时获取破产案件的状态更新。通过加强数据互通,确保各方之间信息同步。在此基础上,司法人员使用自动化工具来处理破产债务人线上提交的信息,还可以减少人工错误并加快处理速度。

(三) 保证社会公平与效率的平衡

1. 保障债权人的合法权益

事实上,人们对于个人破产制度还存在理解上的误区。债务人资不抵债的情况出现后,其无法还债的客观事实就已经存在,并且这一事实也有极大可能持续存在。[2] 这意味着,在此现状下,债权人所拥有的债权大概率无法得到清偿。而个人破产制度这一设计只是为了在不良的状况中保障债务人及其所扶养人的基本生活及权利,同时尽可能实现债务的清偿。因此,所谓的债权人利益受损,实际上与个人破产制度是无关的。

但人们这一担忧的出现,启示我们应当注重保障债权人的合法权益。根据《条例》第一百零五条规定,如果法院作出了不免除或者撤销免除债务人未清偿债务的裁定,债权人就可以继续追偿。此处只说明债权人对债务人未清偿的债务仍享有追偿权,但是并没有为债权人追偿债务提供任何有益方法,实际上债权人难以实现债权的状况仍然存在。因此,应当在个人破产制度中

---

[1] 参见刘冰:《论我国个人破产制度的构建》,载《中国法学》2019 年第 4 期。
[2] 参见李曙光:《中国个人破产立法的制度障碍及其克服》,载《政法论坛》2023 年第 5 期。

加大对债权人权益的保护,要充分保障债权人的知情权。

具体而言,当债务人提出破产申请并寻求债务免责时,相关信息应当被及时、准确、全面地披露给所有相关债权人,使债权人能够清晰了解破产案件的进程。要充分保障债权人的话语权,设计异议权制度,允许债权人在认为其权益可能受到不当侵害时提出异议。在免责程序中要设置具有可操作性的具体规定来充分保障债权人利益,当债务人未能通过考察时,可以简化相关债权人的追债程序、降低诉讼费用、提供专门的法律援助以切实降低后期债权人的追债成本,减轻追债负担,促进其权益的尽快恢复。通过这些综合措施的实施,能够更好地平衡债务人重生与债权人权益保护之间的关系,实现社会公平正义。

2. 提高破产制度的社会认同度

社会大众对个人破产制度的诸多误区都是由于不了解该制度而产生的,因此需要向公众普及并进行解释,破除错误的观念和社会成见。如针对"欠债不用还钱"的误解,可以结合《条例》第九十五条、第九十八条、第一百零五条进行更详尽的解释,让社会大众明白,个人破产制度并非意味着债务人不用偿债,债务人进入破产清算程序后也并不当然意味着债务的免除,实际上无论是重整、和解还是清算,债务人都必须在一段法定期间内遵守义务、尽力偿债,秉持社会应有之契约精神,才能够获得个人破产制度的保护,免除剩余债务。

至于公众所关心的个人破产制度是否会成为"老赖"的避风港的问题,根据深圳市法工委对《条例》的解读能够看出在设计条例之初立法人员就已经考虑到了这个问题。这表现在该条例建立了个人破产登记制度,设置了对破产债务人现有资产的审查环节,对于不具备破产原因的人不得批准进入破产程序,只有在债务人丧失了清偿能力或者资不抵债才可以提出破产申请。如果没有丧失生产能力,或者资产大于负债,法院不会启动个人破产程序。若法院在审查破产申请时发现,申请人是基于不正当的目的来申请破产,又或是存在弄虚作假行为的,法院则不予受理。即便法院已经初步受理破产申请并启动了相关程序,只要尚未正式地宣告债务人破产,法院仍然拥有足够的法律依据和权力可以驳回已经受理的破产申请,确保个人破产制度的公正性和有效性。

由此观之,破产欺诈在个人破产制度中的生存空间极小,法院有一系列严格的程序来区分"诚实且不幸"的债务人和"老赖",但是社会大众对于《条例》的理解不够深入。因此必须要由相关部门针对民众有理解误区的条文进行解释说明,只有厘清了误区,社会大众才能更好地接受个人破产制度。

3. 关注破产债务人的生存权益

《条例》第三十六条规定了豁免财产的范围,旨在确保债务人及其所扶养人足以维持基本生活所需。这里的豁免财产涵盖了债务人及其所扶养人日常生活、教育学习、医疗卫生所必需的物品和合理支出;债务人职业发展必须保留的物品及相关费用;对债务人有特殊纪念意义的物品;不具备现金价值的人身保险等。另外,《条例》第二十一条、第二十三条、第八十六条规定对进入破产程序的债务人进行相关行为限制,这样的限制主要包括三个方面:一是消费行为,二是任职资格,三是借贷额度。

这样的设计很好地保障了债务人应有的权益。一方面,限定债务人可保留的财产范围,其余财产用于清偿债务,行为限制能规范债务人处分自己财产的行为,能为债权人提供了一个明确的预期,以此确保债权人的债权在最大程度上得以实现。[①] 另一方面,个人破产制度又充分注意到了债务人作为社会成员的基本生活需求,确保了其在破产程序后仍能维持正常的生活水平。通过细致入微地界定豁免财产的范围,为债务人提供了必要的生存保障,体现了法律的人文关怀,促进了社会的和谐稳定。

四、结语

《深圳经济特区个人破产条例》作为我国首个关于个人破产制度的地方性法规,填补了我国当前破产法律体系的空白,为后续制定全国性个人破产法律提供了理论准备。[②] 在经济快速发展的背景下,个人破产制度作为一种重要的法律救济机制,对于维护社会稳定、促进经济健康发展具有重要意义。通过对个人破产制度的探讨,我们可以看到,它不仅为个体提供了重建生活的机会,减轻了债务人面临的经济负担,也在一定程度上保护了债权人的合法

---

① 参见高泓:《个人破产失权和复权制度的反思与建构》,载《当代法学》2024 年第 3 期。
② 参见白田甜:《个人破产立法中的争议与抉择——以〈深圳经济特区个人破产条例〉为例》,载《中国人民大学学报》2021 年第 5 期。

权益，促进了社会资源的合理配置。① 然而社会公众对该制度的认知偏差、法律程序的复杂性等都使个人破产法律制度的出台面临困境，为此，我们亟须简化破产程序，普及公众法律知识，保证社会公平与效率的平衡，提高整体社会对破产制度的理解与接受度。深化相关研究与实践，将有助于推动我国个人破产制度的进一步完善，为建设和谐社会贡献力量。

---

① 参见刘冰：《我国个人破产免责制度的构建》，载《法商研究》2022 年第 5 期。

公司实际控制人的认定问题研究

周健宇　陈　帅[*]

摘要：现行公司法与证券法视域下实际控制人的概念具有同质性，即实际控制人应当实际支配公司，但无须具备特定身份。然而，实际控制人的规范定义并未平息司法实践中的争议。实务中，涉及实际控制人认定的案件仍然存在认定标准不明晰、追溯标准不统一以及举证责任分配不合理的问题。为解决上述问题，应从外延层面梳理实际控制人的类型，从内涵层面考察实际控制人的构成要件，构建穿透式的实际控制人主体识别机制，并对特定类型的案件适用举证责任倒置规则。

关键词：实际控制人　认定标准　穿透式识别　举证责任

一、问题的提出

自 2005 年《公司法》和《证券法》修订以来，实际控制人的概念已被我国引入几近二十年。二十年间，实际控制人涉诉案件出现爆发式增长。然而，对于谁是实际控制人、如何认定实际控制人，法律规范与司法实践却始终难以给出定论。就立法层面而言，2005 年修订的《公司法》中对于实际控制人概念的规定在学术和实务界均引起了巨大的争议，这一争议直至 2023 年《公司法》修订才趋于平息；就司法层面而言，实务中关于实际控制人的认定标准较为粗糙，最高人民法院一直未出台相关司法解释对实际控制人的认定标准作出细化规定。实际控制人的存在，使得对内控制公司与对外代表公司的

---

[*] 周健宇，四川轻化工大学法学院副教授；陈帅，四川轻化工大学法学院 2023 级法律硕士研究生。

主体不一致，进而可能导致对公司具有控制权的主体所享有的权利与应承担的责任出现失衡。为了有效地规范实际控制人的行为，防止其逃避法律监管进而损害公司、股东和债权人的利益，必须对实际控制人的身份进行认定。

值新《公司法》正式施行之际，笔者尝试对实际控制人的规范定义进行溯源考察；而后再以 30 份判决书为例，归纳并分析实际控制人在司法认定中存在的问题，并提出相应的建议，以期对司法实务中理解和认定实际控制人有所助益。

二、实际控制人定义的规范考察

（一）《公司法》中实际控制人的概念考查

由于能够控制公司的主体形态复杂多样，而我国公司法上的控股股东概念显然无法涵盖所有对公司具有控制权的主体，2005 年《公司法》首次引入实际控制人的概念即是为了弥补前述法律漏洞。[①] 但是，根据该法第二百一十七条第三项的规定，实际控制人与股东的身份互斥，如果具有股东身份就难以被认定为公司的实际控制人。[②] 这直接造成了一个新的法律漏洞，即，在非控股股东利用投资关系等方式对公司形成事实上的控制，并利用关联关系损害公司利益的情况下，该主体却因既非控股股东也非实际控制人而可以逃避该法第二十一条的规制，该款规定也因此而广受学术与实务界的批评。在此之后，许多学者都尝试对实际控制人的概念进行改进。例如，有学者提出，公司法关于实际控制人的定义应限制解释为"虽不是公司的控股股东，但……"[③] 此后公司法曾多次修改，但立法者均未对实际控制人的定义进行修改。2023 年末，公司法迎来大修，修订后的《公司法》第二百六十五条删去了"虽不是公司的股东"表述。[④] 至此，有关实际控制人概念的立法漏洞终于得到填补。

---

① 参见叶敏、周俊鹏：《公司实际控制人概念辨析》，载《国家检察官学院学报》2007 年第 6 期。
② 参见《公司法》（2005 年修订，已被修改）第二百一十七条。
③ 李健伟：《关联交易的法律规制》，法律出版社 2007 年版，第 35 页。
④ 参见《公司法》（2023 年修订）第二百六十五条。

（二）证券领域中实际控制人的概念考察

2005年《证券法》修订时虽然引入了实际控制人概念，但并未对该概念作出界定，关于该概念的释义基本出现于部门规章和行业自律规则之中。就部门规章而言，《上市公司收购管理办法》规定实际控制人可以持有公司股份，也即实际控制人与股东的身份可以出现重叠。①

就行业自律规则而言，各证券交易所对实际控制人的界定虽曾存在一定差异，但最终都回归到对实际控制人的认定不应设置身份障碍的理性认知当中。首先，2014年修订的《深圳证券交易所股票上市规则》首度突破公司法的桎梏，将实际控制人定义为"通过投资关系、协议或者其他安排，能够支配、实际支配公司行为的自然人、法人或者其他组织。"② 其次，2020年修订的《上海证券交易所股票上市规则》选择追随原《公司法》的脚步，将股东排除在实际控制人的认定范围之外。③ 不过，最新版本的《上海证券交易所股票上市规则》已作出修改，修改后实际控制人的释义已与现行公司法的规定保持一致。最后，北京证券交易所在其发布的股票上市规则中，也对实际控制人的定义作出了与前述《深圳证券交易所股票上市规则》相同的规定。④

（三）对相关规范中实际控制人定义的评析

不难看出，无论在公司法领域还是证券领域，股东能否被认定为实际控制人，对于前述诸多规范性文件的制定者而言都曾是一个令人纠结的问题。究其实质而言，该问题的核心在于某主体若要被认定为实际控制人是否需要具有一定身份上的要求？笔者认为，在所有可能对公司具有控制权的主体中，实际控制人应该作为一个上位概念存在。实际控制人的核心在于"控制"二字，而非在于"人"这个身份。⑤ 质言之，身份对于实际控制人并不重要，只要能够对公司形成事实上的控制力，实际控制人完全可能是公司内部的主

---

① 参见《上市公司收购管理办法》（2020年修正）第八十四条。
② 参见《深圳证券交易所股票上市规则》（2014年修订，已失效）第18.1条。
③ 参见《上海证券交易所股票上市规则》（2020年修订，已失效）第17.1条。
④ 参见《北京证券交易所股票上市规则（试行）》第12.1条。
⑤ 参见孙丽娟、张雷：《论公司实际控制人及实践中的确定方式》，载《中国律师》2008年第12期。

体（例如股东）。就此而言，证券领域行业规则的制定者敢于在《公司法》尚未修订之时即对实际控制人作出不同的定义，这一做法无疑是具有前瞻性的。

三、实际控制人认定的司法实践现状

笔者在北大法宝司法案例库中，以全文含"实际控制人""公司法""第二百一十六条"三个关键词作为条件，再将案件类型设置为民事案件进行高级检索，共检索出175份案例。①剔除不实质涉及实际控制人认定的案例后剩余160份，从中抽取30份案例作为研究样本。以下为该30份样本的文字分析：

案由方面，与公司有关的纠纷和合同纠纷最多，共23份；其次为民间借贷纠纷，共6份；最后是劳动争议纠纷，共1份。文书类型方面，样本中28份为民事判决书，剩余2份为民事裁定书。审理程序方面，27份案例以二审程序审理，2份案例以审判监督程序审理，剩余1份以一审程序审理。经梳理，实际控制人的认定在司法实践中存在以下问题：

（一）实际控制人认定的标准不明晰

首先，司法实践中对于股东能否被认定为实际控制人存在较大争议。有的法院严格依照原《公司法》第二百一十六条的规定审理案件，认为股东并非公司法所规范的实际控制人。②也有法院在公司法尚未修订之时就将案涉公司的股东认定为实际控制人。③鉴于新《公司法》已对实际控制人的定义作出修正，可以预见，该争议会因新《公司法》的施行而趋于平息。其次，法院对认定实际控制人的要素缺乏系统总结。样本案例中，法院基本围绕案涉主体的控制行为展开论证，鲜有全面总结实际控制人认定要素的案例。最后，不同的法院针对相同的认定要素存在适用不统一的现象。例如，有法院将对

---

① 新修订的《公司法》于2024年7月1日正式施行，短时间内难以产生足够的有效样本，故本文以原《公司法》第二百一十六条进行检索。
② 参见江苏省南京市中级人民法院（2018）苏01号民终11218号民事判决书。
③ 参见广东省江门市中级人民法院（2022）粤07号民终380号民事判决书。

公司具有财务控制力作为认定实际控制人的要素;① 但也有法院认为财务管理由谁负责属于公司治理方式问题,不能因为某主体对公司财务具有管理权就将其认定为实际控制人。② 上述分析表明,实务中实际控制人的认定情况复杂,且各法院在认定时没有明确的参照标准。在最高法尚未出台相关司法解释的情况下,厘清实际控制人的认定要素,构建一套融贯的认定标准是极为必要的。

(二) 实际控制人识别的追溯标准不统一

实务中,实际控制人往往通过多层控制链以实现对目标公司的控制,因此法院在判断公司的实际控制人时需要沿着控制链层层往上溯回。那么法院在认定实际控制人时究竟需要追溯到何种程度呢?笔者发现大部分案例中法院最终追溯至公司背后的自然人主体。例如,样本案例 A 中,X 公司为 J 公司的控股股东,而李某是 X 公司的控股股东,且李某同时担任 X 公司的执行董事与总经理。法院认为李某能够通过 X 公司控制 J 公司,并据此将其认定为 J 公司的实际控制人。③ 但是,也有个别案例中法院仅追溯至法人主体。例如,样本案例 B 中,Z 企业系 M 公司的控股股东。而 S 公司系 Z 企业的有限合伙人,R 公司系 Z 企业的普通合伙人;此外,S 公司又系 R 公司的控股股东。法院认为 S 公司基于对 Z 企业与 R 公司的控制关系,操控 M 公司的重大经营决策,并据此将其认定为 M 公司的实际控制人。④ 由此可见,司法实践中对于实际控制人应当追溯至何种主体并无定论。为统一司法适用尺度,有必要构建一套自洽的实际控制人主体识别规则。

(三) 实际控制人认定的证明责任分配不合理

根据《民事诉讼法》的规定,当事人对自己提出的主张,有责任提供证据。以实际控制人滥用控制权损害债权人利益相关案件为例,在此类案件中,受到侵害的债权人不仅要提交证据证明某主体为公司实际控制人,还要证明实际控制人实施的侵害行为与主观过错、己方的受损害事实以及行为与损害

---

① 参见上海市第二中级人民法院 (2022) 沪 02 号民终 8345 号民事判决书。
② 参见吉林省长春市中级人民法院 (2022) 吉 01 号民终 1701 号民事判决书。
③ 参见湖南省永州市中级人民法院 (2022) 湘 11 号民终 2470 号民事判决书。
④ 参见广东省开平市人民法院 (2021) 粤 0783 号民初 5235 号民事判决书。

之间的因果关系。实务中多数情况下实际控制人操纵公司的方式本就比较隐蔽，又因为存在信息不对称等情形，受损害一方当事人收集证据的难度可想而知。① 例如，样本案例 C 中，法院认为原告康某某未提交足够证据证明两被告为 D 公司实际控制人，且康某某无法证实两被告对其债权无法实现存在过错，因而未支持其请求认定被告为公司实际控制人并对公司债务承担连带责任的主张。② 上述分析表明，为改善实际控制人认定相关案件中弱势一方当事人举证困难的情况，有必要对特定类型案件的举证规则进行调整。

四、实际控制人司法认定的完善建议

（一）形式认定标准完善：实际控制人的类型化梳理

1. 通过直接投资关系控制公司的人

诚如前述，公司内部的主体完全可能被认定为实际控制人，司法实践中也不乏直接持有公司股份的股东被法院认定为实际控制人的案例。例如，样本案例 D 中，A 公司的股东为叶某与 A1 公司，A1 公司的唯一股东亦为叶某，法院据此认为叶某对 A 公司具有控制权，为 A 公司的实际控制人。③

2. 通过间接投资关系控制公司的人

这一类型又可细分为以下两种类型：首先是，通过间接持股控制公司的人。例如，样本案例 E 中，郭某某是 G1 公司的控股股东，G1 公司是 G2 公司的控股股东，G2 公司又是 G3 公司的控股股东，且上述三公司存在人格混同。法院认定郭某某通过控股 G1 公司的方式控制了上述三公司，并将其认定为该三个公司的实际控制人。④ 其次是，通过股权代持控制公司的人。例如，样本案例 F 中，陈某某与曹某某约定由其代持陈某某受让的 Y 公司股权。其后陈某某存在实质性行使股东权利的行为，法院据此认定陈某某通过曹某某控制

---

① 参见王艳丽、张枫波：《法人人格否认制度对公司实际控制人的适用与反思》，载《经济问题》2022 年第 6 期。
② 参见山东省德州市中级人民法院（2022）鲁 14 号民终 3335 号民事判决书。
③ 参见广西壮族自治区高级人民法院（2019）桂民终 1070 号民事判决书。
④ 参见江苏省高级人民法院（2019）苏民终 1528 号民事判决书。

Y公司，系Y公司的实际控制人。①

3. 通过签订协议控制公司的人

通过协议以实现对公司控制的方式在我国《公司法》上比较常见，典型的如公司之间签订《一致行动协议》以保证对外经营与对内决策一致。例如，样本案例G中，王某某与郭某某为L公司股东。同时王某某与郭某某签订《一致行动协议》，协议载明郭某某作为王某某的一致行动人，在L公司经营过程中应与王某某无条件保持一致。法院据此认定二人为L公司的共同实际控制人。②

4. 通过影响力控制公司的人

中国传统文化中的宗法制在国人心中根深蒂固，这一制度的残留至今仍对我国公司治理实践发挥着影响。③ 实务中，实际控制人往往通过夫妻关系或父子关系对处于公司内部的亲属施加影响力，以实现对公司的控制。例如，样本案例H中，S公司的股东为孙某某和鲁某某，王某某系前述二股东的儿子与前夫。王某某虽非S公司的员工，但在案涉《林场承包变更协议》签订时，其却在S公司的代表人落款处签名。法院以王某某与S公司股东具有特殊关系为由，认定王某某为S公司实际控制人。④

（二）实质认定标准完善：实际控制人的构成要件考察

1. 行为要件：实施控制行为

认定某主体为公司实际控制人的前提条件是，该主体必须实施了控制公司的行为。该要件与前文实际控制人的类型化梳理部分密不可分，因为考察该要件必须以实际控制人支配公司的方式为着眼点。鉴于前文已对此作出详尽讨论，此处不再赘言。

2. 意志要件：取代公司的意志

该要件具有两层含义。其一是，实际控制人必须具有独立的自主意志。因为实务中实际控制人可能通过层层控制链以实现对公司的支配，此时处于

---

① 参见最高人民法院（2021）最高法民申241号民事裁定书。
② 参见湖南省长沙市中级人民法院（2019）湘01号民终3799号民事判决书。
③ 参见郭富青：《论公司实际控制权：性质·渊源·法律导向》，载《甘肃政法学院学报》2011年第1期。
④ 参见安徽省马鞍山中级人民法院（2020）皖05号民终641号民事判决书。

中间层次的公司实际上仅仅只是传递实际控制人意志的"传话筒",该主体并没有自主意志,不应被认定为公司实际控制人。其二是,实际控制人必须积极地以自己的意志去取代目标公司的意志。① 实际控制人支配公司的过程即是其意志与目标公司的意志逐渐统一的过程,然而统一的结果并非通过私法自治意义上的双方合意实现,而是由目标公司单方面被迫接受。当目标公司的自由意志逐渐被实际控制人的意志所取代时,其法人独立人格也趋于消散,最终沦为实际控制人实现个人目的之工具。

3. 程度要件：实际支配公司

考察《公司法》关于公司内部机构职能的规定可以看出,我国公司的权力主要集中于股东会与董事会。② 基于此,笔者认为,实际支配公司是指实际控制人必须具有决定公司行为的能力。③ 这种能力主要体现在以下层面：第一,实际控制人应有能力对股东会施加决定性影响。若某主体通过股权代持、间接持股等方式掌握了股东会决议的多数表决权,则该主体就能够通过决定公司重大经营决策以及董事的任免进而实现控制公司的目的。第二,实际控制人应有能力对董事会施加决定性影响。若某主体掌握了董事会决议的多数表决权,则该主体就能够决定公司对内机构设置、对外投资事项以及经理的任免进而实现控制公司的目的。第三,实际控制人应对某些重要管理事项具有决定权。例如享有公司资金支出的审批权或者享有公司公章、会计凭证、营业执照的保管权等。

4. 状态要件：长期且稳定的支配

该要件具有两层含义。其一是,实际控制人对目标公司的支配状态必须具有长期性。因此,如果某主体受委托短暂管理目标公司事务,则该主体不能被认定为公司实际控制人。④ 其二是,目标公司的控制权必须稳定地归属于实际控制人。因此,当目标公司权力的掌控者因商业竞争或前掌权者突然死亡等原因出现频繁变动时,应待到控制权的归属趋于稳定时再启动实际控制

---

① 参见陈莹：《公司实际控制人认定的实务判断》,载《中外企业家》2016年第11期。
② 参见《公司法》（2023年修订）第五十九条、第六十七条、第七十八条。
③ 参见岳万兵：《实际控制人的公司法识别》,载《法律科学》2024年第5期。
④ 参见周游：《实际控制人识别标准的差异化实践与制度表达》,载《政法论坛》2024年第1期。

人的认定。①

（三）构建穿透式的主体识别规则

"主体穿透，是指透过名义上当事人之表象，发现其背后的实质当事人，并将适用于名义当事人的相关规则，一并适用至实质当事人。"② 借助这一理念，本文认为，在追溯实际控制人时宜采用"穿透式"的主体识别模式。具体而言：以《民法典》规定的三类民事主体为基准，首先，当自然人掌握公司控制权时，由于无法再继续穿透，可直接将该自然人认定为实际控制人。其次，当法人掌握另一公司控制权时，则需进一步判断该法人自身有无实际控制人；仅当该法人自身未受制于其他主体时，才可将其认定为实际控制人，否则需要继续溯源穿透。最后，就非法人组织的主要类型——合伙企业与个人独资企业而言。由于前者具有较强的人合性，无法似法人那般形成较强的团体意思，故而合伙企业一般不宜被认定为公司的实际控制人。当合伙企业掌握另一公司控制权时，应继续穿透并将其合伙人认定为实际控制人。个人独资企业由于完全是企业所有者的"一言堂"，因此宜将其背后的自然人认定为实际控制人。

（四）改进实际控制人认定的举证规则

在涉及实际控制人认定的相关案件中，作为公司权力实际掌控者的实际控制人与原告的地位往往悬殊，在原告收集证据的过程中实际控制人能够以各种方式对此加以阻挠。若不调整目前的举证规则，继续由受损害一方当事人承担证明实际控制人事实上已控制公司的责任，这对于原告方而言显然有失公平。③ 因此，在特定类型的案件中，对实际控制人的认定应当实行举证责任的倒置，即，原告方只需主张某主体为公司实际控制人，而该主体则需要提交证据证明己方并非实际控制人。这类案件主要包括两种类型，其一是因实际控制人滥用控制权造成公司损失，股东由此提起的请求实际控制人承担

---

① 参见罗炜玮：《实际控制人的认定：要件、识别及特殊形态》，武汉大学 2019 年硕士学位论文，第 20 页。
② 见叶林、吴烨：《金融市场的"穿透式"监管论纲》，载《法学》2017 年第 12 期。
③ 参见陈洁：《实际控制人公司法规制的体系性思考》，载《北京理工大学学报（社会科学版）》2022 年第 5 期。

赔偿责任的股东代表诉讼案件；其二是因实际控制人滥用控制权恣意处分公司财产从而损害债权人的利益，债权人因此提起的侵权损害赔偿案件。

五、结语

实际控制人是公司治理体系中一个至关重要的制度。就规范层面而言，实际控制人与关联交易、法人人格否认、信义义务等其他公司制度息息相关。就现实层面而言，实际控制人滥用控制权可能导致公司、股东以及债权人的利益受损。因此，在司法实践中完善实际控制人的认定标准、构建实际控制人的主体识别机制以及改进实际控制人认定的举证规则，对于规范公司治理、保护与公司相关主体的权益以及促进社会主义市场经济健康发展具有不可或缺的现实意义。

关联企业实质合并破产适用标准实证研究

——以100个案例为样本

史　黎　王承林*

摘要：《全国法院破产审判工作会议纪要》规定了关联企业实质合并破产制度的原则性标准，但就实质合并破产的具体适用标准以及标准的认定未予以明确。关联企业实质合并破产裁定书显示，各地法院对关联企业实质合并破产标准的适用理解不一，导致类案裁判结果迥异。对此，应当在规范层面界定关联企业范围，在关联企业实质合并破产中坚持审慎适用原则，构建以法人人格高度混同、欺诈为独立判断标准，以有利重整标准为补充的综合适用标准，进一步厘清关联企业合并破产适用标准在实务中的理解分歧。

关键词：关联企业　合并破产　适用标准　实证研究

一、引言

关联企业是指通过股权纽带、合同约束或人事管理等多种方式相互联结，形成两个或两个以上企业间的直接或间接控制关系的经济联合体。集团型企业在寻求规模增长的同时，往往会采取集中管理策略来整合其关联企业，这虽然有助于资源的优化配置，但也会导致不正当关联交易风险的增高。在企业集团化进程加速的背景下，关联企业实质合并破产案件的数量逐年递增，并

---

* 史黎，四川轻化工大学法学院副教授；王承林，四川轻化工大学法学院2023级法律硕士研究生。

基金项目：四川轻化工大学2024年研究生创新基金项目"关联企业合并破产适用标准实证研究"（Y2024043）。

于 2022 年达到峰值。2018 年 3 月 4 日最高人民法院适时发布了《全国法院破产审判工作会议纪要》（以下简称《纪要》），以专章的形式首次规定了关联企业实质合并破产，在宏观上明确了审慎适用、例外适用的原则及三大条件。① 但这些规定过于原则，易引起司法实践中不同主体的差异化理解。《纪要》施行以来，各地法院对于关联企业合并破产适用的标准、具体标准的认定要素并未达成一致，致使类案裁判结果迥异。因此，亟须在规范层面对这一制度的适用提供明确指导，充分发挥实质合并破产的制度功能，维护破产案件公平正义。

二、关联企业实质合并破产适用标准之实证考察

（一）样本的选取与说明

本文以"全国企业破产重整案件信息网"为主要数据来源，时间设置为 2023 年 8 月 1 日至 2024 年 8 月 1 日，关键词设置为"实质合并"进行检索与筛选，共得到 158 例裁判文书。进一步筛除非裁定书后余 125 例，对于重复案件、同批次案件，保留 1 例后剩余 97 例，此外加入经典案例"海某集团""辉某乳业""北某方正"三家企业集团的实质合并裁定书。据此，样本总数共计 100 例。

（二）关联企业规模

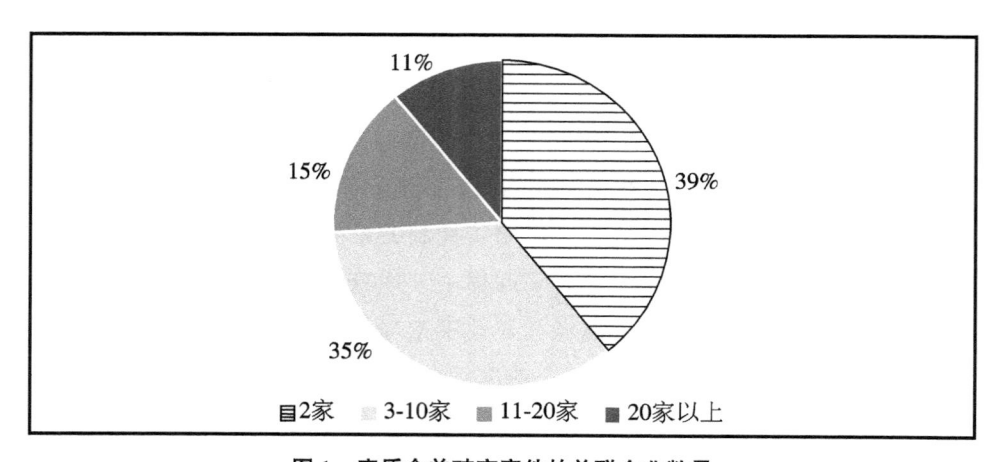

图 1　实质合并破产案件的关联企业数量

（饼图：2 家 39%；3-10 家 35%；11-20 家 15%；20 家以上 11%）

---

① 参见《全国法院破产审判工作会议纪要》第三十二条—第三十九条。

由图 1 可知，从进入实质合并破产程序个案中的关联企业数量来看，多数案件为 10 家以下，此类共 74 件，占 74%，其中较为常见的为 2 家，这类数量为 39 家，占 39%，超过 10 家的案件有 26 件占 26%。数据范围从最少的 2 家到最多的 321 家①，展现出极大的跨度，且案件多集中于关联企业数量较少的情况。

（三）关联企业实质合并破产案件程序类型统计

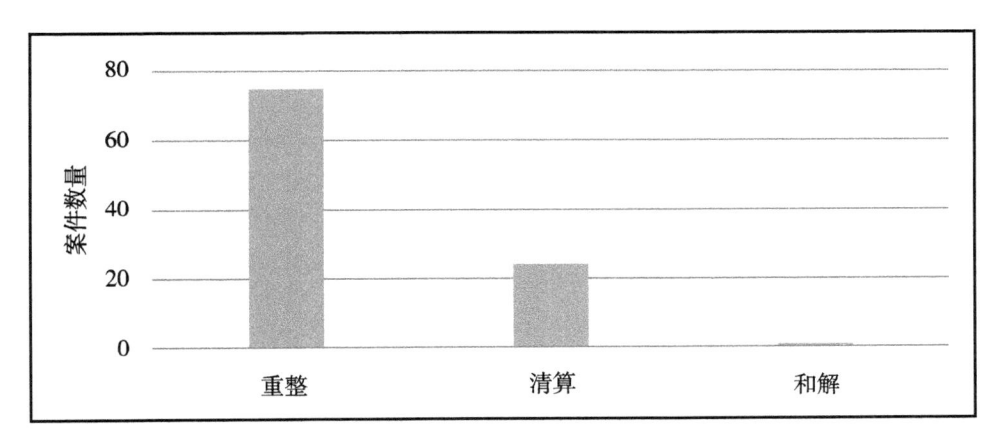

图 2　关联企业实质合并破产案件程序类型统计

案例显示，清算、重整与和解三种模式在司法实践中均有实例采用了实质合并制度作为处理手段。从图 2 可知，清算类案件的实质合并共有 24 起案例被纳入实质合并清算范畴，占总数的 24%。相比之下实质合并重整案件高达 75 起，占据了压倒性多数，而和解仅有 1 起。这一分布特点与单体破产案件中的传统趋势形成了鲜明对比。值得注意的是，这一分布特点与单体破产案件中的传统趋势形成了鲜明对比。

在传统单体破产中，清算案例往往远多于重整和和解，但在实质合并破产程序中，重整案件的数量却显著超越清算，这背后折射出企业集团化发展的特定逻辑——企业集团为了最大化利益而采取的紧密协作模式，一旦遭遇危机，单独重整某一成员往往难以达到理想的重整效果，而通过实质合并重整，则能够实现资源的有效整合与协同效应，提升整个集团的生存与发展能

---

① 参见（2021）琼民破 1 号之一民事裁定书。

力。这一变化不仅体现了破产法律制度的灵活性与适应性，也反映了司法实践对企业集团破产问题的深刻洞察与积极应对。

（四）关联企业实质合并破产案件适用标准统计

表1 关联企业实质合并破产适用标准统计

序号	裁判标准	适用率	典型裁判表述
1	法人人格混同标准	100%	各公司法人人格高度混同（公司财产、管理、财务、业务、人员高度混同，情形显著、广泛、持续存在）。
2	区分关联企业成本过高	96%	两公司之间存在法人人格高度混同，已经丧失法人意志独立性和法人财产独立性，并显著、广泛、持续到破产受理之日；区分各关联企业成员财产的成本过高。
3	债权人整体获益	91%	法人人格独立性丧失，二企业对各自财产及债权债务很难作出区分，将其纳入实质合并破产程序有利于消除关联企业内部债权债务关系和保证担保关系，实质上有利于保障全体债权人的利益。
4	增加重整可能性	27%	各公司存在高度的产业关联度和资源匹配度，实质合并重整有利于充分整合资源，制定切实可行的重整计划草案，提升重整效率和成功率。
5	提高效率、节约司法资源	24%	十七家企业间的财产界限模糊，区分成本过高，甚至无法区分。实质合并有利于提高效率，节省司法资源。
6	符合破产立法目的和宗旨	10%	本院认定两家公司符合关联企业实质合并破产的要件，能够真实反映公司资产负债，最大限度保障全体债权人整体公平清偿，符合破产制度的立法目的和宗旨。

观表1可知，法院在裁定实质合并破产审理时适用了多种标准，其中"法人人格混同标准"适用率达到100%，"区分关联企业成本过高"以及"债权人整体获益"适用率也分别高达96%、91%。而"增加重整可能性""提高效率、节约司法资源""符合破产立法目的和宗旨"等虽也是标准之一，但占比较少。其背后的主要适用标准体系涵盖了法人人格高度混同、资

产分离成本高、债权人利益保护以及重整需要四个方面。尤为突出的是，在所有裁定书中，法人人格高度混同均被作为不可或缺的判定依据。

（五）法人人格高度混同认定

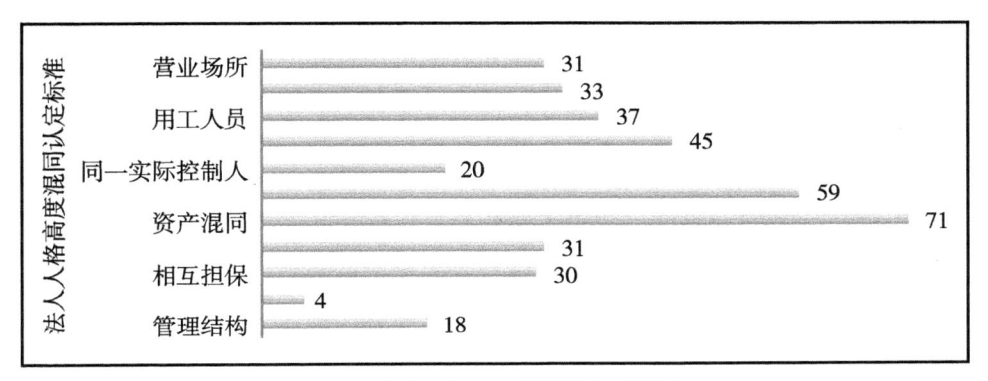

图3 法人人格高度混同的判断因素

法人人格高度混同认定标准：
- 营业场所 31
- （第二项）33
- 用工人员 37
- （第四项）45
- 同一实际控制人 20
- （第六项）59
- 资产混同 71
- 相互担保 31
- （第九项）30
- 管理结构 4
- （第十一项）18

观图3可知，尽管法人人格高度混同作为判定关联企业间责任归属的关键标准已在司法领域形成共识，但对于该标准的界定精度及其具体识别要素，司法实践中仍存争议。本文基于实证分析，揭示了法院主要通过"人事混同""财务混同""资产混同"及"经营管理混同"这四个维度来评估企业间是否达到法人人格高度混同的门槛。

值得注意的是，部分司法裁定在细化这一标准时，引入了如"办公场地共享""设备共用""原材料不分彼此""业务重叠"及"经营宗旨趋同"等更为具体的表征。这些看似各异的描述，实质上均可归入前述四大核心分类框架内，进一步丰富了法人人格混同的识别体系。例如，"办公场地共享""设备共用"及"原材料不分彼此"直接指向了资产层面的混淆；而"业务重叠"与"经营宗旨趋同"则更多地揭示了企业在经营管理层面的深度融合。

此外，对于印章、证照等关键资源的集中管理问题，其法律性质的判定需依据具体情境灵活分析。在某些情况下，这可能被视作管理一体化的延伸；而在其他场景下，则可能与财务体系的混同紧密交织，进一步加深了企业间法人人格界限的模糊性。综上所述，法人人格高度混同的识别是一个复杂而多维的过程，需要综合考量各种具体表现，以确保司法裁定的公正性与准确性。

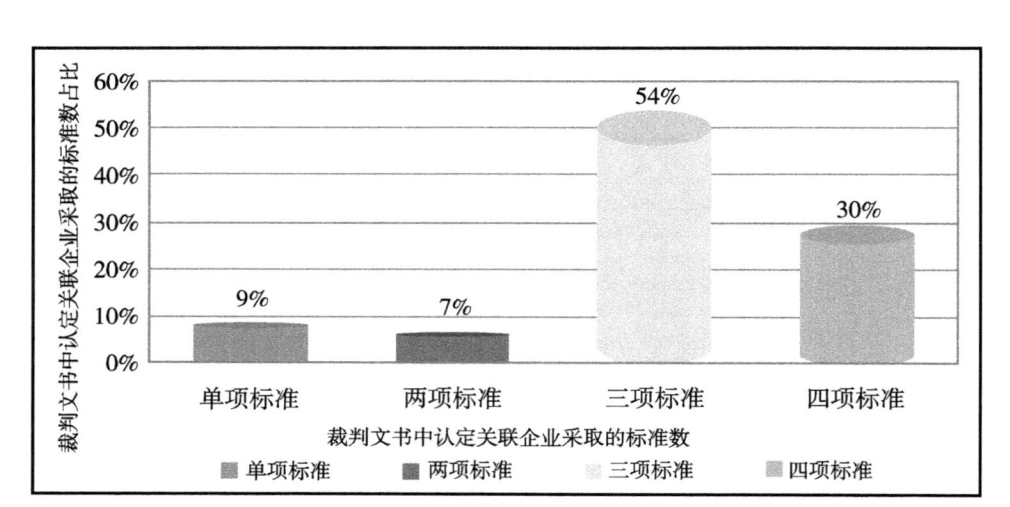

（六）关联企业实质合并破产裁定书采取的标准数量

图 4　关联企业实质合并破产裁定书采取的标准数量

观图 4 可知，采用三项标准的裁定书数量最为突出，显示出法院在裁定过程中倾向于综合考虑多方面因素，以达到更为全面和准确的评估。其次是采用四项标准的裁定书，表明部分案件在裁定时，法院认为需要全面审视所有相关因素，以确保裁定的公正性和合理性。然而，也有少数裁定书仅基于法人人格高度混同标准来作出裁定。这种情况可能出现在证据清晰、事实明确的案件中，法院能够直接依据该标准作出判断。采用两项标准的裁定书数量最少。这表明在大多数情况下，法院认为仅依靠两项标准可能不足以全面反映案件的实际情况，因此更倾向于采用更多元化的评估方式。

三、关联企业实质合并破产适用标准之问题检视

（一）《破产法》缺乏对关联企业的范围界定

《纪要》正式确立了实质合并破产制度的核心适用群体为关联企业群体，然而，在界定何为"关联企业"的具体范畴上，该纪要未能提供指导。通读《破产法》的条文，我们可以发现其中并未直接提及"关联企业"或"关联

交易"的界定。虽然《破产法》中的部分条款可能隐含了对关联交易的管控①，但这些条款并未直接针对关联企业进行界定，而是侧重于对特定交易行为的规制。导致了在实际操作中，很难直接依据这些条款来界定关联企业的范围。

(二) 实质合并破产适用标准不一致

54%的裁定书倾向于结合三项标准进行判断，同时也有30%的裁定书坚持全面考量，采纳了四项标准，相比之下，单独依赖某一标准（尤其是仅以法人人格高度混同为标准）进行裁定的案例相对较少，仅占9%，而采用两项标准的裁定书数量则更为有限，仅占7%。此外，在样本案例中，出现了"即使两公司未达到严重混同，将两公司实质合并重整有利于各自破产重整的实现"这样的表述，显然是对这一原则的忽视和扭曲。这种本末倒置的观点，即使在实际案例中两公司确实符合法人人格高度混同的标准，也依然暴露了裁判思路上的严重偏差。

(三) 实质合并破产标准适用混乱

1. 法人人格高度混同标准识别要素不统一

尽管法人人格高度混同标准作为实质合并破产的基石，在司法实践中已普遍被接受为必备条件，但其具体达到何种程度及识别要素的具体运用上，仍存在显著的裁判分歧。本文的实证研究表明，法院在判断关联企业是否达到法人人格高度混同时，主要聚焦于"人事混同""财务混同""资产混同"以及"经营管理混同"这四个核心方面。在具体案例中，约有68%的案件通过全面审视这四个方面的混同情况来综合判定，显示出法院在认定上的严谨性。约有22%的案件是基于其中三个方面的混同来得出结论，这反映出法院在不同情境下对混同程度要求的灵活性。值得注意的是，还有10%的案件仅凭单一方面的混同就认定了法人人格的高度混同，这进一步揭示了实践中裁判标准适用的混乱。

2. 区分成本过高标准的适用不严谨

关联企业的数量规模对于破产程序中的财产区分任务而言，是一个至关

---

① 如《破产法》第三十一条、第三十二条关于撤销权的规定。

重要的影响因素。随着关联企业数量的增加，法院及相关各方在识别、隔离并分别处理各企业财产的过程中所面临的难度和所需投入的成本也相应上升。而一般来说，企业数量越少，其财务、业务等方面的交织程度就相对越低，从而在一定程度上降低了区分的难度和成本。而上述实证分析中，涉及两家关联企业的案件占据了显著比例（39%），且总体上，关联企业数量不超过10家的案件占据了绝大多数（74%）。在这类相对简单的企业结构中，也有相当一部分案例将财产区分成本过高作为适用实质合并制度的主要依据。特别是在关联企业数量仅有两家的情况下，其内部关联关系的复杂性可能并不足以构成无法区分的理由。此时，所谓的区分成本过高，很可能仅体现在时间成本的增加或中介机构费用的少量上升，而非达到严重影响债权清偿率的程度。

四、关联企业实质合并破产适用标准的完善建议

（一）明确界定关联企业范围

《破产法》中关于关联企业构成要素的明确界定，为构建清晰、统一的关联企业法律概念奠定了坚实的基础性架构。这一法律框架不仅为关联企业的识别提供了明确的指导原则，还确保了在处理复杂破产案件时，能够有据可依地判断哪些企业群体应当被视为关联方。特别是在考量是否采用实质合并破产原则这一重大决策时，精确界定关联企业的范围显得尤为重要。鉴于关联企业体系的复杂性，其往往由众多独立实体组成，其中不乏财务状况稳健、经营运作正常、会计核算清晰且其资产与负债独立于集团整体的企业。若仅因满足关联企业的法律定义而将其不加区分地纳入破产范畴，无疑是对健康运营企业的不公。因此，有必要在《破产法》中对关联企业范围作出明确的规定，针对那些尚未触及法定破产门槛，但存在特定风险迹象的关联企业实体，若查实其涉及欺诈行为，或经剥离与关联企业间的资产、负债关系后，其状况符合破产企业的界定标准，则应将之纳入合并破产的范围。

（二）坚持审慎适用原则

在实质合并破产案件的审理中，法院应更加审慎地评估区分成本过高的主张，特别是对于关联企业数量较少、内部关系相对简单的案件，应充分考

量区分成本的实际影响,避免仅凭内部往来频繁等表面现象就轻易作出实质合并的决定。在处理关联企业破产案件时,应坚守"例外适用、审慎适用"的核心原则。这一原则具体涵盖三个维度:其一,法院应秉持独立审查的精神,对每家企业的破产条件进行个别评估,优先适用单个企业破产程序,以尊重公司法人的独立人格。其二,在寻求救济途径时,实质合并破产制度应被视为穷尽其他手段后的终极选项。这意味着,我们必须依据关联企业不当行为的严重程度,依次尝试其他救济制度,仅在它们均无法有效应对问题时,方考虑启用实质合并破产。其三,对于该制度的适用,我们应坚守严格标准,认识到单一标准的局限性,转而采纳多重标准并行的综合评估方式,以确保裁量的全面性和准确性。

(三) 构建以法人人格高度混同为主的综合适用标准

1. 厘清法人人格高度混同标准

在破产程序中,评估法人人格是否高度混同,关键在于审视法人财产是否保持了应有的独立性。这包括分析资产与负债的混同程度,衡量清晰划分各企业资产所需的成本,以及对比单独破产程序与合并破产对债权人清偿利益的潜在影响。通过这些维度的考量,可以更为准确地判断法人人格在破产法视角下的混同状况。其中,关联企业之间的资产与负债是否高度混同应当作为判断法人人格混同的首要依据。这种混同现象往往表现为资金在关联企业间的自由调配,包括长期且无偿的大额资金占用、债权债务的随意划转、统一的对外融资及相互担保安排,以及财务处理上的混乱与模糊,导致各公司间的资金及负债归属难以清晰界定。这一系列行为严重侵蚀了法人财产的独立性,应当作为评估法人人格混同程度的重要指标。

2. 欺诈标准

实质合并破产中的欺诈标准与民法领域中的一般欺诈行为,在性质与目的上存在清晰的界限。欺诈标准在破产法语境下,特别强调了欺诈主体的主观恶意性,这是其区别于法人人格高度混同标准的关键所在。具体而言,欺诈标准的核心在于欺诈行为的实施者——关联企业或其实际控制人,在设立关联企业或进行关联交易时便怀揣着明显的主观恶意。这种恶意不仅体现在对债权人权益的侵害上,还体现为恶意拖延、逃避债务等不正当目的。相比之下,法人人格高度混同标准虽然也可能导致关联企业间资产与债务的高度混同，但其根源在于企业高度集团化运作过程中的正常经营行为，或是由于企业治理技术上的不足所致，而非自企业设立之初便带有主观恶意。因此，在适用欺诈标准时，我们应重点考察欺诈主体的主观意图和行为动机，即其设立关联企业或进行关联交易是否以欺诈债权人、逃避债务等不正当目的为出发点。而法人人格高度混同标准则更多地关注于企业间的实际运营状况、财务关系及治理机制等客观因素，以此来判断是否存在需要实质合并破产的情形。

3. 有利重整标准

在重整程序中，企业集团的价值远不止于表面资产，更包括其营运能力、品牌影响力、市场份额等无形资产。实质合并重整通过消除关联企业间的债权债务壁垒，简化了清理流程，降低了破产费用，从而为企业赢得了宝贵的时间与资源。同时，这种合并重整还促进了企业内部资源的深度整合与高效利用，增强了企业的市场竞争力与吸引力，为吸引外部投资、实现成功重整奠定了坚实基础。它鼓励在破产重整中采取更加积极、灵活的策略，以最小的代价实现企业的重生与市场的稳定，坚持有利重整标准不仅是对债权人公平清偿利益的保障，更是对社会整体利益的维护。

意定监护与行为能力的"脱钩"

张　露　何昱霖[*]

摘要：随着我国逐步加速进入老龄化社会，照顾老年人以及有缺陷的成年人也成为日益凸显的问题。老龄化社会对我国的成年人监护制度形成了严峻的挑战。我国意定监护制度的启动与行为能力的认定密不可分，以行为能力作为成年监护的设立依据不仅导致了监护范围过窄的问题，而且也与《残疾人权利公约》充分尊重残障人士的自主意识精神相悖。我国意定监护可以考虑通过引入功能能力的概念来解决"挂钩"的问题。

关键词：行为能力　成年人监护　意定监护　功能能力

一、前言

迈入老龄化社会，高龄化、少子化问题让越来越多的老年人对监护产生需求。然而，我国现行的意定监护制度仍以行为能力作为启动的唯一条件，此种紧密联系在学界被称为监护与行为能力的"挂钩"。在司法实践中，这种单一的联系造成了被监护人的意志被忽视、监护适用范围过窄等一系列问题，同时，也与联合国《残疾人权利公约》所倡导的尊重残疾人意愿与平等的理念不符。如何解决行为能力与监护制度两者之间的关系，让监护制度更加适合现在的老龄化社会具有重要意义。

---

[*] 张露，四川轻化工大学法学院副教授；何昱霖，四川轻化工大学法学院2022级法律硕士研究生。

二、监护与行为能力"挂钩"的由来

(一) 行为能力的起源与本质

民事行为能力是自然人独立实施法律行为的一种资格或前提,其本质属于"理智地形成意思的能力"。"行为能力"第一次出现于近现代的《法国民法典》,但类似"行为能力"的概念却初见于罗马法。[①] 罗马法的行为能力即对于家庭外事务具有独立处理的权利。在罗马法中,是否享有行为能力,要根据一个人的年龄、性别和精神的健全程度而定。[②] 在罗马共和国初期,家庭的一切事务完全由家长做主,家庭内其他成员并没有独立的行为能力。随着手工业和商业的进一步发展,为了适应社会需要和维持社会稳定,大法官便对法律中家长权的内容进行了修改。家长对孩子所参与的法律活动应当受其拘束并承担义务。在这个时期,家庭成员便有了相对独立的行为能力。

随着时代发展,行为能力的本质从国家秩序层面过渡到了个人权利层面。在现代社会,行为能力本质上就是"有效实施法律行为的能力"。民事主体参与到法律活动中的前提是必须具有相应的判断能力,能够理解和判断实施的民事法律行为的性质及其所产生的后果。

(二) 监护制度的起源与本质

根据现有文献,监护制度最早记载于古罗马《十二表法》的第五表——《继承和监护》[③] 罗马共和国时期的法律中,监护具体分为监护和保佐两个部分,二者均是对自权人[④]设置的,其目的是保护家族的财产利益。在罗马共和国初期,监护注重被监护人的人身方面的管理,主要作用是补充被监护人的行为能力,这也是监护第一次和行为能力联系。保佐则是临时性的法律措施,

---

[①] 参见周枏著:《罗马法原论(上册)》,商务印书馆1994年版,第120页。
[②] 参见周枏著:《罗马法原论(上册)》,商务印书馆1994年版,第120页。
[③] 参见徐国栋:《〈十二表法〉新译本》,载《河北法学》2005年第11期。
[④] 罗马法以是否处于其他市民权利支配下,将其分为自权人与他权人。自权人指的是不处于其他市民权利支配下的人,而与之相对的他权人,是处于其他市民权利支配下的人群(其他市民权指:家长权、夫权、买主权)。

更偏重财产方面的管理。罗马共和国初期的监护和保佐类似家长权,具有权力的属性。直到罗马共和国后期,监护和保佐制度发生了混同,保佐在实质上也起到了和监护相同的作用,至此两者便没有明显区别,统称为监护。① 监护的职责也从家庭内部转变到了社会公职,自此,监护便带有一定的国家强制性责任。② 监护和保佐的对象也扩大到了听障人士和老、残等不能自我保护的人。

罗马共和国末期的监护理念与现代监护的本质逐渐契合,20 世纪后随着人权观念的深入和社会的发展,监护制度的范围再次扩大。在监护制度的现代改革和发展中,公法化成为现代监护制度的共同点,多数国家将监护职务确立为公务。由政府出面担任成年监护的保障机关,负责对无抚养义务人、赡养义务人,亦无财产的成年被监护人提供保障。③

三、现代德国监护制度的演进

大陆法系国家的民事立法大多脱胎于罗马法,监护制度也不例外。大陆法系的代表国家德国,其最初的成年人监护制度与行为能力也紧密联系在一起。随着老龄化社会到来以及禁治产制度弊端的出现,德国在 20 世纪末开始了监护制度的改革。

(一) 近代德国的禁治产制度

禁治产宣告作为监护启动的前置程序,其本质是为了维护社会的交易秩序与保证交易安全。旧《德国民法典》规定,自然人年满 21 岁即为法律意义上的成年人。一般情况下,自然人成年便具有完全行为能力。但有些个体可能在精神或者智力方面存在一定缺陷。对于智力、精神不健全的人来说,通过禁治产制度来限制其独立从事民事活动。其中,完全发育不健全的人宣告为禁治产人,设立监护人,剥夺其独立参加民事法律活动的权利;而存在一

---

① 参见彼德罗·彭梵得(Pietro Bonfante)著:《罗马法教科书》,黄风译,中国政法大学出版社 2005 年版,第 171 页。
② 参见任毛婷:《成年监护制度研究》,中国社会科学院 2015 年硕士学位论文。
③ 参见刘金霞著:《社会转型背景下我国监护制度的立法完善》,人民法院出版社 2014 年版,第 174 页。

定智力、精神缺陷的人则宣告为准禁治产人，设立保佐人，允许其参加部分的民事法律活动，但是否有法律效力需要其代理人的同意。《德国民法典》第六条规定了禁治产人的类型。① 德国的旧监护制度启动便是以行为人被宣告为禁治产人或者准禁治产人作为前提。当行为人被宣告为禁治产人后，监护制度随即开始启动。旧监护制度的监护范围覆盖了被监护人身体和财产两个方面。

德国禁治产制度的不足主要体现在以下几个方面。

第一，监护范围的狭窄。行为能力与监护制度的紧密联系直接导致监护范围缩小。在德国旧监护制度中②，因禁治产宣告是监护制度启动的前置程序，因此，启动监护的只有法律中规定的几种特定类型的禁治产人。德国禁治产制度的适用对象几乎都是精神障碍者③，身体障碍者并未包括在内。身体障碍者只能适用于辅佐制度④，而辅佐制度只能以个别事务或者一定范围的事务作为管理对象，相较于监护制度的范围大大缩小，导致部分需要采取监护的身体障碍者并未得到保护。

第二，严重影响被监护人意思自治。在旧监护制度的背景下，监护人完全取代了被监护人的法律地位。原则上依监护人的意志来处理与被监护人相关的财产或人身等事务，辅佐制度也是如此。旧监护制度保障了市场交易的稳定，却忽视了本人的自身意志。

第三，监护制度在本质上难以得到有效的利用。监护制度本质上包含两层关系，一是外部关系，二是内部关系。外部关系主要处理的是监护人的法律行为效力问题。内部关系主要处理的是监护人和被监护人之间的关系。⑤ 行为能力的宣告作为启动监护的前置程序，就导致监护制度会更加倾向于外部关系，内部关系的忽略导致被监护人的利益更容易受到侵害。这与监护制度

---

① 包括 1. 因精神病或精神耗弱导致不能处理自己事务者；2. 因挥霍浪费导致自己或者其家属陷于贫困者；3. 因酗酒成癖不能处理自己事务者，或者导致自己或者家属陷入贫困者或危及他人安全者。
② 即1992年1月1日之前德国旧法所规定的监护制度，下文中"旧法"均指1992年1月1日之前的《德国民法典》。
③ 《德国民法典》第六条规定了禁治产人的类型：1. 因精神病或精神耗弱导致不能处理自己事务者；2. 因挥霍浪费导致自己或者其家属陷于贫困者；3. 因酗酒成癖不能处理自己事务者，或者导致自己或者家属陷入贫困者或危及他人安全者。
④ 《德国民法典》第一千九百零一条第一项。
⑤ 参见彭诚信、李贝：《现代监护理念下监护与行为能力关系的重构》，载《法学研究》2019年第4期。

保护被监护人利益的初衷背道而驰。

(二) 德国照管制度中的"脱钩"

随着老龄化社会的到来，禁治产制度的劣势越发明显。德国在1992年1月1日开始施行《关于改革监护法和成年保佐法的法律》（以下简称《照管法》或新法）。《照管法》废除了禁治产制度。改革之后，德国以"法律上的照管"替代了原来的成年人监护和保佐。《照管法》主要在以下三个方面进行了改革。

第一，确立"必要性"与"补充性"原则。《照管法》规定，照管人需要在必要时并且在必要范围内选任，如果为当事人设置全权代理人或者其他辅助人员也能够达到照管的效果，就不必再设照管人。但是上述人员不能是该当事人的利害关系人。此条规定体现了照管制度的"必要性"与"补充性"原则，充分保护了当事人的权益并尊重了当事人的自我意志。"必要性原则"在《德国民法典》第一千九百八十六条，第一千九百零三条，第一千九百零六条等均有体现[1]，且当事人不得放弃必要性原则。

第二，废除行为能力宣告和公示制度。新法中不再宣告禁治产人。在旧法中，对于禁治产的宣告，需在联邦中央登录簿上进行登记。[2] 旧法中禁治产的宣告及公示可能会导致被宣告人及其家庭受到歧视。因此，考虑到被宣告人的尊严和隐私，新法废除禁治产制度，取而代之为"照管"。在新法中，成年人仍可以成为无行为能力人，但行为能力基于具体情况进行个案裁决[3]，并不像旧法中按照法律规定的普遍标准去判断行为人的行为能力。《照管法》中，扩大了适用照管制度的范围，保护对象不再局限于精神障碍者，身体障碍者若自身需要，也可以在必要的范围内申请照管。在照管人的选任方面，精神障碍者由监护法院依职权选任，身体障碍者则需要本人申请。本人若是属于无行为能力者，那么可在其神智正常时为自己申请照管人，若未恢复，

---

[1] 《德国民法典》第一千九百八十六条第二项规定"只在有必要予以照管的任务范围内方允许任命照管人"第一千九百零三条则规定了同意保留的事项，第一千九百零六条则是关于剥夺自由的安置措施。

[2] 参见刘金霞：《德国、日本成年监护改革的借鉴意义》，载《中国青年政治学院学报》2012年第5期。

[3] 参见刘金霞：《德国、日本成年监护改革的借鉴意义》，载《中国青年政治学院学报》2012年第5期。

则需要法院依职权选任。照管人仅在监护法院授权的权限范围内代理被照管人的事务。被照管人的行为能力不因选任照管人而被否定，被照管人若不是毫无意思能力的行为人，则可以在遗嘱和婚姻缔结方面自己作出决定。

第三，不再将行为能力的宣告作为照管制度的前置条件。旧法中，行为人被禁治产宣告后随即启动监护，无行为能力人所有民事行为由监护人替代实施。限制行为能力人除了法律规定的行为[1]以外，其他的行为则需要监护人的同意或者监护人代理实施。《照管法》废止了对于禁治产人设立的监护和保佐，由照管替代之。被照管人的行为能力并不因照管者选定而丧失或者受到限制。但是为了维护被照管人的利益，法院对此设立了"同意保留"的事项[2]。被照管人不能够独自处理该范围的事情，独自处理视为无效。被照管人在同意保留的事项中作出意思表示时，必须征得照管人的同意。在同意保留的事项中，纯获益的法律行为和日常行为不需征得同意。

德国的照管制度从被照管人的角度出发，充分尊重被照管人的自我决定权，维护被照管人的利益。

四、我国意定监护制度"脱钩"的必要性分析

行为能力与监护制度的"脱钩"是人权保护国际化的必然趋势，同时也是身心障碍者对于适用监护制度的实际需求。随着老龄化社会的到来，我国的意定监护制度也需作出一定的完善。

（一）我国意定监护制度存在不足

1. 意定监护制度适用范围狭窄

我国《民法典》对行为能力主要采取三级制划分[3]，其本质是继受德国

---

[1] 1992年1月1日之前德国旧法所规定的法律行为包括"授权的零花钱""授权的独立经营""单纯的获益法律行为"。

[2] 监护法院认为被照管人独自处理可能会损害被照管人权益的事项。

[3] 我国学界有"三分"或"三分法"以及"三级"或"三级制"的表述。详细参见梁慧星：《民法总论》，法律出版社2011年版，第106页。又可参见张驰：《自然人行为能力样态比较分析》，载《东方法学》2010年第3期。又可参见朱广新：《民事行为能力制度的体系性解读》，载《中外法学》2017年第3期。

民法三级制的特点，但在内容上与德国的三级制存在一定的区别①。从《民法典》对民事行为能力的规定②可看出，《民法典》中行为能力的指向是自然人的内在心理能力③，但并未考虑到自然人外在的生理能力④，导致身体障碍者被排除在意定监护制度适用范围之外。

针对以上问题，部分学者认为，意志健全的身体障碍者可以通过委托代理制度来保障自己的权益。⑤但委托代理制度相比意定监护制度存在弊端。第一，委托代理制度仅限财产事项，被代理人的人身事项则无法处理，而意定监护制度可以同时兼顾两者。第二，在代理过程中，若被代理人的行为能力出现缺陷时，则无法监督代理人，导致自己的财产权益容易被侵犯，此时也无其他制度来保护被代理人的财产权益。⑥而意定监护制度相较于委托代理制度在保护范围以及对监护人的监督上具有一定的优势。

2. 未尊重被监护人的个人意志

我国的行为能力三级制没有考虑到每个限制民事行为能力者的个体差异性以及年龄增长带来的认知能力减退的渐变性。在我国的司法实践中，无民事行为能力的认定远多于限制行为能力⑦。因此大多数被宣告无民事行为能力的当事人都是采取的"替代决策"，没有体现出现代监护制度中尊重被监护人个人意志的理念。

3. "启动程序"过于保守

在现代监护理念中，被监护人的行为能力并不当然地因为监护启动而丧失，而是借助监护人之手，活用被监护人的残存意志，尊重当事人的自主决定权。我国《民法典》规定意定监护程序的启动取决于本人是否丧失民事行

---

① 与德国的差别主要体现在未成年人和有缺陷行为能力的成年人方面，本文旨在讨论成年人监护制度，因此未成年人不予讨论。

② 我国《民法典》第二十二条规定，不能完全辨认自己行为的成年人为限制民事行为能力人……可以独立实施与其智力、精神健康状况相适应的民事法律行为。

③ 参见朱圆、王晨曦：《论我国成年监护设立标准的重塑：从行为能力到功能能力》，载《安徽大学学报（哲学社会科学版）》2019年第12期。

④ 外在生理能力：当事人的身体机能健全或者不健全所能带给当事人的外在能力。

⑤ 参见李洪祥：《论成年监护制度研究存在的若干误区》，载《政法论丛》2017年第2期。

⑥ 参见李霞著：《成年监护制度研究——以人权的视角》，中国政法大学出版社2012年版，第102页。

⑦ 查阅北大法宝截至2019年1月30日的相关案例，"认定无民事行为能力案件"为190019件，"认定限制行为能力案件"仅为21993件。

为能力，此规定在实践层面也凸显出了问题。第一，行为能力的欠缺认定需要通过法院特别程序的审理，整体程序耗时长、成本高。① 第二，行为能力欠缺认定仍然采用司法宣告公示的方法，此种做法可能侵犯本人的隐私，不利于保护本人的尊严。第三，本人若被认定为行为能力欠缺者，在实践中，基本不会考虑其残存的意思能力，而是由监护人全权代理本人的事务，侵犯了本人的自主决定权。②

（二）现代成年监护制度的"理念"革新

正如我国民法学学者史尚宽先生所说"法律之理念，为指导法律的意欲，是指定理想法律及圆满运用法律之原因"。③ "自我决定权"理念和"正常化"理念是现代成年监护制度所推崇的。我国《民法典》对于启动意定监护的规定近乎为一刀切，只有在行为能力存在缺陷时才能够启动意定监护程序。此种规定并没有体现出上述两种理念，因此，我国意定监护制度理念需要革新。

1. 自我决定理论

自我决定理论产生于二十世纪八十年代，该理论的核心思想认为，每个人天生是独立的个体，每个人都有对自己理想生活追求的权利。人们希望成为自己行为的"本源"主导，而不希望成为被外界所操纵的"棋子"。心智障碍者虽然相比理性人在智力、精神方面存在一定的差距，但是在追求理想生活、成为独立的个体的内在追求方面与普通人并无两样。除了完全没有判断能力的脑瘫患者，大多数心智障碍者是存在一定的判断能力的，因此他们内心也希望追求他人的认可，能够自身进行一系列社会活动，而不是任何事情都需要他人的帮助。但在现实中，国家或者社会机构通常都会安排专人去帮助这类心智障碍者，甚至替代他们做出一系列决定。这种做法阻碍了心智障碍者的自我成长与完善。

2. "维持本身生活正常化"理念

正常化是"维持本人生活正常化"的简称，是以自我决定权为基础，根

---

① 参见杨震：《民法总则"自然人"立法研究》，载《法学家》2016年第5期。
② 参见彭诚信、李贝：《现代监护理念下监护与行为能力关系的重构》，载《法学研究》2019年第4期。
③ 见史尚宽：《法律之理念与经验主义法学之综合》，载《中西法律思想论集》，刁荣华主编，汉林出版社1984年版。

据身心障碍者在身体或者精神上的特殊性而深化出的理念，也是对自我决定理论的补充。正常化即要求将身心障碍者融入社会中去，提供与普通人相同的生活条件为目的的理念。正常化理念是现代残疾人的社会模式在民法成年监护制度中的具体表达和反映。① 因此，我国的意定监护应引入"正常化"和"自我决定"理念作为指导。

五、以"功能能力"为判断标准的制度设计可行性

心智障碍者作为一种客观存在，应当被视为一种人类多元化的表现，② 而不应被区别对待。作为保护这类群体的法律，更应该是积极保护，而不是消极保护。一些轻度但未达到法律上限制或者无民事行为宣告要求的自然人，以及身体障碍者无法寻求到监护制度的保护。因此，亟须完善现有的判断标准。

（一）功能能力的内涵

随着现代医疗的发展，对于当今世界老年人的智力病症以及智力障碍者研究更加深入。因此我国也可以从医学路径来改变行为能力与意定监护制度的"挂钩"。

功能能力即照顾自身身体以及管理自身财产的能力。功能能力通常是对患者的特定方面进行评估，不同于行为能力的概括评估。2006 年美国律协和心理协会出版的手册中写明了对于功能能力评估的要素③。功能能力评估法是评估主体缺乏处理某种特定领域事务的能力，相较于传统的疾病诊断法④，功能能力评估法可以明确地了解患者能力缺陷的特定领域，让司法机构也能对当事人的能力作出更好的判断。

---

① 参见李霞：《成年监护制度研究》，山东大学 2007 年博士学位论文。
② 参见王竹青：《成年人监护制度的多元理论与制度完善》，载《北京社会科学》2022 年第 8 期。
③ 要素包括：（1）个人的医疗风险；（2）个人的认知能力；（3）个人的日常功能；（4）个人选择与价值观的一致性；（5）潜在的风险以及所需的监护水平；（6）是否有办法增强主体的能力。
④ 疾病诊断法即医生根据被评估者的智力缺陷或者疾病的诊断结果所出具的概括性诊断报告的方法。

（二）以功能能力代替行为能力

在我国意定监护的实践中，公证机构认证当事人是否满足限制民事行为能力或者无民事行为能力时并不以法院所作的文书为唯一标准，有时候也会参考权威的医疗机构或者组织的诊断证明。笔者认为，在我国，医疗机构对当事人所做的诊断证明在某种程度来说比司法鉴定机构的证明更具有权威性。

功能能力的评估细分为认知能力以及日常生活能力（见表1、表2）。

表1　认知能力的评估项目①

评估领域	具体内涵
感觉敏锐度	视觉、听觉、触觉
运动技能	粗略运动技能和精细运动技能的类型和程度
注意力	在短暂的时间段内注意刺激并集中精力
工作记忆	在短时间内阅读材料并记住≥2个想法
短期记忆	编码、存储和检索信息
长期记忆	记住先前储存的信息
理解力	理解书面、口头或视觉信息
交流能力	用口头、文字或符号表达自我
算术	用口头、文字或符号表达自我
语言逻辑	比较2个选择，从逻辑上推断结果
视觉空间推理	感知视觉空间关系并解决视觉问题
执行功能	规划未来，展示判断力，抑制不当行为

表2　日常生活能力评估项目②

评估领域	具体内涵
自我照顾	日常生活方面，如吃饭、穿衣、洗漱等
财务	管理所拥有的财产，如进行消费、送礼、捐赠、投资、制作或修改遗嘱等
医疗	同意或拒绝医疗许可；选择并指导护理人员；紧急情况下能寻求帮助等

---

① 参见朱圆、王晨曦：《论我国成年监护设立标准的重塑：从行为能力到功能能力》，载《安徽大学学报（哲学社会科学版）》2019年第2期。

② 参见朱圆、王晨曦：《论我国成年监护设立标准的重塑：从行为能力到功能能力》，载《安徽大学学报（哲学社会科学版）》2019年第2期。

续表

评估领域	具体内涵
家庭生活与社区生活	选择或建立住所；独处而没有危险；与朋友、亲戚、同事建立并维持个人关系等
民事和法律	雇用法律顾问；投票；对法律文件作出决定等

专业机构通过对当事人的各项功能能力进行准确性的评估，确定其在不同领域的能力水平，并制作出功能能力评估报告表。在启动监护制度时，可将评估报告交与司法机关，司法机关通过表格中的各项评估数据再决定是否启动监护。若启动监护则配置与其能力程度相符合的监护措施，避免了采取全面监护措施对被监护人自主权的侵害，也能够将需要监护制度的身体障碍者纳入进来，让监护制度发挥应有的作用。

六、结语

意定监护制度和行为能力联系过于紧密，并没有随着《民法典》的出台而获得改善。并且随着老龄化的加剧，该制度的弊端愈发凸显。我们需要对现行的意定监护制度进行完善，结合中国的社会现状，形成新的一套监护制度体系。从启动程序开始完善，并让现代监护理念更加地深入人心，才能够更好地应对我国的老龄化现状，让监护制度发挥最大的效用。

职业放贷人的认定标准

——基于 1048 份民事判决书的实证分析

张 露 冉启山[*]

摘要：职业放贷人作为民间借贷市场发展的伴随产物，因严重危及金融秩序而受到法律规制，但其司法认定却一直饱受争议。实证研究表明，当前主流裁判进路存在营利因素缺乏、对象因素不明等情形下，仅以案件数量、格式借款合同等因素达到标准为由做出裁判，导致职业放贷人的司法认定不够清晰。本文以司法实务中认定职业放贷人的众多因素为切入点，摒弃单一认定标准，引入动态系统论的审判思维，综合考量各种因素及其协动作用进行裁判，并将该理论贯穿适用于"认定—纳入—移除"的完整体系，为解决职业放贷人认定标准不一的问题提供可靠路径。

关键词：职业放贷人 影响因素 认定标准 动态系统论 名录移除

一、问题的提出

民间借贷作为金融借贷的有效补充，在中国经济增长中起到了重要作用。一方面，民间借贷有效缓解了金融借贷覆盖薄弱区域的资金供求矛盾；另一方面，灵活的借贷形式提高了市场融资效率。[①] 但民间借贷市场的繁荣发展景象下，也为一些以放贷为业的投机专营者提供了生存的土壤。尤其在交通便捷、支付便利的当下，放贷手段、形式呈现复杂化、扩大化的趋势，从长期

---

[*] 张露，四川轻化工大学法学院副教授；冉启山，四川轻化工大学法学院硕士研究生。
① 参见刘道云：《我国民间金融存在形态的类型化研究》，载《暨南学报（哲学社会科学版）》2017 年第 4 期。

的经济发展角度来看，不利于金融系统稳定和金融安全。因此，职业放贷不是简单的资金拆借问题，而是金融安全与社会秩序问题。

职业放贷人，是指未经批准从事经营性放贷业务的主体。一般而言，职业放贷常以合法民间借贷的形式掩盖其非法放贷的行为，[①] 具有相当高的隐蔽性，不容易被法院、金融监管机构等机关察觉。从我国现有法律规范来看，其行为属于《最高人民法院关于审理民间借贷案件适用法律若干问题的规定》（2020年第二次修正）（以下简称《民间借贷司法解释》）第十三条第三项之规定的无效情形。但职业放贷案件在司法实务中有其特殊之处，由于影响放贷行为成立的因素众多，各地法官在实际审理时存在因素认识不足等问题，导致各地裁判标准存在较大差异。因此，本文对《民间借贷司法解释》在2021年1月1日正式实施后三年内涉及职业放贷的案件进行随机抽样，通过实证研究的方法对当前放贷行为的司法规制予以微观剖析，探讨职业放贷的认定标准问题。

二、职业放贷人的微观司法样态

（一）样本来源与变量说明

本文研究数据均来源于中国裁判文书网。以"职业放贷人""民事案件""判决书""裁判日期：2021年1月1日至2023年12月31日"为检索条件得到研究总体：11071份判决书。以"判决时间"的先后为排列方法进行整理，通过随机抽样的方法抽取尾号为5号的判决书为研究样本，共计1107份。经梳理后剔除无关文书52份，重复文书7份，得到有效样本文书1048份，其中240份判决书认定出借人为职业放贷人，808份判决书认定为民间借贷。本文以2021年1月1日至2023年12月31日三年间的裁判文书为总体，旨在观察2021年1月1日《民间借贷司法解释》生效实施后全国各地区法院的司法现状。

本文的因变量为"是否被认定为职业放贷人"。从裁判结果来看，出借行为可能会被认定为高利贷、金融借贷、民间借贷、职业放贷等多种结果。但

---

① 参见林雅芳：《职业放贷人的法律探析》，载《上海金融》2019年第2期。

本文只探究职业放贷人认定的影响因素。因此，仅设置是与否两种相互对立的结果。

自变量以《民间借贷司法解释》第十三条规范所规定因素为基础，结合样本文书中"经审理查明"与"本院认为"两部分载明的条件，总结归纳出八个职业放贷人司法认定的影响因素，分别为：（1）案件频次。大多数法院的判决结果表明，出借人作为原告涉及民间借贷案件的频次常作为认定出借行为成立放贷的依据。（2）出借频次。出借频次是指法院受理借贷纠纷之外出借人的其他出借行为。（3）格式借款合同。裁判文书表明，出借人多次使用高度格式化的借款合同体现了放贷过程的专业化、流程化，具有经常放贷的高度可能。（4）累计出借金额。部分裁判结果表明，累计出借金额巨大，可以在一定程度上表明出借人为职业放贷人。（5）借款利率。裁判文书表明，约定或实际收取较高的借款利率是职业放贷人逐利的直接表现形式。（6）其他名义收费。裁判结果表明，即使借款合同未约定利息，但通过收取高额手续费、管理费、违约金等名义费用，同样属于职业放贷。（7）资金来源。裁判结果表明，出借人集资、吸资后转借的行为突破了正当性基础，有从事放贷的高度可能。（8）出借对象。判决结果表明，民间借贷的发生往往基于亲缘、血缘、地缘上的特定关系，如果出借双方不具有此类特定关系，则表明出借人向社会不特定对象提供贷款。

（二）回归分析

为确保自变量相互独立，不存在共线干扰，在回归分析前应对自变量进行共线性诊断。检验结果显示（见表1），各自变量的方差膨胀因子（VIF）均非常接近1，远小于10，表明上述变量之间不存在多重共线性的干扰问题。①

---

① 参见林清泉著：《计量经济学》，中国人民大学出版社2012年版，第168页。

表 1 共线性诊断

自变量	容忍度（1/VIF）	方差膨胀因子（VIF）
案件频次	0.877	1.140
出借频次	0.980	1.020
格式借款合同	0.884	1.131
累计出借金额	0.995	1.005
借款利率	1.000	1.000
其他名义收费	0.984	1.016
资金来源	0.998	1.002
出借对象	0.874	1.144

注：因变量为：是否为职业放贷人

表 2 二元 logistic 回归分析结果

变量	模型一 系数（β）	模型一 显著性（P）	模型一 优势比（OR）	模型二 系数（β）	模型二 显著性（P）	模型二 优势比（OR）
案件频次	1.204***	0.000	3.332	1.154***	0.000	3.171
出借频次	0.734***	0.000	2.038	0.738***	0.000	2.092
格式借款合同	1.625**	0.011	5.079	1.490**	0.028	4.438
累计出借金额	0.000	0.475	1.000	0.000	0.490	1.000
借款利率	−0.002	0.921	0.998	−0.002	0.914	0.998
其他名义收费	0.042	0.469	1.043	0.044	0.474	1.045
非自持有资金	1.104**	0.039	3.015	1.019*	0.071	2.771
未审查出借对象	−1.140***	0.000	0.320			
出借对象不特定				1.912***	0.000	6.767
常量	−3.572***	0.000	0.028	−4.658***	0.000	0.009

注：*、**、***分别代表在10%、5%、1%水平上显著

回归分析结果如表2所示。可以看出：（1）两个模型中的"案件频次""出借频次""格式借款合同""非自持有资金"这4个影响因素的系数（β）均大于零，且显著性（P）值均小于0.1。这表明在司法实践中，前述因素对职业放贷人的认定结果有显著影响且均为正向影响，绝大部分法院在审查职

业放贷案件时，以上述 4 个因素为主要考量对象。以模型一中的案件频次为例，一年内，出借人作为同一或关联原告涉及民间借贷案件的数量每增加 1 件，被认定为职业放贷人的发生比将是原来的 3.332 倍。（2）"累计出借金额""借款利率""其他名义收费"这 3 个影响因素的显著性（P）值均大于 0.1。这表明司法实践中大部分法院认为这几个因素对职业放贷人的认定结果无统计学意义上的显著影响，在审查过程中对这 3 个因素考量较少。（3）"未审查出借对象"相较于审查的情形而言有负面影响，也就是说，不审查借贷双方是否存在特定关系会在一定程度上抑制职业放贷人的认定。而在审查出借对象是否特定的做法中，如果出借对象不特定则会显著提高被认定的概率。

具言之，放贷人的司法认定，主要争议焦点为出借次数的多少，其他因素要么影响较低，要么没有影响，这一现实裁判立场与《民间借贷司法解释》第十三条的规定并不相符。

三、对当前司法样态的省思

从回归分析的结果来看，当前民间借贷纠纷中，职业放贷人的审查认定在微观因素层面的考量不够清晰。因此，有必要对造成当前司法样态的原因进一步讨论，厘清其逻辑。

（一）法律规制尚不完善

当前，我国对职业放贷人的法律规制尚不完善。职业放贷人产生的问题由来已久，涉及民事、刑事、行政等多个领域，应当由立法者制定法律、行政法规予以规制，但我国现行法律体系尚未对此作出具体规定，法律规范的缺失是造成司法认定标准不一、考量因素差异的根本原因。

2019 年最高人民法院公布的《全国法院民商事审判工作会议纪要》（以下简称《九民纪要》）第 53 条首次对职业放贷人作出规定："同一出借人在一定期间内多次反复从事有偿民间借贷行为的，一般可以认定为是职业放贷人。"2020 年最高人民法院公布的《民间借贷司法解释》第十三条进一步规定为："以营利为目的向社会不特定对象提供借款的。"虽然两个规范性文件规定都对职业放贷人的行为进行了界定，但是如何认定《九民纪要》第 53 条的"多次反复"、如何判断《民间借贷司法解释》第十三条的"营利目的"，都缺乏具体规定。显然,《九民纪要》与《民间借贷司法解释》虽然有弥补法律规范不够完善的意图,但法官难以通过其规定对职业放贷人形成统一的认识。换言之,两次规定均不够明确具体,司法实务的可操作性不强,法官在审理职业放贷人案件时仍只能依靠自己的理解。

(二) 地方标准的单一化

职业放贷群体,但各地区经济发展、风俗习惯、借贷市场都有所不同,职业放贷人的具体表现也有所不同。因此,《九民纪要》第53条在规定职业放贷人行为方式的同时,也允许民间借贷比较活跃的地方法院制定具体的标准。根据笔者统计,当前共有三十多个省市制定了本地区的具体认定标准。通过对比研究这些省市制定的具体认定标准,发现在没有法律、行政法规等上位法指导的情形下,这些地方化标准差异较大。案件数量标准从"两年六件"① 到"一年五件"②,案件类型标准从"判决案件"③ 到"诉前调解案件"④,案件范围标准从"区县"到"省市"。⑤

各地区的实际情况不同,认定标准因地制宜确有必要。但从各省市的具体标准来看,认定标准的单一化是造成法官忽视借款利率、借款金额等因素的直接原因。这些地方标准大多只以"案件数量"为唯一认定标准,但"案件数量"的多与少只能表明出借行为的经常与否,并不能表明出借人具有营利目的,也不能表明出借人提供借款给社会不特定对象。事实上,放贷行为的营利性与放贷对象的不特定性是区分职业放贷与民间借贷的重要因素。首先,职业放贷人是商主体。⑥ "与儒家文明下的'君子喻于义,小人喻于利'不同,市场经济条件下商主体不仅不羞于'喻于利',而且其本质属性就是营利性。"⑦ 职业放贷人在放贷过程中实施的任何行为都是为了实现营利目的,

---

① 参见河北省高级人民法院发布的《民间借贷案件审理指南》。
② 参见江苏省高级人民法院发布的《关于建立疑似职业放贷人名录制度的意见(试行)》。
③ 参见吉林省高级人民法院《关于建立"职业放贷人名录"工作机制会议纪要》。
④ 参见湖南省宁乡市中级人民法院《关于建立疑似职业放贷人名录的实施意见(试行)》。
⑤ 参见浙江省高级人民法院、浙江省人民检察院、浙江省公安厅等印发的《依法严厉打击与民间借贷相关的刑事犯罪强化民间借贷协同治理的会议纪要》。
⑥ 参见任广章:《职业放贷人法律规制的二阶困境》,载《哈尔滨工业大学学报(社会科学版)》2022年第4期。
⑦ 江必新:《商事审判与非商事民事审判之比较研究》,载《法律适用》2019年第15期。

如约定高额利息、管理费、手续费等费用。因此，营利因素不可被忽视。其次，传统社会以熟人社会为主，社会成员生活在一个相对固定的区域中。① 因此，借贷行为的发生以血缘、亲缘、地缘为关系纽带，往往体现出互助性质。而职业放贷人往往向社会不特定对象放贷，不具备互助性质，在认定时应当予以考量。地方标准没有将这些因素纳入考量范围，造成了司法裁判的不统一。

（三）职业放贷人名录移除规则的缺失

根据各地区制定的实施细则来看，"职业放贷人名录"制度是当前较为主流的规制职业放贷人的措施。该制度将符合职业放贷人认定标准的出借人修订为名录，便于法官提高职业放贷人审查效率。但多地出台的"职业放贷人名录"制度中只包含了放贷人的进入，却缺乏相对应的移除规则。但对于职业放贷人而言，移除规则的缺失可能会损害其合法权益。例如，如韩某儒、张某平民间借贷纠纷一案中，② 法院经审理查明，借贷双方的借款合同是因汽车租赁费未支付，双方协商后转为借款合同，且该借款合同并未约定利息或其他任何形式的费用，而法院仍以出借人仍在职业放贷人名录为由判决其行为属于职业放贷。从该案的判决来看，移除规则的缺失不仅是导致被纳入职业放贷人名录的放贷人难以重回正轨的原因，也是法官忽视其他因素的重要原因。

四、动态系统论视角下职业放贷人认定标准的重构

立法控制民间放贷意在加强国家利率管控、防止与金融机构恶性竞争、稳定社会秩序以及提升宏观经济调控效率。③ 有鉴于此，针对当前职业放贷人司法实务中出现的问题，笔者尝试以动态系统论的视角重构"认定规则"及"移除"。

---

① 参见金善达：《非法吸收公众存款罪中"不特定对象"标准之改良》，载《政治与法律》2015年第11期。
② 参见杭州市钱塘区人民法院（2021）浙0191民初2922号民事判决书。
③ 参见李建伟：《融资性贸易合同的定性及效力规制研究》，载《法学评论》2023年第3期。

(一) 职业放贷人的认定规则

在动态系统论模式下，职业放贷人的认定不再以案件数量为唯一标准，而是综合考量各种因素，以因素的协动作用结果作为裁判依据。但是，关于构成放贷规范的因素，至今仍未确立。为解决职业放贷司法裁判不规范、不灵活与不统一的难题，笔者对《民间借贷司法解释》实施后的大量司法案件进行梳理，归纳总结出了前文所述的影响因素。对此，下文将逐一进行分析。

1. 因素的立法确认

所谓因素的立法确认，是指动态系统的立法应当明确规定司法应当考量的因素并确立顺位，为司法指明审查的方向。这样既彰显又限制了法官的自由裁量权。[①] 影响放贷行为成立的因素众多，但不同的因素对于放贷行为的影响显然是不同的，这一点在前述的回归分析中也有所体现，通过立法确立因素及顺位，使得因素的动态评价得以在框架内进行。从回归分析的结果来看，案件频次、出借频次、累计出借金额、出借利率、其他名义收费以及出借对象不特定这几个因素对放贷行为的影响应是直接的，而格式合同、资金非自持有等因素的影响是片面的、间接的。因此，对于动态系统论的立法而言，应将上述所有因素一一罗列，且确立前者的优先适用顺位。而对于动态系统论的司法来讲，法官在放贷行为是否成立的考量过程中，应当优先适用立法确立的优先顺位因素，顺位较后的因素作为动态评价的重要一环，可以对优先顺位因素起到补充作用。

2. 因素的体系限制

动态系统论之所以受到部分学者的质疑，主要原因在于因素的不确定性使得法官的自由裁量得到极大的扩张，危及法的安定性，[②] 故而不能对动态系统论报以过高的期待。[③] 但检视理论本身，并非没有约束机制保障过程的原则性。动态体系论的重点不仅在于"动态"性，还在于动态评价的"体系"

---

① 参见胡学军：《民法典"动态系统论"对传统民事裁判方法的冲击》，载《法学》2021年第10期。
② 参见梁慧星主编：《民商法论丛》（第23卷），金桥文化出版有限公司2003年版，第172页。
③ 参见解亘、班天可：《被误解和被高估的动态体系论》，载《法学研究》2017年第2期。

性。① 换言之，因素进行动态评价的前提是维持因素内在体系的完整。即当一方当事人提出的因素不属于放贷规范体系时，法官不得将其作为评价因素，法官也不得擅自引入体系之外的因素进行评价。也就是说，维持因素内在系统的完整性是动态评价的前提，绝不能一味地追求弹性评价而跳脱于体系之外，法官在案件审理过程中应当秉持"无系统不动态"的审判思维，以避免法官审判权的恣意。

3. 因素的动态评价

司法实践中存在以无息、低息借贷为由，认定不构成职业放贷的案例。事实上，该类案例的裁判逻辑完全符合动态系统论，其无息、低息因素对其他因素产生了一种动态抵消的法效果。在此过程中，既有可能发生正向互补，从而导致法律效果的发生，也有可能发生负向抵消，使得法律效果不发生。② 动态系统论立足于法律规范本身，其评价基础由法律规范直接确定。至于因素具体需要达到何种强度、因素互补作用需要达到何种程度等问题，因具体案件的不同而委托法官个案评价。具体来说，动态评价的结果是法官根据具体案件中的实际情况，综合考量各种因素及其协动作用所做出的。在职业放贷人的司法审查中，法官应当结合案件频次、格式借款合同、抵押借贷登记频次、放贷利率等法定因素作动态评价。这些因素在不同案件中，强度显然不可能完全相同，动态评价就是实现这些因素的协动作用，对于强度不足的可以受到补充，对于强度过高的也可以补足其他。

（二）职业放贷人名录的移除规则

职业放贷人的移除规则，是指对被纳入职业放贷人名录的主体在符合移除条件时，予以移除的制度。职业放贷人名录作为一种警示机制，意在警示放贷人，但放贷人的权利也应受到保护。笔者认为，职业放贷人名录的移除也可适用动态系统论，其具体适用规则如下：

---

① 参见王磊：《动态体系论：迈向规范形态的"中间道路"》，载《法制与社会发展》2021年第4期。
② 参见周晓晨：《过失相抵制度的重构——动态系统论的研究路径》，载《清华法学》2016年第4期。

1. 用于确定名录期间与移除条件

有观点认为，职业放贷人的移除应当与认定规则的最高年限标准保持一致。① 如浙江省确立的认定标准最高年限为 3 年，因此名录期间也应当为 3 年。从放贷持续时间的差异来看，如果粗暴地对所有放贷人都适用同一期间显然并不符合公平原则。这也是动态系统论得以适用的原因所在。在司法实践方面，职业放贷人的规制应当形成"认定—纳入—移除"的完整体系上，在认定时应结合案件频次、累计出借金额、放贷利率等因素确定相应的名录期间与移除条件。

2. 用于期间内的考察

运用动态系统论确定时期与条件后，还应当定期对放贷人进行考察。期间内的考察，实际上是对被纳入名录的放贷人的再次放贷风险评估，意在考察放贷人是否有改过自新的表现。因此，对其考察，应综合考量放贷人在期间内各种因素，尤其应着重考量是否有再次放贷、放贷次数、累计出借金额等因素，并根据综合考量结果决定时期的不变或延长。此处的综合考量，也应适用动态的、系统的考察思维，以确保评估结果的合理性、科学性。

五、结语

在市场经济一片繁荣的景象下，非法放贷的现象频频发生，对金融秩序的冲击不可忽视。在缺乏法律明确规定的情况下，如何准确界定职业放贷成为了法官面前的难题。为了解决这一难题，各地法院纷纷制定自己的认定标准。而统计样本分析结果表明，案件频次、资金来源、累计出借金额等多种因素对放贷行为的成立都有一定影响。这些因素之间相互影响又自成体系，这与当前大部分法官所采取裁判观点相去甚远，却与威尔伯格的动态系统理论暗自契合。鉴于此，将动态系统论适用于职业放贷人的司法认定与移除具有现实可行性。面对涉嫌职业放贷的案件，法官根据动态系统的审查思维，将因素的动态互补、体系限制等规则贯穿适用于"认定—纳入—移除"的完整体系，解决职业放贷人司法认定标准不统一的难题。

---

① 参见王彦祺：《"职业放贷人"的认定模式与行为规制》，载《山东法官培训学院学报》2022 年第 5 期。

论动物侵权民事责任主体的认定

田海萍　宋　平[*]

摘要：随着经济社会的发展，越来越多的人选择饲养动物来抚慰自己的心灵，随着饲养动物以及流浪动物的数量与日俱增，动物伤人事件频发。就饲养动物而言，《民法典》第一千二百四十五条规定饲养动物致害应由动物饲养人或者管理人承担责任，但对于如何界定动物饲养人、管理人却没有明确规定，学术界对此也存在讨论，司法实践中亦存在不同观点。本文以饲养动物与流浪动物为角度，对动物侵权民事责任主体的认定及认定标准进行探讨。

关键词：动物侵权　民事责任主体　认定

2023年10月16日，四川成都市某小区内，一只未拴绳的犬只撕咬一名儿童，大人为保护孩子同样也受到伤害，诸如该类案件的发生不免引发人们对于有关法律条文的思考，《民法典》规定饲养动物侵权责任的承担主体为"饲养人或者管理人"，但我们不难发现一个问题，即如何界定饲养人与管理人呢？又或者说如何区分两者呢？

因此，明确动物侵权责任主体，十分具有现实性与紧迫性。归纳司法实践中的有关责任主体，给予受到损害的当事人及时有效的救济，维护其合法权益。

一、动物侵权责任的内涵

动物侵权责任历史悠久，古罗马时就规定了动物的所有人对动物致害承

---

[*] 田海萍，四川轻化工大学法学院2024级法律硕士研究生；宋平，四川轻化工大学法学院教授，主要从事民事诉讼法研究。

担责任，但最初的牲畜范围较为狭窄，而后随着人类生活方式的转变，"动物"范围逐渐扩大。如法国民法典第一千三百八十五条规定"动物的所有人或使用人在使用期间，对动物所造成的损害，不问该动物是否在其管束下或在走失或逃脱时所造成的损害，均应负赔偿责任"。[①]

承担侵权责任需具备以下要件：加害行为、损害后果、加害行为与损害后果之间的因果关系以及行为人的主观过错。但当动物实施行为并造成损害时，由于动物并不具有民事主体资格，其不能成为民事活动中的主体，让其承担责任没有法律根据，因而需要其他主体来代替它承担责任，也就是说动物侵权责任可以理解为替代责任。值得注意的是，动物致害并不包括一切因为动物造成的损害，应当限制为动物自发实施的行为，基于其本身固有的危险性的行为。如果动物造成的结果完全因为其行为以外的原因导致，例如将动物扔向其他人等情形，此时动物的行为并非独立加害的行为，其实质是行为人的工具，因而不应归属于动物侵权范围。

二、动物侵权责任存在的问题

（一）责任人界定标准不清晰

我国《民法典》承继《侵权责任法》采用的"饲养人或者管理人"的表述，其承担责任，是因为其本身与致害动物之间的关系，即饲养关系或管理关系。[②] 但动物饲养人、管理人的定义没有相应的规定，未有明确的立法指引，在司法实践中，法官基于对"饲养人或者管理人"的不同理解极易产生同案不同判的问题。

（二）流浪动物致害责任承担方式不明确

就流浪动物而言，虽然法律规定的责任主体是原饲养人或管理人，但流浪动物一旦在社会生活中流浪，随着时间的推移其会不加控制地繁衍，范围实际远超于遗弃和逃逸的动物，流浪动物致害中还可能有多个责任主体并存

---

① 见房绍坤：《试论动物致人损害的民事责任》，载《中外法学》1992年第6期，第34—38页。
② 参见杨彪：《动物损害与物件损害》，中国法制出版社2010年版，第5—6页。

的情形，如在实践中政府、投喂人有时也会成为责任主体，那么如何划分各责任主体之间的民事责任份额也出现了无法可依的情形，需要由法官自由裁量作出。

三、动物侵权责任主体的认定标准

（一）事实概念说

对于动物侵权责任主体的解释，该理论从事实概念层面出发，即动物饲养人为动物喂养人，动物管理人为动物喂养人之外的人。但倘若依此适用此标准，饲养人和管理人就会常常发生混同，容易进一步导致司法实践的不一致，而且区分饲养人和管理人两类责任主体将失去意义。

（二）物权权属标准

就动物致害的民事责任主体，法国民法典规定为所有人或使用人；德国民法典规定为占有人或管理人。虽然看似各国的规定并不相同，存在所有人、占有人等主体的差异，但仔细探究不难发现其都围绕一个中心：即责任主体与饲养的动物之间存在物权关系。[①] 我国法律对于责任主体的规定中，并未采用"所有人"的说法，或许在立法之初就考虑到物权权属关系所包含的责任主体过于狭窄，不能给予受害者较为全面的救济途径。

物权权属标准本身是存在一定的合理性和便捷性的，在早期时，由于法律经验的不足，其为动物致害责任的首要选择。但是单一适用物权权属标准，首先会导致在真正的侵权人可能无需承担责任，同时也会导致受害人可能无法获得全面的救济。

（三）管理控制论

随着时代的发展，人与动物的关系趋向复杂，从目前法律实务现状看，实际控制标准成为责任主体的主要认定标准。但是如何理解并适用该标准需

---

① 参见张新宝：《饲养动物致人损害的赔偿责任》，载《法学研究》1994年第2期，第89—95页。

要我们进一步探究，并在实践中进一步完善、丰富。

当然，就流浪动物而言，因其自身特性，当发生损害后果时，也可使用管理控制说来判断"动物饲养人与管理人"。首先要判断行为人与流浪动物之间是否存在物权权属关系。当行为人与流浪动物之间存在此类关系时，流浪动物则很有可能是逃逸的动物，行为人就很有可能属于原"饲养人"，若不存在上述关系时，应当考虑行为人对其是否进行管理控制，即后文所讨论的标准，综合其他要素后，行为人很可能属于《民法典》第一千二百四十九条中规定的原"管理人"。也就是说我国《民法典》第一千二百四十九条中规定的原"饲养人"是与流浪动物之间存在物权权属关系的人，而第一千二百四十九条中规定的原"管理人"是虽然与流浪动物之间不存在上述关系但是其对流浪动物实际管理控制的人。

四、完善动物侵权责任主体的认定规则

（一）就饲养动物而言

1. 准确界定动物"饲养人与管理人"

前文探究大部分国家对于动物致害责任主体的认定均从物权权属关系转为管理控制说，因此本文认为应当顺应当今世界的立法潮流，以管理控制学说来界定我国的"饲养人或者管理人"，无需进行界分，并同时兼顾其他标准进行认定，如物权关系、时间空间关系等，形成以管理控制因素为主，其他因素为辅的综合判断标准。

此规则的用处在于，"饲养"一词并不仅仅指字面意义上的"喂养和照料"，人与动物之间存在一种支配力量，因此，在动物饲养造成损害的责任方面，"饲养人"一词可以借用管理控制说。理解"管理人"时，故而也可借用管理控制说。从"饲养人"和"管理人"这两个词不难推断，它们强调的都是"管理控制"，因此以管理控制为基本标准统一定义这两个词是有充分法律依据的。此外，能够在一定程度上避免因"饲养人或者管理人"界定不明确而引起的矛盾争议，强化法律的权威性。

2. 动物"饲养人与管理人"之间的责任形态

前文所述，对于"饲养人与管理人"的认定，本文认为应当采取以管理

控制说为主，其他因素为补充的全面认定标准，当二者为同一人时，不存在争议，当二者不一致时，应明确各方主体的责任形态。

对于存在多数责任主体的情况下，部分学者主张主体应承担单独责任，我国《侵权责任法》起草工作主持者王胜明先生认为，当动物饲养人与管理人非同一人时，由管理约束动物的管理人作为主体承担相应责任①。房绍坤教授亦认为在动物管控义务从饲养人转移至管理人处时，管理人应为义务主体，无需考虑管理人是有偿与否、长期或短期。

在司法实践中也有支持单独责任的，如"赖某林、谭某红动物损害赔偿责任纠纷案"②，原告赖某林与被告居住在同一小区。被告谭某系被告谭某红之子。原告赖某林与其丈夫在小区花园内散步，被告谭某牵着一未戴嘴套的中大型拉布拉多犬在小区道路内散步，并朝着原告走去，原告丈夫看到后朝谭某喊停，被告谭某随后将狗拉住并在距离原告丈夫约1米处停住，此时，原告赖某林因看到犬只受到惊吓往后退的过程中绊到后方的石圆凳而摔倒在地。在本案中，谭某是遛狗人，相应责任应由饲养人谭某红承担，法院认定被告饲养人谭某红单独承担赔偿责任，而并非谭某与谭某红共同承担责任。

连带责任同样在司法实践中也有适用。如"杨某兰、金某伟与刘某饲养动物损害责任纠纷"③中，被告金某伟牵着被告杨某兰所有的巨型犬在本市呼兰路、通河路附近，牵狗的绳子搭扣断裂，狗冲出去与原告发生事故，原告受伤。在本案中，两被告分别系涉案动物饲养人与管理人，均存在过错，依法应当对原告损失承担赔偿责任，即承担连带责任。

实务中也可看见不真正连带责任的存在。如"赵某林与苏州杰某精密压铸有限公司王某强健康权纠纷"④一案中，杰某公司为动物的饲养人，王某强系公司保安队长，公司指令王某强及其他保安在空余时对此狗进行喂养，但并未指示是否可以遛狗，后该狗在王某强遛狗期间咬伤原告赵某林。法院明确指出在动物致害中，饲养人与管理人之间的责任形态为不真正连带责任。虽然王某强私自遛狗，临时担当了管理人身份，应承担相应责任。但杰某公司作为最终责任主体，无权以第三人王某强系管理人为由要求其承担责任。

---

① 王胜明主编：《中华人民共和国侵权责任法释义》，法律出版社2010年版。
② 参见湖南省长沙市中级人民法院（2019）湘01民终12980号民事判决书。
③ 参见上海市第二中级人民法院（2017）沪02民终10355号民事判决书。
④ 参见江苏省苏州市中级人民法院（2014）苏中民终字第02739号民事裁定书。

因此，对于通常情况下，二者未分离时，即承担单独责任，二者分离且存在多数主体的情况下，承担共同责任。

（二）就流浪动物而言

1. 原饲养人或者管理人

在司法实践中，动物的遗弃、逃逸原因有很多，但无论动物是因为何种原因脱离饲养人或者管理人的控制，因为动物本身所具有的危险性，原饲养人或者管理人对此承担责任具有正当理由，其成为责任主体是毋庸置疑的。[①] 法律并没有对二者进行合理界定，假如动物所有人在管理控制动物时，此种情况不存在责任划分问题，但是社会生活往往存在复杂性，即出现上述二者不一致的情况，此时本文认为应当采用管理控制说，实际管理控制动物的行为人，才能够更好地履行义务，承担相应的责任。

2. 投喂人

投喂人是指善意地在固定地点长期喂养流浪动物的第三人，其行为践行人与自然和谐共生理念的。投喂人是否能够作为责任承担主体，一直存在较大的争议。部分学者认为在公共道德和善良风俗的角度，对投喂人施加责任并不符合公平正义，因此不宜认定其为饲养人或管理人。

投喂人可以成为责任主体的案例，如"刘某红、胡某林饲养动物损害责任纠纷"[②]，2021年5月31日晚，原告胡某林被猫抓伤。事后，原告联系物业方备案，并与物业一同前往被告刘某红住处商讨赔偿事宜，双方协商未果。流浪猫在被告刘某红家中后花园出入，被告为其提供食物，被告在其房屋的后花园内摆放饲养器皿，饲养猫的事实亦存在，被告作为流浪猫的投喂人，应当对流浪猫尽到谨慎管理义务。原告被抓伤的事实确实存在，而被告投喂流浪动物的行为，无论出于何种动机，该行为必然会对其居住小区的环境造成一定的影响，由于被告主动长期投喂流浪动物的行为，导致在其生活的公共环境中，形成了一个流浪动物获取食物的固定地点，导致流浪猫的聚集，

[①] 参见满洪杰：《中华人民共和国民法典·侵权责任编释义》，人民出版社2020年版，第201页。

[②] 参见辽宁省抚顺市中级人民法院（2022）辽04民申54号再审审查民事裁定书。

这些动物在没有得到有效控制和管理的前提下，必定会给公共环境带来危险[1]，因此投喂者的行为和流浪动物伤人存在因果联系，应承担相应责任。因此，刘某红作为案涉流浪猫的投喂人，对胡某林被猫抓伤造成的损失承担相应责任。

但若要将投喂人纳入责任主体范围，则不能"一刀切"。投喂人的行为在一定程度上使得动物得以生存，从公序良俗上判断，投喂人作为责任承担主体，似乎不符合情理，与人们朴素的价值观不相符合。但细细探究不难发现，认定投喂人作为责任主体，实际上是因为其对于动物固定地点、时间的投喂，在一定程度上对动物形成一定的控制力，客观上符合"管理"的要求，既然投喂人对其所造成的或然性后果具有明知的可能性，其主观上也就具有了法律上的过错[2]。

据此，动物致害的责任主体若要增加投喂人，应当符合以下几个要素：（1）空间因素：投喂人与流浪动物直接接触，且其长期喂养流浪动物的行为，表现出可追踪的一致性和规律性，存在管理动物的可能性。（2）利益因素：投喂人在实施投喂时，可能获得流浪动物的孳息或者其他的物质性利益，也可能在投喂过程中获得心理满足感。基于权利与义务相一致的原则，其应对该流浪动物所致损害承担责任风险。（3）时间因素：如果喂养人长期喂养流浪动物，而流浪动物对喂养人比对其他人熟悉程度更高，那么喂养人对流浪动物造成的伤害承担责任的可能性就会增加。

3. 安全保障义务人

因动物侵权行为发生区域的广泛性，《民法典》第一千一百九十八条设定了公共场所管理人安全保障义务，其也可以为动物侵权提供救济。负有安全保障义务的主体主要是从事住宿、餐饮、娱乐等经营活动或者其他社会活动的自然人、法人、其他组织。[3] 安全保障义务通常表现在有交易行为的当事人之间，例如宾馆、商场等，此种场所流动开放性大。

如果流浪动物进入上述经营场所并造成了损害结果，无法找到原饲养人

---

[1] 参见王康：《对民法案例研习教学实践的思考》，载《法学教育研究》2015年12月第1期，第174—184页。

[2] 参见张新宝著：《侵权责任构成要件研究》，法律出版社2007年版，第462页。

[3] 参见张新宝著：《人身损害赔偿案件的法律适用——最高人民法院法释（2003）20号解读》，中国法制出版社2004年版。

与管理者的，也无投喂人的，则安保人就应当承担侵权责任。如"李某晴与邵阳市金某物业管理有限公司违反安全保障义务责任纠纷"[①]，2020年5月23日下午，原告李某晴去朋友家吃饭，在朋友小区内被一小狗咬伤左小腿。本案中，肇事犬只属于流浪犬，在其进入该小区范围内时，作为小区管理者的邵阳市金某物业管理有限公司则推定是它的管理人，由于该物业公司对流浪动物没有履行到必要的管理义务，未能有效防范，造成安全隐患，同时该物业公司没有妥善履行安全保障义务，无论从哪一方面来看，其对于原告的损害都负有一定责任。其一，如若依据动物管理人的规定进行处理，那么安保义务人承担相对较重的责任。其二，如以安保责任界定，则其承担责任相对较轻。由此可以看出，在实践中正确确定安保义务人的地位具有重要意义。

上述的侵害发生在小区内，但若当侵害发生在马路、街道等场所时，且受害人无法证明原饲养人或管理人，那么受害者应当向哪方主体请求赔偿损失呢？

本文认为政府等行政机关在其管理区域内未履行好维护社会安全职能，致使其管理区域内发生动物侵致害案件，同时其作为公共管理者，防范流浪动物带来的风险的能力远大于其他主体，可让其作为安保义务人承担民事责任。流浪动物致害问题实际上已经成为社会问题的一部分，易引发人们对于公共秩序的疑问。无论是原饲养人或者是管理人，还是政府等都要尽到相应的责任，将政府（部门）补充进流浪动物致害责任主体中去，给受害者人身或者财产方面的补偿，有助于达到社会效果、法律效果与政治效果的统一，体现社会的公平正义。

在流浪动物致害发生前，市政管理机构可以推广动物电子芯片等识别动物信息的物品，并将责任主体的必要信息写入，在遭受流浪动物侵害时，若该动物身上存在上述可以识别身份信息的物品，就可以为受害者提供快速、方便的救济。同时行政机关的相关部门也应规律性、常态化地对本部门管理范围内的流浪动物加强管理，可针对性地对其采取绝育、领养等措施，从根源上减少流浪动物的数量。

[①] 参见湖南省邵阳市大祥区人民法院（2020）湘0503民初1194号民事判决书。

五、结语

从实践中大量的动物伤害案件可以看出，迫切需要进一步界定和明确动物伤害的责任制度，尤其是流浪动物的责任制度，并进一步优化责任方的定义，以确保法院判决的可预见性。尽量减少"同案不同判"的情况。本文主张动物致害责任的基础为危险分配理论，运用管理控制论认定责任主体，同时，对于饲养人与管理人同时存在且不一致时，有关责任主体应承担共同责任，具体而言，若各主体均存在过错，则属于共同侵权，应承担连带责任，若各主体实施的是竞合侵权行为，则应承担不真正连带责任，受害者可以选择主体并向其主张权利，责任承担者可向最终责任人追偿。针对流浪动物致害案件的安全保障义务，应当使其具有实践性，使其逐步成为法定性义务。

行政处罚权下移基层政府的
意蕴、偏误与纠偏

陈　昶　王晓熳*

摘要：由基层政府来实施行政处罚，有助于基层治理的权责适配和矛盾纠纷的源头化解。基层政府实施行政处罚面临行政处罚权下沉基层的决定主体模糊、基层政府实施行政处罚的效果评价缺失以及基层行政处罚权力滥用的潜在风险等现实困惑。立足于为基层赋权提增，须明确"人大+政府"的决定主体，构建基层政府实施行政处罚的动态评估机制，完善基层政府实施行政处罚的监督机制，从而为基层政府充分赋能，提高基层治理的整体效能。

关键词：行政处罚权　基层政府　评估　监督　权责适配

一、引言

习近平总书记指出，"要加强和创新基层社会治理，使每个社会细胞都健康活跃，将矛盾纠纷化解在基层，将和谐稳定创建在基层"。[①] 基层是一切工作的落脚点，也是解决人民矛盾的关键点。以街道和乡镇为主体的基层政府作

---

* 陈昶（1991—），男，法学博士，四川轻化工大学讲师，硕士生导师，研究方向为国家治理与法治政府；王晓熳（1998—），女，四川轻化工大学法律硕士，研究方向为基层治理、行政法学。

基金项目：2022 教育部青年基金项目"基于循证的重大行政决策社会风险评估实施机制研究"（22YJC630205）；四川轻化工大学研究生创新基金项目"行政处罚权下放基层政府的实践进路与逻辑理路——基于22个地方实践的实证考察"（Y2023026）。

① "习近平：在经济社会领域专家座谈会上的讲话"，载人民网，https://politics.people.com.cn/n1/2020/0824/c1024-31835050.html，最后访问时间 2025 年 2 月 18 日。

为政府系统的末梢,在上级政府和群众之间发挥着承上启下的作用①,其治理水平直接关系到群众切身的利益。从执法模式观之,当下乡镇执法中的联动型执法具有临时性的缺陷,派驻式执法归属不明,网格化执法规格低②,而长期以来基层政府面临"权小责大""事多钱少"等系列困惑,缺乏相应的执法权限,基层政府工作负担过重、动辄得咎。为此,打破传统意义上基层政府直面的"看得见的管不着"等治理困境,调整和优化原有的执法模式,赋予基层政府必要的处罚权限一直为学术界和实务界所关注,其中又以2021年修订的《行政处罚法》为标志。据此,本文以行政处罚权下移基层政府为分析对象,扫描现况,分析偏误,从而探赜纠偏路径。

二、行政处罚权下移基层政府的现实意蕴

基层政府实施行政处罚无论是从理论上还是实践中来看,均具有重要的现实意义。申言之,由乡镇政府及街道办事处为主的基层政府实施行政处罚,可以缓解属地管理偏误下引发的基层权责失配以及基层负担重等问题。

(一)行政处罚权下移基层政府的现况扫描

基于全国各地关于行政处罚权下移基层政府的制度文本,截至2023年10月,几乎所有省、自治区、直辖市都明确出台了下移行政执法(处罚)权的文件,市、县级政府也陆续公布权力下移清单以及指导目录,明确了行政处罚权事项,下移权力数量范围在几十到几百不等(见图1)。从类型来看,形式不可谓单一,多数是以政府名义或者政府办公厅发文,如《广东省人民政府关于乡镇街道综合行政执法的公告》;有的以地方立法形式公布,如《河北省乡镇和街道综合行政执法条例》;也有联合发文如内蒙古自治区党委办公厅、政府办公厅公布的《关于深化苏木乡镇和街道改革推进基层整合审批服务执法力量的实施意见》。

---

① 参见付晨阳:《治理现代化视域下基层政府的现实困境与纾困策略》,载《内蒙古科技与经济》2021年第9期。

② 参见牧宇:《乡镇执法中的党政协同模式选择及机制改革》,载《财经法学》2024年第1期。

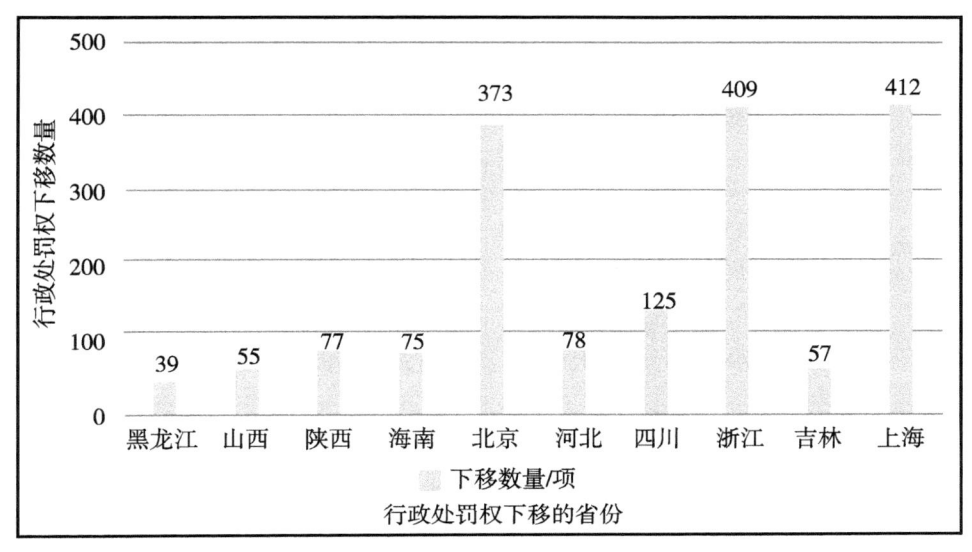

图 1 各省行政处罚权下移的数量统计（以部分省份为例）

各省下移数量/项：黑龙江 39、山西 55、陕西 77、海南 75、北京 373、河北 78、四川 125、浙江 409、吉林 57、上海 412。

从行政处罚权所涉领域而言，下移所涉及的内容多样，涉及自然资源和规划建设、生态保护、市场监管、卫生健康、交通运输等方面的行政处罚事项。而在出台时间上，更多是在《行政处罚法》修订之后，也就是多数文本的颁施是在2021年7月之后。由此可见，在《行政处罚法》的修订之前，一些省级政府为行政执法权下移也做了有益的尝试和探索。随着《行政处罚法》的修订实施，对于明确基层政府的执法主体地位提供了更为权威、系统的法律依据，促使行政处罚权下移基层更为规范。也正是在《行政处罚法》修订后，地方层面对于第二十四条的制度创新和实践回应也渐次普遍和常态化（见表1）。

表 1 各省人民政府行政处罚权下下移的文本统计（部分省份的例证）

省份	文件名称	涉及内容	时间
福建	《福建省人民政府关于赋予乡镇人民政府、街道办事处部分行政处罚权的决定》	生态环境保护、交通运输、农业农村、文化市场、应急管理、市场监管、自然资源等	2022
湖北	《湖北省街道赋权事项指导清单等"两清单一目录"和推进街道赋权事项承接运行确认制度》	违法建设、城市治理、生态环境保护、市容环境卫生、交通运输等	2021

续表

省份	文件名称	涉及内容	时间
浙江	《浙江省人民政府办公厅关于推进乡镇(街道)综合行政执法工作的通知》	人力社保、自然资源、生态环境、城市建设、交通运输等	2021
江苏	《江苏省乡镇(街道)法定权力事项清单通用目录》	城乡建设、环境卫生、义务教育等	2021
四川	《四川省赋予乡镇(街道)县级行政权力事项指导目录(第二批)》	违法建设、生态环境保护、城乡环境治理、环境卫生管理、交通运输等	2021
河南	《关于深化乡镇管理体制机制改革的若干意见》的通知	党的建设、经济发展、乡村建设、公共服务、平安建设、综合行政执法、行政审批服务等	2022
山西	《山西省人民政府关于向乡镇人民政府和街道办事处下放部分行政执法职权的决定》	自然资源、生态环境、交通运输、水利、住房和城乡建设、应急管理、卫生健康等	2022
河北	《河北省乡镇和街道综合行政执法条例》	市场管理、市场监管、治安交通、生态环境、应急管理	2021

注：本表为不完全概括

(二)行政处罚权下移基层政府的价值旨趣

行政处罚权下移基层无论从理论上还是实践中，均具有重要意义，其不仅是基层实现治理现代化的重点，还是解决基层治理过程中"权小责大"等困惑的关键举措。申言之，由乡镇政府及街道办事处为主的基层政府实施行政处罚，可以缓解属地管理偏误下引发的基层权责失配以及基层负担过重等问题。

基层治理是国家治理的基石。近年来，基层治理实践面临多种问题，尤为突出的是基层政府权小责大的困惑，严重影响了基层运行机制的运作。一方面，近年来，县级政府的职能部门借"属地管理"之名，将本属于自己的事务转移给基层，并通过压实考核、设定"一票否决"事项等方式来实现任务层层转移、压力层层加码。另一方面，在压力层层传递下，处于治理末梢的乡镇街道只能承接自上而下叠加的治理压力。① 因而有基层干部坦言,在无执法权的情况下,很多事情对于基层政府而言是"看得见管不了",有时候不得不错过矛盾纠纷的最佳处理时机。实践证明,纾解基层政府的权责失配,最关键的是赋权增能,调整政府的权和责在不同层级以及不同部门之间的配置关系②,将基层迫切需要的行政权力下移给基层政府,进一步说,方可纾解基层"看得见管不着"等权责失配的窘境,释放基层治理的活力。

三、行政处罚权下移基层政府的实施偏误及其分析

由基层政府实施行政处罚虽然裨益于基层政府的权责适配,有助于基层矛盾的源头化解,但由于各地多处于探索规范阶段,因而也存在一些偏误。

(一)行政处罚权下移基层政府的决定主体模糊

诚然,《行政处罚法》第二十四条第一款规定了部分行政处罚可以由基层政府行使,但是下移权力的决定主体为"省、自治区、直辖市",具体是省级政府还是职能部门作为权利下移的主体,抑或其他主体？这也导致实践中出现探索不清、操作不清的困惑。

理论上讲,省级政府、省级人大及常委会以及省级政府职能部门均符合决定主体的基本条件,因为均满足第二十四条第一款中的"省、自治区、直辖市"。然而,扫描目前各省份的行政处罚权下移实践,不难发现赋权基层的决定通常由省政府以规章的方式作出,另有部分由省级人大及其常委会以地方性法规方式作出,普遍观点认为省级政府的职能部门不能作为行政处罚权下移的决定主体,因为无论是省政府职能部门的广泛分布与数量众多,还是其从立法者立法目的及审慎态度来看,都无法推导职能部门具有成为决定主体的资格。③ 因此,倘若不在立法层面明确具体决定主体,则会影响立法的实施效力甚至影响行政处罚权下移实效。

---

① 参见秦前红、陈芳瑾:《"行政处罚权交由"的规范阐释——基于〈行政处罚法〉第24条第1款之展开》,载《法治研究》2022年第3期。
② 参见吕健俊、陈柏峰:《基层权责失衡的制度成因与组织调适》,载《求实》2021年第4期。
③ 参见刘孟、张然滔:《论行政处罚权下放的法治化及其限度》,载《华中科技大学学报(社会科学版)》2024年第2期。

（二）行政处罚权下移基层政府的效果评价缺失

效果评估是保障基层政府实施行政处罚稳妥运行、有序推进的重要环节。基层政府行使行政处罚要定期组织评估，以此来动态确定基层实施的效果，以便查漏补缺、及时纠偏。而实践中这一项评估并未充分展开，存在一些漏洞。第一，评价对象单一。比如有些地方的评价主要针对镇街城管执法中队，而不是对基层政府实施行政处罚权进行评价，在评价对象上出现了偏误。第二，评价方式不够科学。对于基层治理的难点、顽疾，由于事项本身的复杂程度较高，往往要耗费众多投入和时间，现有的评价体系无法充分顾及。甚至于，事后评价很难完整还原当时的执法环境，完全依照执法记录来评估可能存在评价失真的可能性。第三，重复评价。当前对基层政府的治理评价大多呈现碎片化的样态，评价机制缺乏系统性且容易与其他关于基层政府的绩效评估等形成重合，导致重复评价。

（三）基层政府面临行政处罚的权力滥用风险

制度的效果离不开人的具体运用和实施，治理行为的效果也密切关乎治理者的能力。① 扫描实践不难窥见，乡镇和街道办事处的工作人员部分没有经过系统的法律学习和管理学习，既熟悉法律又掌握扎实的基层治理工作经验的人员较少，而基层本身的繁杂事务更会加剧其面对各类处罚事项时显然力不从心。调研显示，某镇的乡镇综合执法局的六位工作人员中没有一位是法学或相关专业，仅有一位年轻工作人员跨专业通过了法考，但是该人员近两年才进入综合执法局，治理经验有限。② 如果基层执法人员的执法经验和能力不足，则可能导致行政处罚的权力存在被滥用的风险。江苏省高级人民法院发布的2021年度行政审判工作情况表明，2021年江苏省乡镇街道一审败诉案件总数848件，超过全省行政机关败诉案件总数的一半，其中，39%的案件败诉是"超越职权"或"没有职权依据"。③ 以四川某乡镇为例，前些年基于属地管

---

① 陈明辉：《行政执法权下放的地方实践及其法治优化》，载《行政法学研究》2023年第3期。
② 李景宜：《从乡镇综合执法改革困局看基层专业人才稀缺》，载澎湃新闻，https://www.thepaper.cn/newsDetail_forward_14373687，最后访问时间2024年5月15日。
③ "省法院发布｜江苏法院2021年度行政审判工作情况"，载江苏法院网，https://www.jsfy.gov.cn/article/91378.html，最后访问时间2024年4月19日。

理的责任分配，有基层政府一年签的责任状就高达六十多份，包括森林防火、义务教育、道路安全、食品安全等方面。而整个乡镇的工作班子也只有三十余人，工作开展顾此失彼，基层干部苦不堪言。在这种背景下，任务层层下移，压力层层递增，基层政府的负担也越来越重，权利被滥用的风险也持续扩大。①

此外，基层存在的"微腐败"现象也使行政处罚的权力滥用可能性进一步增大。所谓"微腐败"，系指工作中出现的微小、具有隐蔽性的腐败，具有涉及范围广不易察觉、危害较小的特点，因此往往被忽视。②尤其是经济较为落后的乡镇，一些基层干部"认钱不认人""有钱好办事"的思想较重，更容易滋生"微腐败"。对于一些可罚可不罚的处罚事项中，几包烟、几瓶酒、一顿饭、一些特产就可能扰乱基层人员的理性判断，进而被"微腐败"所禁锢。

四、行政处罚权下移基层政府的纠偏之策

现阶段，我国行政处罚权下移基层政府的决定主体、基层政府实施行政处罚的效果评价等方面还存在诸多不足，甚至存在实施过程中的权力滥用风险。行政处罚作为行政执法中最为常见的执法手段之一，要充分发挥基层政府的治理积极性，使其实施行政处罚的效果最大化，需以问题为导向，破解基层政府实施行政处罚的难题，为基层治理提质增效给予更多的驱动。

（一）明确"人大+政府"的决定主体模式

《行政处罚法》规定的权力下移决定主体为"省、自治区、直辖市"，虽然没有细化到具体的决定主体，但通过学理分析和实践操作可以明确为省级人民政府和省级人大及其常委会。首先，我国《宪法》③及《地方各级人民

---

① 胡建淼：《〈行政处罚法〉修订的若干亮点》，载《中国司法》2021年第5期。
② 曹静：《"微腐败"治理路径探微》，载《领导科学论坛》2023年第8期。
③ 参见《宪法》第一百零七条第一款：县级以上地方各级人民政府依照法律规定的权限，管理本行政区域内的经济、教育、科学、文化、卫生、体育事业、城乡建设事业和财政、民政、公安、民族事务、司法行政、计划生育等行政工作，发布决定和命令，任免、培训、考核和奖惩行政工作人员。

代表大会和地方各级人民政府组织法》① 中都规定了省级人民政府具有相应的行政权力，《行政处罚法》第十八条明确省级政府可以决定授权。② 通过以上立法均可看出省级政府作为决定主体的合法性和正当性。而实践中通常采用的方式也是由省级人民政府做出决定下移相应的行政处罚权，如吉林省政府办公厅公布的《吉林省赋予乡镇人民政府（街道办事处）县级行政权力事项指导目录》。在功能上，对于行政处罚事项交由基层政府中产生的各种问题，省政府更能灵活处理，其制定的指导目录兼具示范和指引作用。

值得一提的是，《宪法》中同样对省级人大的职能有所规定，③ 省级人大可以在行政区域范围内决定若干方面的事项，故而省级人大作为下移决定主体也符合法律规定，具有正当性及合理性。此外，《立法法》规定地方性法规可以规定地方性事务，因此对于乡镇街道实施行政处罚权的内容，通过省级人大及其常委会制定地方性法规来明确亦有必要。譬如，2023 年公布的《四川天府新区条例》第七条第三款就规定："直管区内的街道办事处按照天府新区管委会的部署，承办公共服务、公共管理和公共安全等工作，依法履行综合管理、统筹协调、应急处置和行政执法等职责"，就明确了街道办作为基层政府所需履行的行政执法职责。④

（二）构建基层政府实施行政处罚的动态评估体系

构建基层政府实施行政处罚的动态评估体系，从行政处罚权下移基层政府的评估，再聚焦实施行政处罚的评估，有助于迅速调整方向，保证基层行政处罚事项的实施方向，从而评估基层政府是否有必要、有能力、有条件继续实施处罚权，进而履行调整、撤回等程序。

首先，确定评估标准。动态评估体系构建的目的是评价基层行政处罚工

---

① 《地方各级人民代表大会和地方各级人民政府组织法》第七十三条最主要列举了县级以上的地方各级人民政府行使的职权。

② 参见《行政处罚法》第十八条第一款、第二款：国家在城市管理、市场监管、生态环境、文化市场、交通运输、应急管理、农业等领域推行建立综合行政执法制度，相对集中行政处罚权。国务院或者省、自治区、直辖市人民政府可以决定一个行政机关行使有关行政机关的行政处罚权。

③ 参见《宪法》第九十九条第一款：地方各级人民代表大会在本行政区域内，保证宪法、法律、行政法规的遵守和执行；依照法律规定的权限，通过和发布决议，审查和决定地方的经济建设、文化建设和公共事业建设的计划。

④ 参见喻少如、黄卫东：《"行政处罚权交由"条款的"兜底"属性及其适用》，载《哈尔滨工业大学学报（社会科学版）》2023 年第 2 期。

作是否达到预期目的。为了保证评估的有效性，须在基层政府承接实施以及实施同行政处罚事项下移给基层的出发点之间的一致性等环节设置指标，既要反映出基层政府实施行政处罚的必要性，也要综合评价实施的可行性。其次，完善分类评估。事实上，对于专业性较强且跨区域的处罚事项是否应当交由基层政府，应当设置更为严格的评价标准，非必要不下移。因为专业性较强的处罚事项，基层政府有时候无力实施；而跨区域的处罚事项除了涉及专业性以外，还涉及不同区域"条条"职能部门和"块块"基层政府之间的联动，对基层政府的协同力度要求较高。最后，内外部评估并重。任何一项评估体系都需要翔实的依据或者证据，即动态评估体系有必要"循证"。申言之，内部评估由决定主体组织专家论证，对行政处罚权下移基层政府实施的整体效果进行综合评价，提出改进意见；外部评估引入公众参与，公众发布满意度和支持度，让基层政府实施行政处罚的评估能够尽可能倾听民声、反映民意，收集并解决行政处罚中存在的问题。

（三）完善基层政府实施行政处罚的监督机制

行政机关履行法定职权，须由法律授予其权力，如果权力运用不当，就必须采取措施进行监督和追责，实现行政执法权责统一。[①] 为了理性限制基层政府在实施行政处罚时面临的权力滥用甚至"微腐败"风险，有必要建立基层政府实施行政处罚的监督机制，保证基层行政执法的公正透明，防止治理过程中的"暗箱操作"等腐败现象的发生。

申言之，首先，加强"三不腐"体制机制在基层中的适用，尤其是运用好"全周期管理"方式，加大对吃拿卡要等传统腐败和腐败主体"隐身"、利益获取"非己"等新型腐败和隐性腐败的源头规制。对于基层政府的"微腐败"及其风险，有必要与传统的人情往来有所区分。其次，完善基层政府实施行政处罚的程序规则。由于基层人员长期以来接触行政处罚不常见，其专业性有限，故需严格遵循法律法规和行政执法"三项制度"。无论是简易还是普通程序，均需完整实施行政处罚程序，尤其是因限制或者变相限制当事人的陈述申辩权而导致的违法行政处罚更应引起重视。山东省司法厅发布

[①] 王贞德：《论行政执法权力与责任的法治统一》，载《湖北经济学院学报（社会科学版）》2021年第12期。

《2018年全省法院行政案件司法审查报告》①显示，2018年山东省法院受理行政诉讼案件共27577件，行政机关败诉率为16.3%，其中，根据主体来看，涉及县级政府部门和乡镇政府的败诉案件为1531件，占全部败诉案件的一半以上；根据败诉原因来看，因行政行为程序违法被判决撤销或确认违法的1244件，占败诉案件总数的46.4%。再次，加大对基层人员在民生领域、市场监管、生态环境等重要领域的行政处罚培训，赋能执法技能。最后，拓宽监督渠道。一方面需要保证监督渠道的稳定性，同时对基层政府实施处罚权进行监督，为行政处罚权下移的"调整程序""撤回程序"提供依据；另一方面，监督渠道的建立需要符合信息化需求。有必要利用大数据技术完善网格信息化平台，实现各单位数据共享，保证信息的真实性和时效性，同时在信息化平台上对行政执法信息予以公开，保障群众的知情权。公众也可以在平台对行政执法队伍提供建议或者进行申诉。譬如，上海市建立"一网统管"系统，接入了包括绿化市容、公共安全、住建交通、气象卫健、应急民防等数十个单位系统，共享数据量超过25亿条，开辟新时代基层治理新境界。②

五、结语

作为国家治理"最后一公里"，基层治理能力的提高是赋能国家治理体系和治理能力现代化的关键，而行政处罚权下移基层政府更是基层治理有效性的重要环节，对于解决基层执法"权小责大""看得见的管不着"等一系列治理难题具有重要意义。现实中，行政处罚权下移基层政府是一个重要且全新的命题，目前下移工作各地区正处于探索阶段，既需要理论研究的持续融入，为行政处罚权下移提供理论指引，当然也需要在现实中探索检视，不断优化、日臻完善。

---

① 参见"2018年山东全省民告官案件 行政机关败诉率近两成"，载中国青年网，https://news.youth.cn/fzlm/201905/t20190520_12076213.htm，最后访问时间2024年11月1日。
② 参见："精细治城，上海'一网统管'提升城市'智治力'"，载新华网，https://www.xinhuanet.com/politics/2020-06/08/c_1126088136.htm，最后访问时间2025年3月25日。

行政法中"首违不罚"的主旨蕴涵、运行困境和适用规则

陈　昶　颜　欣[*]

摘要： 2021年新修订的《行政处罚法》第三十三条第一款新增了"首违不罚"制度，构成了柔性执法的重要形态。作为一种执法方式的创新，"首违不罚"裨益于营商环境优化和提高行政行为的可接受性。"首违不罚"的适用建基于"初次违法""危害后果轻微""及时改正"的要件并列。在实践中，"首违不罚"面临语义中派生的模糊性，"首违不罚"处罚认定的边界不清以及危害后果评价的标准不一等运行困境。为此，有必要从时间层次明确"初次""及时"的现实内涵，提增"首违不罚"事项清单的规约功能，从法益的视角认定"危害后果轻微"，从而为"首违不罚"充分赋能，提高其适用效果。

关键词： 行政处罚　"首违不罚"　模糊性　适用规则　循证

一、问题的提出

2021年新修订实施的《行政处罚法》在原有第二十七条所规定的"不予行政处罚"的基础上，新增了"初次违法且危害后果轻微并及时改正的，可以不予行政处罚"，放置于修订后第三十三条第一款后半部分，该条款也被理论界称为"首违不罚"。以立法方式勘定"首违不罚"，《行政处罚法》虽没

---

[*] 陈昶（1991—），男，汉族，四川筠连人，法学博士，四川轻化工大学法学院讲师，硕士生导师，研究方向为国家治理与法治政府；颜欣（2000—），女，汉族，四川安岳人，四川轻化工大学法律硕士研究生，研究方向为基层司法。

有系统释明这一制度的具体规则，但在行政处罚"教育与惩戒相结合"的背景下，这无疑是一项有温度的制度创设。因此，其一经提出便为法学界尤其是行政法学界喜闻乐见、津津乐道。"首违不罚"是包容审慎监管的应有之义，体现了行政执法发展新趋势①，也有学者认为该制度对推动经济有序健康发展、建设公平公正市场环境具有积极的正向作用②。

得益于透过大量的实例，可推之行政法法治的可接受性不仅以法律修辞和法律论证等方式引发人民群众的同频共振，还可倚赖结合现实发展和实践需求的理论创新和制度变革③，这种理论创新和制度变革须从动态上与实践上相吻合，实现理论与现实的高度协同，力戒理论在实践中的不必要偏误。"首违不罚"在行政处罚中的激励性功能确凿无疑，然而，概因法律规定的语义概括性和内在模糊性，除了对条款中"首违""危害后果轻微""及时改正"的三大核心要件尚未形成统一的理论性认识，全国各地在探索推进"首违不罚"的适用规则中对于三大要件及其繁枝细节的理解也并不一致，容易导致"首违不罚"这部"好经"在具体的执法实践中被"念歪"。本文立足于梳理和廓清"首违不罚"的内在蕴涵和运行困境，以便探赜"首违不罚"的适用规则，助力行政处罚实践。

二、行政法中"首违不罚"的主旨蕴涵及其展开

（一）"首违不罚"的实践演进

"首违不罚"的实践缩影并非 2021 年新修订的《行政处罚法》明确载之，较早可追溯至 2002 年，郑州市为整顿市场出台的《关于对一般性违法违章经营活动实行"首次不罚"的暂行规定》，其明确规定在行政管理中针对某些由于行为人不了解相关法律规定而疏忽遗漏或是无意造成的轻微违法，给予其

---

① 参见李牧、李铭元：《论"首违不罚"的裁量与规制》，载《武汉理工大学学报（社会科学版）》2021 年第 6 期，第 86—92 页。
② 参见石博文、邓小兵：《优化营商环境视角下"首违不罚"制度的检视与完善》，载《西安石油大学学报（社会科学版）》2024 年第 1 期，第 107—113 页。
③ 参见王学辉、张治宇：《迈向可接受性的中国行政法》，载《国家检察官学院学报》2014 年第 3 期，第 97—106 页。

纠错认错的机会，而非"为罚而罚"。2009年，江苏省为创造良好发展环境，从法治角度优化营商环境，促经济高质量发展①，创造性出台了国内首个省级层面的制度规定《江苏省质量技术监督局"首违不罚"暂行规定》。同年8月，江西省基于"攻大奸、戒小过"执法理念，出台了《行政处罚首次告诫指导意见》，列举了80多种轻微违法行为进行告诫提醒。2019年，各地探索出台了涉及税务、生态、食品等领域的"免罚清单"，形成了"首违不罚"的前期探索。

然而，2021年以前位处探索阶段的"首违不罚"却遭受了关于理论支撑和实践操作的系列争议。主要聚焦两个方面：一是文本的设定权争议。部分行政机关制定的"首次不罚"规范性文件不享有行政处罚的"设定权"和"规定权"，其改变了法律法规或上位法对行政处罚事项的规定，不具有合法性。② 二是实践的可操作性争议，在涉及第三人利益平衡调节中这一问题尤为明显。譬如，发生在西安市的"白某诉莲湖区城市管理和综合执法局案"中，居民白某因住房楼下商铺宣传过程中的噪声对其正常生活产生严重影响而向城市和综合执法局投诉，执法人员依据"首违不罚"这一规定未对商铺进行处罚，仅对商铺负责人进行教育，但收效甚微，该商铺的宣传行为依旧影响周边住户的生活安宁状态，致使白某的诉求并未得到实质性解决，最终将该事件的执法人员诉至法院。此类案件中较为明显地反映了"首违不罚"实操困惑：一是单一的教育劳而无功，使得法律的威慑力降低，法律权威得不到有效维护；二是当事人的行为可能导致第三人的利益受到损害而无法弥补。直至2021年新修订的《行政处罚法》从法律层面确定了"首违不罚"的地位后，各地积极响应和探索，在市场监管、交通运输、生态环境等领域出台了大量"免罚清单""不予处罚清单"。在北大法宝以"免罚""不罚""清单"为关键词，检索到2019年仅4份相关文件，而2021年却激增至83份，并在此后各地结合本土实践与发展，不断更新扩充"清单"（见图1）。这不仅反映了各地对于"首违不罚"制度积极响应和高度重视，也预示着该制度在优化营商环境、促进经济健康发展方面将发挥越来越重要的作用。

---

① 参见李娜：《优化我国营商环境法治保障的路径探析》，载《黑河学院学报》2023年第9期，第18—20页。

② 参见吴萍：《"首次不罚"不宜仿效》，载《中共南京市委党校学报》2004年第5期，第40—43页。

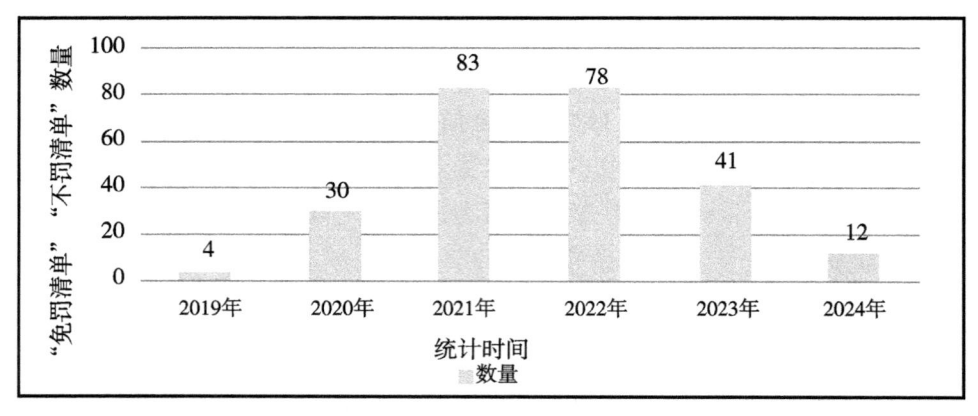

图 1　北大法宝以"免罚""不罚""清单"为关键词检索汇总表

（柱状图数据：2019年 4；2020年 30；2021年 83；2022年 78；2023年 41；2024年 12）

（二）"首违不罚"的语义结构

"首违不罚"是由"首违"和"不罚"两个内容构成，其规定在《行政处罚法》第三十三条第一款后半部分："初次违法且危害后果轻微并及时改正的，可以不予行政处罚"，故而，在具体结构上，其不仅包括了"首"字所指代的"初次"，还附带了"危害后果轻微"和"及时改正"这两个要件。虑及"首"与该两个要件之间的连接词采用的是代表并列的连接词——"并"和"且"——因而不难得出三个条件是并列关系，需同时满足，"首违不罚"才可能实施。换言之，"初次违法""危害后果轻微""及时改正"作为"首违不罚"的三层意蕴且呈并列关系，须同时满足方可以"不罚"，而非任一条件满足即可。

而"首违不罚"中的"不罚"二字，虽为"不予行政处罚"，但将该制度具体展开，便可发现"不罚"前有"可以"一词，需行政执法主体根据对该违法行为的具体情况最终做出"罚"与"不罚"的裁量。进一步说，"首违"是有限制或者有条件的，并非所有首次违法都不处罚，"首违不罚"实质上内含了一种因果关系的逻辑结构，三个构成要件同时满足才有可能产生"不罚"的结果。然"可以"为"罚"与"不罚"预留了一定的裁量空间。

三、行政法中"首违不罚"的运行困境及其分析

（一）语义中派生的模糊性

对于模糊性的定义主要依据语义哲学奠基人皮尔斯的观点，即当事物出现几种可能状态时，虽表达者在进行表达过程中进行思考并尽可能地囊括更多情形，但实际上仍然不能准确定性与全面囊括，由此出现到底应将该命题排除在外还是包含其中的异议，这时候，这个命题就是模糊的。对这种模糊性的表达方式进行研究分析可发现，"首违不罚"制度中的模糊性可通过其中的"实词模糊和虚词模糊""单维模糊和多维模糊"进行辨析。[①] 诸如其中的"可以"属于表明法律许可与否的动词，"初""轻微""及时"这些不能通过具体数字进行量化的词汇，属于"实词模糊"，类似"危害后果轻微"难以用数学计算程度和加以量化的情形，不能在实践中进行准确的维度对应，属于多维模糊，而正是这种存有模糊性的语义给该制度的运行带来了不确定性。[②] 事实上，这种模糊性表达不仅不能较好地实现法律指引功能，让当事人产生非理性预期，亦会给行政主体带入自身偏好进行选择性执法预留空间，导致滥权现象的出现。

进而言之，"首违不罚"内含的模糊性表达使其在实践落地生根时需面临如何准确界定其适用要件，从而作出"不罚"的行政行为，如对"初"的认定，什么时候算是第一次？是追责时效范围内违法行为发生的初次，还是被行政主体发现的初次，抑或违法行为发生的初次且被行政主体发现的初次之"双重初次"？[③] 这三种不同的理解使得"首违"内涵与外延各异。与此同时，对"及时"这一时间点的判断，究竟在何时改正违法行为算得上"及时"，还是改正限期后的改正是否认定为及时？这些源于语义中派生的模糊性值

[①] 参见田力男：《模糊性法律语言的多样性及其法治意义》，载《人民法治》2016年第5期，第62—65页。

[②] 参见刘东亮：《法律模糊性问题的"解码"与"计算"》，载《现代法学》2023年第6期，第49—70页。

[③] 参见江国华、丁安然：《"首违不罚"的法理与适用——兼议新〈行政处罚法〉第33条第1款之价值取向》，载《湖北社会科学》2021年第3期，第143—153页。

得回应。

(二)"首违不罚"处罚认定的边界不清

认定边界不清具体从"首违不罚"中"可以"二字的表述内涵得出。从逻辑上讲这是裹挟了不确定指向的语汇,法律释义中的"可以"不仅赋予行政主体选择权,还给当事人带来了思考判断的空间。一方面,导致行政主体和当事人在"罚"与"不罚"之间存有认识偏颇或者差异甚至在执法现场出现剧烈的争议,执法的可接受性将被打上折扣。譬如,当事人的违法行为虽满足其中"不罚"的条件,但因其违法行为所侵犯的法益不适用于"首违不罚",或是直接违反其他法律法规和规章所规定的罚则而将受到处罚,此时当事人如果继续主张"首违不罚"的字面含义,则其内心恐难接受即将面临的行政处罚结果。

另一方面,"可以"二字给行政执法主体预留了相对灵活的裁量空间,尤其是"可以不予行政处罚"的法定条件不够细化又无统一标准的情况下,将降低执法效果。尽管执法实践中往往通过"清单"的形式限缩"可以"的裁量空间和基准,但是以压缩执法人员的裁量空间来防止执法不公、执法不廉等问题的初衷,亟须在法律技术上进行推敲和调整。① 譬如,长三角对税务轻微违法行为的首违不罚只规定了 18 种适用情形,而承德市政府关于行政处罚自由裁量权标准中共明确 1389 项行政处罚事项执行"首违不罚",将法定的处罚裁量空间根据不同违法情形分段划分为 8303 项裁量幅度。可见,各地区对于"首违不罚"清单的适用范围并不统一,各地还需结合实践更为准确把握清单内容的规范性与惩罚的相当性。

(三)危害后果评价的标准不一

"危害后果轻微"作为"首违不罚"制度的实施前提,在《行政处罚法》中虽已确立"过罚相当"的处罚原则,但在具体执法实践中,对"危害后果轻微"的评价标准不一。问题在于,该标准的界定缺乏统一性,公众普遍理解的是"未产生实际危害"或"易消除危害"等情形,但在法律层面未形成

---

① 参见王天华:《司法实践中的行政裁量基准》,载《中外法学》2018 年第 4 期,第 955—975 页。

明确共识。譬如，福建陈某与河南卖菜老人的案例，两者均涉及小额交易且未造成实质性危害，且当事人积极配合调查，然而却面临高额罚款，这明显与"危害后果轻微"的原则相悖，尽管最终法院裁定不予执行，但也揭示了当前评价机制中存有的不足。

其次，基层一线执法人员法律素养参差不齐，对于法律背后所保护的法益难以准确把握，且《行政处罚法》未对"首违不罚"的危害性评价明确具体规则，缺乏"拿来即用"的标准与依据，由此在执法过程中可能会因执法人员的专业素养和道德水准的不同而产生差异。再因案件的具体情况、社会舆论的压力等各种因素的作用而受影响，最后无法准确对违法行为的危害程度深浅、侵害范围大小、后果消除难易程度等进行综合考量。

四、行政法中"首违不罚"的适用规则

（一）基于时间层次的"初次""及时"之认定

"首违不罚"就其作用领域而言，并非所有"首违"都可以适用"首违不罚"。"首违"中的"首"字应严格把握其在时间周期和时间维度中的范围。一方面，时间周期上要求当事人是初次，一种是在行政机关备案可查询范围内的"初次"，一种是规定的时间周期中的"初次"，这种认定方式考虑了违法行为的重复性和时间间隔，避免了对频繁违法行为的过度宽容，在各领域中得到广泛应用，如四川省在市场监管领域所出台的文件将"首"的认定周期定为3年，长江三角洲区域就税务领域规定的周期为1年，而南昌市在交通管理领域对"首"的认定周期只有半年。另一方面，时间周期的设定也需根据具体领域的违法特点和社会影响来确定，在环境保护领域，由于违法行为的后果往往具有长期性和累积性，因此可以适当延长认定周期，如广东省在生态环境执法领域规定"首"的周期为1年；而在交通运输领域，由于违法行为频发且易导致严重后果，可以适当缩短认定周期，如杭州市交管局在交通运输领域对"首"的认定周期为3个月。

"首违不罚"的"及时改正"中的"及时"这一时间点的把握，可分为三个时间点，第一个时间节点是危害后果发生前，即行为人一旦做出某个违法行为，在行政机关未发现时，自身迅速认识到这一行为将导致危害后果，

及时停止并改正。第二个时间节点是危害后果已经发生，但未被行政机关发现，"及时"进行补救、恢复原状。第三个时间节点是行政机关发现后，在执法人员的提醒与教育下，积极改正并被"验收"通过，也应认定为"及时"；不能当场改正的，在责令其改正的期限内改正并"验收"合格的，也应当认为属于"及时"的范畴，如《税务行政处罚裁量权行使规则》第十二条及《川渝地区税务行政处罚裁量权实施办法》第十二条均将责令限期改正的期限定为30日，昆明市市场监管局则将改正时间定为15日。

（二）提增"首违不罚"事项清单的规约功能

随着2021年新修订《行政处罚法》正式确立"首违不罚"制度，制定和完善相应的"首违不罚"事项清单显得尤为重要且迫切。一是应结合本土发展实际，尽可能周全、清晰地罗列和界定"危害后果轻微"所需考量的因素。譬如，四川省中成德眉资四市联合发布的《成德眉资市场监管领域"首违不罚"清单（2022版）》，根据市场情况列举了39项免罚事项便是典范，它在严守监管底线的同时，以制度创新的形式给予市场主体自我纠错的机会。二是事项清单的制定还需紧密贴合当地经济社会发展实际，积极回应市场主体诉求，及时跟进法规政策修订，保持内容的动态更新。譬如，《苏州市农业农村系统"免罚轻罚"清单4.0版和不予实施行政强制措施清单》、《嘉兴市生态环境轻微违法行为不予行政处罚清单（2024年版）》等"清单"不断细化执法标准，为一线执法人员提供了强有力的指引。

在制定程序上，除了要满足法律规定对于程序的要求，还可以考虑从决策科学的角度，将"首违不罚"事项清单的制定遵循一种"循证"原则，即基于实地调研，充分引入专家论证和公众参与，规范清单的制定行为。[①] 通过不同领域专家学者和公众提出的意见建议，集思广益、博采众长，赋予清单更多的可行性。此外，社会的广泛参与不仅能够提供智力支持，亦能提升清单的权威性和执行力，增强社会各界对"首违不罚"制度的认同感和支持度，以实现制度的有效落地和持续优化。

---

① 参见解玉良：《行政法视域下营商环境的优化》，载《黑河学院学报》2021年第9期，第54—56页。

(三) 基于不同法益的"危害后果轻微"认定

事实上,"首违不罚"并不意味着所有的"首违"都是"不罚",还应准确认定"危害后果轻微"指向法益受到的侵害是否为实质上的"轻微"。首先,"首违不罚"制度是基于《行政处罚法》设立的,其本质是对轻微且初次违法的行为进行的一种宽容性处理措施,对严重社会危害性的违法行为和应当受到刑罚的犯罪行为,不宜适用"首违不罚"制度。其次,还须排除一些特殊领域的违法行为,对不同法益进行差异化评价标准,具体可从《市场监管总局关于印发市场监管行政违法行为首违不罚、轻微免罚清单(一)的通知》中窥见,该通知在正文部分提到食品生产加工小作坊和食品摊贩等小微主体的轻微食品安全违法行为,可参照本清单执行,但在附件1——《市场监管行政违法行为首违不罚清单(一)》的说明部分明确规定,学校、托幼机构、养老机构、建筑工地等集中用餐单位以及为其供餐的集体用餐配送单位,不适用本清单。具体而言,当小微主体的轻微违法仅涉及个体消费者权益时,可通过责令改正、行政指导等柔性手段实现法益修复;但集中用餐领域的食品安全法益,因其涉及公共安全这一核心法益,即使"危害后果轻微",也不能适用"首违不罚"制度。

最后,"危害后果轻微"中的"轻微"一词通常释义为"数量少而程度浅",结合民、刑法律规范中"情节轻微""损害后果较小""数额较小""时间持续较短"等对轻微情节表述,可以认为行政处罚中的"轻微"不仅要遵循"数量少而程度浅"的基本释义。具体而言,一是评估其行为性质与对法益侵害是否轻微,可从行为持续时间短、频率低、覆盖面小、违法所得少等能直接表明其危害程度低的要素进行评估,如四川公布市场监管领域"首违不罚"十大典型案例中所提及"点击浏览44次""违法行为持续时间不足一个月""违法所得120元"等情形;二是评估损害后果的可恢复性,如通过及时删除违规内容、退还违法所得、赔偿轻微损失等补救措施,覆盖其原本违法行为的不利后果;三是可以通过考量当事人的主观恶性,主观恶性较重的违法行为,即使是初次发生,也往往预示着当事人具有较高的再犯风险,因此不能简单地以表面上的"危害后果轻微"为由免责。

五、结语

现阶段,"首违不罚"的制度设计不失为柔性执法理念的价值夯实和以人民为中心的实践创新,有助于提增行政行为的可接受性。在立法上,"首违不罚"虽然是于 2021 年纳入新修订《行政处罚法》,但在执法实践中正铺陈推广、积极探索。因而还需要理论养分的有效融入,也亟待执法实践的持续关注。

行政协议部分纠纷适用仲裁问题探讨

邓　肆　刘厚龙*

摘要：《最高人民法院关于审理行政协议案件若干问题的规定》原则上禁止行政协议纠纷适用仲裁。但从法理上看，行政协议具有双重属性，行政协议部分纠纷即纯粹民事性质的行政协议纠纷适用仲裁具有合理性。而从行政协议纠纷的实质性化解需求和我国仲裁制度的发展水平来看，行政协议部分纠纷适用仲裁亦具有必要性和可行性。建议最高人民法院修改相关司法解释，允许纯粹民事性质的行政协议纠纷适用仲裁。

关键词：行政协议　部分纠纷　多元化解决　仲裁

一、引言

为有效解决行政协议纠纷，监督行政机关依法行政和维护相对人的合法权益，修改后的《行政诉讼法》和《行政复议法》明确将行政协议纠纷纳入了受案范围。可2019年发布的《最高人民法院关于审理行政协议案件若干问题的规定》（以下简称《行政协议规定》）第二十六条的规定原则上排除了仲裁这一非诉讼救济途径在行政协议纠纷解决中的适用。对此，理论界多有批评，但现有研究成果在具体论证上尚欠全面与系统。因此，仍有进一步探讨的必要。本文中心论点是，行政协议部分纠纷适用仲裁具有合理性、必要性和可行性，应修改现行司法解释，将因行政协议产生的纯粹民事性质的纠纷纳入可仲裁范围。

---

* 邓肆，四川轻化工大学法学院教授；刘厚龙，四川轻化工大学法学院2022级法律硕士研究生。

二、行政协议部分纠纷适用仲裁的合理性

一个国家的纠纷解决机制应当遵循"纠纷性质决定解纷机制性质"的法理逻辑来设计和选择,如此才可实现纠纷解决的公正、高效和经济。建构行政协议纠纷解决机制亦是如此。

(一)行政协议的双重属性

行政协议是指行政机关为了实现行政管理或者公共服务目标,与公民、法人或者其他组织协商订立的具有行政法上权利义务内容的协议。对其法律属性,学界主要有两种观点。一是行政协议的属性要抓住"具有行政法上权利义务内容"这一关键要素,认清"隐含在行政契约之中的行政机关对未来行政权处分的约定"这一本质,[1] 即"行政性"是行政协议的根本属性。二是行政协议兼具"行政性"和"协议性"双重属性,尽管"行政性"是行政协议的重要表征,但其在行政协议中同样表现明显。[2] 首先,行政协议中相对人的主体性不同于在行政决定过程中的程序性参与,其对是否签订协议等实质内容享有决定权。其次,双方存在事实上的不平等,但为了达成合意,行政机关必须在缔结和履行行政协议时平等对待相对人。最后,行政机关享有优益权并不能说明其本身等同于行政行为,也无法说明双方在协议中完全处于管理与被管理状态。

我们赞同后一种观点,即行政协议本质上是一种"混合契约",是行政机关与相对人之间就行政管理事项协商达成的合意,兼具"行政性"和"协议性"的双重法律属性——这两种法律属性是依法行政原则与意思自治原则相互调和、兼容的产物,它们共存于行政协议之中并不矛盾。由此行政协议法律关系始终呈现出行政和民事法律关系兼容并存的样态。

(二)行政协议纠纷的可仲裁部分

从纠纷角度看,行政协议的双重法律属性决定了其纠纷不同于民事或行

---

[1] 参见余凌云:《行政协议的判断标准——以"亚鹏公司案"为分析样本的展开》,载《比较法研究》2019年第3期。

[2] 参见章剑生著:《现代行政法总论》,法律出版社2014年版,第210页。

政纠纷，呈现出混合性质状态，且完全可能以单一性质出现和存在。① 依据纠纷是否包含行政职权因素，可将其分为纯粹民事性质纠纷、纯粹行政性质纠纷和混合性质纠纷三类。其中，纯粹民事性质的行政协议纠纷是指相对人与行政机关因民事法律关系发生的、与行政机关行使职权无关的争议。该类纠纷可能产生于行政协议缔结、履行和终结的各个阶段，是对双方平等协商内容产生的争议，其中包括了因违反约定性义务产生的履行义务纠纷或赔偿责任纠纷，无效、变更或解除协议纠纷等。当行政协议纠纷以纯粹民事性质存在且符合可仲裁条件时，应肯定其可仲裁性。原因在于：

1. 纯粹民事性质纠纷具有财产属性

纠纷事项具有财产属性是纠纷可仲裁的要件之一。行政协议是行政机关与相对人进行市场交易进而配置公共资源的新型手段。② 因此，行政协议的具体内容与财产关系密切相关，由此产生的纠纷也几乎均具有财产属性。如政府与社会资本合作所达成的政府特许经营协议，特许权及其公共资源是其主要交易对象，目的在于向公众提供公共产品或服务。③ 特许经营行为的内容和目的决定了当事人之间就特许经营协议所产生的纠纷一定仅与财产关系相关。

2. 纯粹民事性质纠纷具有可处分性

当事人对纠纷事项享有处分权是仲裁的基础。从内容来看，纯粹民事性质的行政协议纠纷仅涉及双方当事人平等协商的内容，属于意思自治的范围，具有可处分性。如"海南省某黎族苗族自治县自然资源局与万某利贸易发展公司土地行政合同"一案④，原被告双方对于土地价款如何支付、土地资产如何评估等问题，基于协议约定享有自由处分的权利。

3. 纯粹民事性质纠纷不损害公益

通常为了维护本国的公共利益，国家会以确定可仲裁性标准的方式对提交仲裁的争议事项进行限制性规定。⑤ 尽管行政协议事关公共利益的实现，但纯粹民事性质的行政协议纠纷并不直接涉及公共利益，该类纠纷适用仲裁也

---

① 参见"余凌云：行政协议能否仲裁？"，https://mp.weixin.qq.com/s/0FfTpivl7xejiCLjoXyXSg，最后访问时间2024年9月28日。
② 参见金诚轩：《行政协议纠纷的契约属性——兼对王利明教授〈论行政协议的范围〉一文的回应》，载《行政法学研究》2021年第6期。
③ 参见于安：《论政府特许经营协议》，载《行政法学研究》2017年第6期。
④ 参见最高人民法院（2019）最高法行申6027号行政裁定书。
⑤ 参见韩健著：《现代国际商事仲裁法的理论与实践》，法律出版社2000年版，第80页。

并不必然损害公益。如上文的"海南省某黎族苗族自治县自然资源局与万某利贸易发展公司土地行政合同"案，当事人仅就土地价款如何确定、土地资产评估等产生争议，不直接涉及公益。

三、行政协议部分纠纷适用仲裁的必要性

当前，以行政诉讼和行政复议解决行政协议纠纷的效果并不理想，而以多元化的解纷方式处理行政协议纠纷则是大势所趋。故从行政协议纠纷的实质性化解需求来看，仲裁解决行政协议部分纠纷实属必要。

（一）现行行政诉讼和行政复议方式存在缺陷

当前行政协议纠纷主要通过行政诉讼和行政复议解决。但是这两大解纷方式适用于行政协议纠纷，存在较大缺陷，效果并不理想。

1. 行政诉讼方式的缺陷

第一，行政协议诉讼受案范围模糊。尽管《行政协议规定》第二条明确规定了五类行政协议的可诉性，但是依然存在一些行政协议范围不明确的问题。由于缺乏明确的判断标准，司法实践对一些特殊协议的性质有较大争议[1]，模糊的范围界定致使相同案件适用不同的诉讼程序，大量的行政协议纠纷得不到实质化解。

第二，非诉执行制度设计不合理。相对人不履行或者不按照约定履行义务时，行政机关不能作为原告提起行政协议诉讼，而只能针对行政协议向法院申请强制执行。可行政协议本身需经由行政机关将其转换成行政决定后才具执行力，使原本基于合意的行政协议在纠纷处理时又转变成了单方行政行为，违背了行政协议制度的初衷。[2]

第三，赔偿标准不明确。《行政协议规定》第十六条规定了相对人对权利损害享有赔偿请求权，但在赔偿标准上是依据国家赔偿法相关规定，还是参照民事法律规范，抑或二者混合适用，并未明确。法院认定行政机关赔偿责

---

[1] 如国有土地使用权出让协议、政府招商引资协议、PPP 协议等，审判实务中既有法官认为其是民事合同，也有法官认为其是行政协议。

[2] 参见杨科雄、郭雪著：《行政协议法律制度的理论与实践》，中国法制出版社 2021 年版，第 248 页。

任由于缺少明确标准，部分裁判结果有失公允，损害了司法权威性。

2. 行政复议方式的缺陷

2023 年 9 月，新修订的《行政复议法》将行政协议纳入复议范围，直接回应了行政协议纠纷复议救济渠道不畅通的问题。① 可在一般情况下，双方当事人发生的纠纷应由中立的第三方来裁决，而行政复议严格来说属于行政机关的内部监督和自我纠错机制，仅对相对人救济的单向结构根本不符合行政协议纠纷解决的要求。② 对相对人而言，复议机关和协议一方行政机关同属于政府部门，不中立的地位致使相对人质疑不利于自己的复议结果。而对于行政机关，复议制度的单向性杜绝了其寻求复议救济的可能性。

总之，行政诉讼和行政复议解决行政协议纠纷存在制度上的不适配。而为了适配行政协议纠纷改革这两大解纷方式的制度构造也不具现实性，故探索多元化的行政协议解纷机制成为相对合理的选择。③

（二）多元化纠纷解决机制的内在要求

多元化纠纷解决机制，是指由各种不同性质、功能和形式的纠纷解决方式相互协调互补，共同构成的纠纷解决和社会治理系统。④ 自党的十八届三中全会以来，我国持续推进完善多元化纠纷解决机制改革，⑤ 致力于提升社会治理的法治化、精细化、智能化、社会化、开放化水平，推进国家治理体系和治理能力现代化。⑥

探索多元化的行政协议解纷机制契合了我国深化社会矛盾纠纷化解机制改革的大政方针。可当前由行政机关的主体特性和其倾向性利益保护需求所

---

① 参见胡建淼：《行政复议法修改的八个亮点》，载《中国环境监察》2023 年第 10 期。
② 参见余凌云著：《行政法讲义》，清华大学出版社 2010 年版，第 268 页。
③ 参见邓敏贞：《公私合作视域下 PPP 协议纠纷解决机制研究》，载《广东社会科学》2024 年第 2 期。
④ 参见范愉著：《多元化纠纷解决机制与和谐社会的构建》，经济科学出版社 2011 年版，第 25 页。
⑤ 相关政策文件包括：2014 年 10 月，中国共产党第十八届中央委员会通过的《中共中央关于全面推进依法治国若干重大问题的决定》；2015 年 12 月，中共中央办公厅、国务院办公厅印发的《关于完善矛盾纠纷多元化解机制的意见》；2016 年 6 月，最高人民法院印发的《关于人民法院进一步深化多元化纠纷解决机制改革的意见》；2021 年，最高人民法院发布的《关于深化人民法院一站式多元解纷机制建设推动矛盾纠纷源头化解的实施意见》等。
⑥ 参见胡仕浩：《中国特色多元共治解纷机制及其在商事调解中应用》，载《法律适用》2019 年第 19 期。

决定的行政协议解纷机制，并不完全适配行政协议纠纷的特性，解纷方式单一化。① 故多元化的行政协议解纷机制应适度回归传统法律制度设计的平等原则。换言之，应适度允许调解、行政裁决、仲裁等平等解决方式适用于化解行政协议纠纷。

可调解、行政裁决等解纷方式，既不契合行政协议纠纷的内在机理，本身又在制度建设上存在缺陷，并不适宜解决行政协议纠纷。首先，我国的人民调解制度是立足于民间性纠纷解决、群众性基层治理、自治性社会整合的制度。② 这样的功能定位决定了人民调解制度注重发挥基层群众事务治理的功效，而不是专业化、程序化的纠纷解决方式。而行政协议纠纷往往涉及各专业领域，更需专业化、规范化的程序解决纠纷，与基层治理无关。其次，行政调解与行政裁决不适宜。第一，二者均是由行政机关作为第三方处理民事纠纷的制度，处理以行政机关为当事人的行政协议纠纷则缺乏中立性。第二，行政调解、行政裁决制度规范层次低，缺乏具体、统一、合理的解纷规则，易出现不公正的结果。第三，我国对行政调解和行政裁决的制度构建长期不足，要在解决行政协议纠纷的问题上实现其与行政诉讼和行政复议等制度的衔接，制度整合的成本高。在可适用仲裁等更为适宜的解纷方式的情况下，利用这两种方式不具经济性。

完善行政协议纠纷多元化解决机制，应发挥仲裁在尊重当事人意思自治和便捷、高效解决纠纷等方面的重要作用。仲裁是目前我国除诉讼之外占比最多的争端解决方式，据司法部统计，2023 年，全国 279 家仲裁机构办理仲裁案件超 60 万件，总标的额 1.16 万亿元。③ 法院也在积极加强诉讼与仲裁等非诉讼解纷方式衔接，为人民群众提供诉非衔接的多元化纠纷解决方式。④ 故行政协议纠纷适用仲裁，将更易实现与行政诉讼之间的衔接，更利于形成功能互补、科学协调的行政协议多元化解纷格局。

---

① 参见李慧敏、唐伟然：《行政协议纠纷适用仲裁解决机制研究》，载《河北法学》2023 年第 1 期。
② 参见龙婧婧、廖嘉一：《人民调解制度的实践定位与完善路径》，载《中国司法》2021 年第 9 期。
③ 参见张维：《彰显独特优势，仲裁大有可为》，载《法治日报》2024 年 9 月 5 日，第 7 版。
④ 参见周强：《推进中国特色一站式多元纠纷解决机制建设》，载《人民日报》2022 年 3 月 3 日，第 6 版。

（三）行政协议部分纠纷适用仲裁的优势

仲裁契合了行政协议的"协议性"特征，其解决纯粹民事性质的行政协议纠纷更能彰显行政协议"地位平等性、手段温和性及内容合意性"的优势。

第一，有利于促进当事人地位的平等性。行政协议的签订履行虽与行政机关行使行政职权的行为息息相关，可协议成立必须基于双方平等协商。作为民事非诉救济途径的仲裁，更加注重以平等地位对待纠纷双方当事人，因此允许仲裁对于促进行政协议双方的地位的平等性具有意义。

第二，有利于保障协议手段的温和性。行政协议实现行政目的手段上的温和性，决定了其纠纷解决同样须先进行"温和协商"，以最大限度贯彻"公私合作"的精神。仲裁解决纠纷更多求诸于双方当事人的"协商一致"，对抗性较弱，与行政协议的温和性相适配。

第三，有利于体现协议内容的合意性。经过行政机关与相对人的磋商谈判，在意思表示一致的基础上，双方所订立的行政协议才能有效成立。故为充分实现当事人有限的意思自治，不应仅以行政途径解决行政协议纠纷，还应当适用仲裁等民事纠纷解决方式。

四、行政协议部分纠纷适用仲裁的可行性

我国仲裁制度的发展现状显示出其具有解决行政协议部分纠纷中的中立性和权威性。且在发展趋势上，无论是司法实践还是立法，均呈现出逐步认可行政协议部分纠纷适用仲裁的迹象。这表明适用仲裁解决行政协议部分纠纷是可行的制度方案。

（一）仲裁裁决行政协议部分纠纷具备中立性

我国现行仲裁组织具有解决行政协议部分纠纷的中立性。从历史来看，我国仲裁组织曾全面设立于行政系统内部，带有强烈的行政色彩。[1] 但1994年《仲裁法》的颁行改变了仲裁机构附属于行政机关的状况，明确了仲裁机

---

[1] 参见姜丽丽：《论我国仲裁机构的法律属性及其改革方向》，载《比较法研究》2019年第3期。

构与行政脱钩、摆脱行政干预的独立性原则。① 从程序来看，仲裁员任命的严格条件，以及当事人对仲裁员的选择权，确保了仲裁员在履行职责时保持独立和公正，不受任何外部势力的影响。从监督机制看，当事人可以基于仲裁程序违法或仲裁员存在索贿受贿，徇私舞弊，枉法裁决行为等违背中立性原则的情形，申请人民法院撤销仲裁裁决。基于此，当事人足够信任仲裁机构的中立性，即使在《行政协议规定》出台后，仍有当事人在行政协议中约定"仲裁条款"，并申请仲裁机构处理相关纠纷。可以看出，仲裁机构裁决行政协议部分纠纷能够满足当事人对解纷主体中立性的需求。

（二）仲裁裁决行政协议部分纠纷具有权威性

现行仲裁委员会仲裁员的选拔精英化，为其裁决当事人之间争议的权威性打下基础。根据我国《仲裁法》规定，成为仲裁员须满足从事仲裁工作满8年、从事律师工作满8年、曾任审判员满8年或具有相关专业领域的高级职称等条件。资深专业经验的基础选拔要求，使我国仲裁员队伍的整体素质较高。此外，仲裁员队伍的高学历趋势更彰显精英化。目前我国绝大多数仲裁委对仲裁员的选聘增加了学历限制，硕士甚至是博士研究生学历成为选聘的基本要求。如北京仲裁委员会要求法律教学、研究工作者担任仲裁员需具有教授、研究员高级职称，或者具有副教授、副研究员高级职称，并具有博士学位。相应地，高学历、高素质仲裁员在各地仲裁队伍中逐渐占据较大比例②。如在北京仲裁委员会第三十三版仲裁员名册的697名仲裁员中，最高学位为博士的仲裁员有249名，占总人数的35.7%；最高学位为硕士的仲裁员有308名，占总人数的44.2%。

精英化的仲裁员队伍，更利于有效化解行政协议纠纷。其一，行政协议纠纷涉及基础设施建设、房屋征收及自然资源出让等众多专业领域，仲裁员的精英化与其专业特性相适配。以成都仲裁委为例，该委员会目前共有690名仲裁员，涵盖法律、金融、建筑工程、房地产、投资等不同领域，专业优势明显。行政协议部分纠纷交由专业的仲裁员裁决，不仅保证了仲裁的权威

---

① 参见贾东明：《贯彻仲裁法适应仲裁体制改革》，载《人大工作通讯》1995年第18期。
② 另外上海国际仲裁专家库（第一批）的40位国际仲裁专家中，博士研究生有20人，占50%；硕士以上学历占到95%。

性，也提高了当事人对仲裁的信任度。① 其二，仲裁员丰富的实践经验能在解纷中更好地缓解行政机关与相对人之间的紧张关系，促进公私关系的和谐发展。其三，高学历、高资历的仲裁员往往更重视公正、公平、廉洁等优秀的道德品质和自我修养，有利于自我屏蔽来自权力机关的滋扰。

（三）仲裁裁决行政协议部分纠纷呈现趋势性

近年来，我国司法实践与立法逐渐展现出支持行政协议部分纠纷适用仲裁的趋势。这一趋势预示着行政协议部分纠纷仲裁将获得更多的可行性依据，进一步推动制度的变革。

审判实务中存在支持行政协议部分纠纷适用仲裁的案例。如"李某华与重庆市某人民政府申请撤销仲裁裁决"一案②，法院认为根据双方在案涉《投资协议》中所约定内容，该协议具有行政协议与民事合同双重属性。某政府要求重庆某公司、李某华按照案涉《投资协议》约定返还补贴款等财产权益纠纷属于民事争议，可以通过仲裁解决。法官认为应以行政协议纠纷的法律关系判断纠纷的性质，承认某些具有"民事属性"的协议纠纷的可仲裁性。最高人民法院也有相同观点。在"北京某电力工程有限责任公司等与某市交通运输局合同纠纷管辖权异议上诉案"二审民事裁定书中③，最高法认为，交运局"行政主体的身份并不必然决定本案为行政纠纷，BOT（建设—经营—转让）协议中交织着两种性质不同的法律关系，在民事合同关系中的双方当事人，是相关行政法律关系中的行政主体和行政相对人，双方主体重叠，不能因此否认双方民事合同关系的存在及独立性"。

同时，立法也在逐渐允许行政协议部分纠纷适用仲裁。如2024年1月31日国家发展改革委等六部委联合发布的《基础设施和公用事业特许经营管理办法》，专门规定在特许经营项目签订履行过程中，协议各方因协议约定的权利义务产生的民商事争议，可以依法申请仲裁。另外，《仲裁法》也有逐步扩大适用范围的趋势。2021年《仲裁法（征求意见稿）》一方面删除了第二条"平等地位"的限制性表述，另一方面在仲裁排除条款中增加了"其他法律有

---

① 参见于鹏：《行政协议纠纷适用仲裁研究》，载《清华法学》2022年第5期。
② 参见重庆市第一中级人民法院（2023）渝01民特477号二审民事裁定书。
③ 参见最高人民法院（2014）民二终字第40号二审民事裁定书。

特别规定的，从其规定"的兜底规定。这些变化预示了仲裁法扩大仲裁范围的立法倾向。① 因此，行政协议部分纠纷适用仲裁，既符合行政协议制度的发展趋势，也符合仲裁法的发展趋势，前景十分光明。

五、结语

行政协议兼具行政属性和民事属性，故因行政协议所生纠纷存在纯粹民事性质的行政协议纠纷。因纯粹民事性质的行政协议纠纷符合纠纷可仲裁的财产属性、可处分性及不损害公益等要件，所以其适用仲裁具有合理性。适用仲裁解决行政协议纠纷符合当前多元化发展行政协议解纷机制的趋势，且适用仲裁处理部分行政协议纠纷又具有明显优势，因此具有必要性。仲裁机制具有完善的制度体系，解决行政协议部分纠纷符合中立性、权威性的要求，已在司法和立法上渐成趋势，具有可行性。总之，行政协议部分纠纷适用仲裁具有合理性、必要性和可行性，在制度建设上不应采用"一刀切"的方式将行政协议纠纷完全排除出可仲裁的范围，建议最高人民法院修改相关司法解释，允许纯粹民事性质的行政协议纠纷适用仲裁，以满足行政协议纠纷多元化解决的政策要求和现实需要。

---

① 参见毛晓飞：《法律实证研究视角下的仲裁法修订：共识与差异》，载《国际法研究》2021年第6期。

行政执法与法律监督关系研究

杨 成 张显英[*]

摘要：当前，我国对行政执法的监督以司法行政部门的内部监督为主，而行政执法的外部监督力度存在明显不足，行政执法与法律监督在衔接过程中存在缺乏正式的外部监督机关、法律监督对象和权限不明、法律监督案件线索来源单一、现有法律监督不成体系等问题。本文围绕上述问题提出解决措施，从确立检察机关的正式监督地位、明确检察机关的监督权限与对象、拓宽行政执法法律监督案件线索来源、构建统一规范的行政执法监督体系等视角出发，探索有效衔接行政执法与法律监督的具体方法路径，以期为完善我国目前行政执法的法律监督机制提供参考之策。

关键词：行政执法 法律监督 检察机关 监督权限

一、法律监督与行政执法衔接间存在问题

（一）行政执法缺乏正式外部监督机关

目前，我国司法行政部门作为行政执法的内部监督机关，这是十分明确的，然而就我国行政执法现状而言，要全面监督行政机关的行政执法行为，仅依靠司法行政部门的内部监督，其效果是有限的，且同根同源的内部监督权与行政权之间存在"同体监督症结"等明显弊端。因此，必须在行政执法

---

[*] 杨成，法学博士，四川轻化工大学硕士生导师，宁夏警官学院国家安全研究中心研究员，研究方向为国家安全学、犯罪预防；张显英，女，汉族，云南昭通人，四川轻化工大学硕士研究生，研究方向为犯罪预防。

现有内部监督的基础上构建外部监督机制,通过强有力的外部监督来规范行政机关的行政执法行为。

然而,我国现行的法律中并未明确规定对行政执法进行监督的正式外部监督机关,尽管检察机关是我国宪法中规定的法律监督机关,但其主要职责是进行诉讼监督和对公安机关等部分行政机关的刑事司法监督,以及随着行政诉讼制度改革后逐步扩展到通过行政公益诉讼实现对行政机关的间接监督。虽然涉及对行政机关的监督,但该项监督始终不是检察机关监督工作的重点内容。此外,也如部分学者所指出的那样,我国的《人民检察院组织法》中也没有明确检察机关在行政执法监督中的身份,且未直接授权检察机关在行政公益诉讼之外开展正式的执法监督。[1]

虽然监察委员会有权对公职人员的职务行为进行监督,但此种监督针对的仅仅是行政机关内部工作人员的廉洁履职问题,而不涉及对整个行政机关的监督。尽管监察委员会可以通过监督个人的廉洁履职情况间接促进行政执法工作在法治轨道上运行,但此种间接监督力量也是十分微弱的,不能直接规制行政机关实施的违法失范行为。可见,监察委员会也无法成为行政执法的外部监督机关。

(二)行政执法法律监督的权限与对象不明

由于当前我国法律并未确立检察机关在行政执法监督中的正式地位,随之出现的问题便是检察机关在监督行政执法的过程中没有被授予明确具体的权限。检察机关与监察委员会在办理职务犯罪案件时有着明确的分工,但在处理职务犯罪案件中涉及的行政执法问题时,二者并没有可以参考的权限分工依据。此时,对行政执法的监督范围和权限等内容完全由二者各自确定,由于监察委员会在办理查处职务犯罪案件中一直处于强势的地位,其在行政执法监督中可能全程主导行政执法监督工作的走向。[2] 由此可能导致检察机关对行政执法的监督权力被不当限缩,使其无法有效参与到行政执法的监督工作中。

---

[1] 参见秦前红、陈家勋:《论行政执法外部监督中正式监督机关的确立》,载《行政法学研究》2022年第1期。

[2] 参见秦前红、陈家勋:《论行政执法外部监督中正式监督机关的确立》,载《行政法学研究》2022年第1期。

由于在监察委员会成立之前，主要由检察机关办理职务犯罪案件，检察机关有权对公职人员进行监督。在司法实践中，逐渐形成重个人监督而轻单位监督的司法惯例，导致在行政执法监督领域，监督对象的范围也变得过于狭窄。更为明显的是，在成立监察委员会后，由其负责监督行政机关中个人的职务活动，这或许直接将检察机关陷于无明确对象可以监督的尴尬境地。由于缺乏具体权限范围规定的指引，检察机关无法清晰确定其是监督行政机关中的个人，还是监督整个行政机关，因此可能导致其在行政执法的监督工作中无处着手、无权可施。

（三）行政执法法律监督案件线索来源单一

在目前的司法实践中，检察机关监督行政执法案件的线索仅来源于其在办理刑事案件的过程当中。[①] 但在行政执法违法案件中，需要追究刑事责任的行政执法违法案件数量是较为有限的，检察机关可以监督的案件数量也会受此限制，因而，单一的线索来源在一定程度上限制了检察机关对行政执法进行监督的范围。同时，由于检察机关与行政相对人之间缺乏直接的联系，二者难以实现直接对接，使得检察机关只能通过在履职过程中主动发现违法行政执法案件线索，较少甚至无法从行政相对人处获得直接线索来源。因此，单靠检察机关在履职过程中主动发现行政执法违法线索，客观上堵塞了检察机关通过行政相对人的申请或举报而提供案件线索的路径，因此其无法从源头上及时完整地发现行政机关的违法执法行为，从而无法对行政执法进行有效监督。

（四）行政执法现有法律监督不成体系

我国的司法行政部门、监察委员会、检察机关都涉及对行政机关的个人或整个机关的监督，由于法律对各监督主体的监督权限和职责分工作出具体划分的体系性不强，就导致了在对行政执法进行监督的过程中，出现各监督主体在监督权力和监督范围方面的交叉重合现象。此种现象最终导致行政执法领域监督权限的失衡，使得强势一方主体挤压甚至取代弱势一方主体的行

---

① 中国人民公安大学课题组：《刍议行政执法行为的检察监督》，载《黑龙江省政法管理干部学院学报》2018 年第 6 期。

政执法监督权。抑或反向为之，各方监督主体对其发现的行政执法领域的违法案件推诿卸责，以行政执法监督的权限不明、分工不清为托词，将行政执法监督责任相互推脱，把监督工作形式化、敷衍化，使得行政机关的违法行政执法行为游离于监督制度的铁笼之外。以上情形均不利于行政执法监督制度的构建和完善。

二、有效衔接法律监督与行政执法

（一）确立检察机关在行政执法中的正式监督地位

1. 明确检察机关为正式的行政执法监督机关

有观点指出，国家权力机关对行政执法的监督只是宏观上的监督，无法实现对具体行政执法行为的监督，而人民法院以审判案件为主要工作内容，也不可能对行政执法进行有效监督，因此以上二者都被排除在行政执法的正式监督机关之外。虽然监察委员会和检察机关都具备监督行政执法的基本资格，但从监督主体开展监督的正当性、拓展监督对象上的可行性及其监督主体职能拓展至行政执法监督的适当性几方面来看，检察机关更适合成为行政执法监督的正式机关。[①] 只有将检察机关确立为行政执法的正式监督机关，才能做到对公权力的秩序影响最小，同时又适于发挥行政执法监督的真正效能。笔者也赞同该观点，认同将检察机关确立为行政执法的外部正式监督机关。因此，应当明确授权检察机关对行政执法进行正式监督，确立检察机关在行政执法监督中的身份地位，以更好厘清行政执法监督工作中各监督主体间的关系。

2. 检察机关牵头负责行政执法监督工作

在明确了检察机关作为行政执法的正式外部监督机关后，其他各方监督主体应当充分尊重检察机关在行政执法监督中的地位和权限。各监督主体应当在检察机关的领导下有序统一开展行政执法监督工作，以检察机关开展的行政执法监督为主，各监督主体应当负责协助检察机关的行政执法监督工作，

---

① 参见秦前红、陈家勋：《论行政执法外部监督中正式监督机关的确立》，载《行政法学研究》2022年第1期。

不能像之前的监督工作那样各自为政、以自我为主，更不能越权对行政执法行为进行监督。

(二) 明确检察机关在行政执法监督中的权限与对象

1. 明确检察机关的行政执法监督权限

当检察机关被确立为行政执法的正式外部监督机关后，其对行政执法进行监督的权限也应当作出明确规定。要真正实现把权力关进制度的笼子里，就必须建立起完善的内外监督机制，在坚持以党内监督为主导的基础上，引入检察机关这一外部监督，促进二者协同发力，才能实现对个人与行政机关的全面监督，最终推动行政执法活动在法治轨道上有序开展。

就行政执法的内部监督而言，要坚持党内监督对各类监督贯通协调的引导作用，发挥党委（党组）的主导作用，不断强化司法行政部门的内部监督，基于权力的来源和行政机关上下级的管理、隶属关系，司法行政部门对行政执法的监督具有重要作用，但要克服内部监督的局限性，必须坚持以外部监督为主导，司法行政部门应当准确把握行政执法的内部监督权限。在行政执法的外部监督方面，监察委员会依然负责对行政机关内部人员的廉洁职务行为进行监督，但对超出自身监督范围的事项，应当移交给检察机关处理。除了司法行政部门内部监督与监察委员会的对人监督事项的权限外，其余的行政执法监督权限都应当赋予检察机关，在监察委员会发现行政机关有行政执法问题的情况下，应当及时邀请检察机关的介入，只有将行政执法的外部监督权赋予检察机关行使，才能站在"旁观者清"的角度对行政执法进行公开透明的监督。

2. 明确行政执法法律监督对象为行政机关

有观点认为，长期以来，检察机关倾向于人员监督导致忽略了对违法行政行为的监督，只有把人员监督交由监察委员会行使，才能使检察机关从纠结不清的人员监督和行为监督困惑中解脱出来，凸显行政执法的法律监督属性。[①] 应当正确区分行使国家公权力的组织体与具体的公职人员，从而开展具

---

① 参见袁博:《监察制度改革背景下检察机关的未来面向》，载《法学》2017年第8期。

有针对性的有效监督。① 因此，必须明确检察机关行政执法监督的具体对象，分清检察机关是监督行政机关内部人员还是对行政机关整体进行监督。正如部分学者所提到的那样，行政执法监督的对象始终是行政机关而非个人，② 笔者认为，由于司法行政部门和监察委员会已经在一定程度上行使了对行政机关内部人员的监督权，实现了对人员的监督，因此检察机关在原有的对人监督的基础上，其监督对象应当逐步拓展到对整个行政机关的监督。行政执法行为虽然是由行政机关内部人员直接实施，但个人作出的行政执法行为本质上依然是行政机关内部决策权、执行权的外在表达，归根结底，行政机关始终是行政执法行为的初始指令发出者与最终责任承担者。因此检察机关只有将行政机关作为监督对象，才能避免行政执法的外部监督范围受限，最终实现对行政执法的全面监督。

（三）拓宽行政执法法律监督案件线索来源

1. 打造行政执法案件信息共享平台

在行政执法的法律监督工作中，要逐步建立起司法与行政执法信息共享与业务协同机制，构建数字化法治共同体。③ 充分利用互联网技术，打造信息共享平台，开发行政执法部门与检察机关共用的行政执法数据信息系统，实现行政机关内部的行政执法数据与检察机关实时共享与跨部门信息收集，不断提高检察机关开展行政执法监督工作的效率。行政机关要及时上传并完善其行政执法案件信息，确保执法信息的真实性、准确性、时效性，检察机关对相关执法案件进行全程监督，对发现的违法行政执法行为进行通报，要求行政机关作出说明，并采取强有力的监督措施进行处理。

2. 开通违法行政执法案件举报热线

检察机关开通举报热线，鼓励行政相对人通过申请或举报的方式反映行政机关的违法执法活动，不断拓宽检察机关对行政执法活动进行监督的线索

---

① 参见杨解君：《全面深化改革背景下的国家公权力监督体系重构》，载《武汉大学学报（哲学社会科学版）》2017年第3期。

② 参见秦前红、陈家勋：《论行政执法外部监督中正式监督机关的确立》，载《行政法学研究》2022年第1期。

③ 参见黄洁、徐伟伦：《创新法律监督联席会议制度破解治理难题》，载《法治日报》2023年12月9日，第3版。

来源渠道。检察机关应当对相关情况进行调查核实，如及时调阅、复制行政机关执法台账、案件卷宗材料，询问案件有关人员等，确保当事人反映的信息真实确切，从而在查证属实的基础上对行政执法行为进行及时有效的监督。如当前的北京，已经依托 12345 市民热线，实现了区检察院与热线负责单位数据信息的互联互通，不断通过大数据筛选发现更多的监督线索。

开通举报热线在一定程度上有利于增加违法行政执法案件线索来源，但并不意味着当事人所举报的相关案件统统都会被检察机关受理。正如部分学者所指出的，在当事人与行政机关间产生纠纷后，应当严格按照行政复议、行政诉讼先行，法律监督在后的顺位对行政机关的执法活动进行监督纠错。若当事人怠于先行行使行政复议、行政诉讼权利维护自身合法权益，而直接向检察机关提出监督申请的，检察机关对此不予受理。① 此外，也有观点指出，并不是所有的事后行为都应当监督，若当事人举报的行政违法行为的情节较轻、行政机关已自行纠正违法行为并已经履行法定职责的，此时检察机关则没有必要对当事人举报的违法行政执法案件进行监督。②

（四）构建统一规范的行政执法监督体系

1. 明确各主体在行政执法监督中的权限分工

明确监督工作中各个监督主体对应的具体权限分工，才能实现逐步缓和各监督主体对行政执法监督的权限争议。笔者认为，司法行政部门应当负责监督行政机关的内部管理性事务而监察委员会则应当对行政机关内部人员的职务行为进行监督、检察机关则应主导行政执法的外部监督工作，对司法行政部门和监察委员会监督权限外的行政执法事项进行严格监督。同时，检察机关对行政执法进行的监督应当是有限度的监督，其在对行政执法进行监督时，不能影响行政机关正常的行政活动秩序，在监督工作中不得滥用权力。

要明确检察机关在行政执法监督全程中的调查权、评价权和处置权。由于检察机关作出的检察建议不具有强制性，在对行政执法进行监督的过程中，可能出现行政机关"听而不做"敷衍应对的情形，因此为了保障法律监督的

---

① 参见安阳、王焰明、刘东杰：《行政违法行为监督：价值、类型及标准化构建》，载《中国检察官》2023 年第 7 期。

② 参见安阳、王焰明、刘东杰：《行政违法行为监督：价值、类型及标准化构建》，载《中国检察官》2023 年第 7 期。

最终落实，应当赋予检察机关一定的强制权。在检察机关发出检察建议后，行政机关不予回复或者拒不接受检察建议且无正当理由的，可以提请上级检察院跟进监督。① 并且，也需要进一步明确行政机关在拒绝协助检察机关调查、拒不接受检察监督意见时检察机关应当采取的具体责任追究措施。其次，当各监督主体产生意见分歧或者对案件的评议标准不一致时，应当由检察机关正式负责合法性评议，这样有利于维护法律意见的评议秩序。② 尽管检察机关对行政执法的处置只能是程序性处置，但检察机关通过提出检察建议、提起行政诉讼等监督方式依旧能间接推动行政执法实体处理的展开和难题的化解。因而，也要充分肯定检察机关行使行政执法处置权的重要价值。在谈及该处置权时，有学者也指出，应当建立具有强制性的纠错回应机制，③ 实现对行政机关的有力监督。也有观点提到，检察机关的监督手段应是有约束力的"要求"，而非仅供参考的"建议"。因此，在行政执法的法律监督工作中，应当赋予检察机关切实有效的强制力，才能实现监督效力的落地有声。

2. 多主体内外联动协同推进行政执法监督

各监督主体在权限分工外还应加强彼此间的交流协作，整合行政执法监督资源，形成强大的监督合力。通过检察机关牵头负责主持联席会议，司法行政部门、监察委员会列席会议，检察机关定期发布行政执法法律监督工作月报、年报等方式，及时公布行政执法法律监督工作开展情况，广泛听取其他监督主体对其监督工作提出的意见建议。依托联席会议机制，检察机关定期向有关单位面对面通报行政执法方面存在的问题，督促相关单位依法履职。同时，逐步探索建立"年度通报、季度研判、适时会商"的工作模式，推动相关职能部门依法履职、协同履职。④ 在增强各监督主体间交流合作的基础上，解决监督工作中出现的问题，跟进监督进程，提高监督实效，不断改进完善行政执法的法律监督机制。

---

① 参见安阳、王焰明、刘东杰：《行政违法行为监督：价值、类型及标准化构建》，载《中国检察官》2023年第7期。

② 参见秦前红、陈家勋：《论行政执法外部监督中正式监督机关的确立》，载《行政法学研究》2022年第1期。

③ 参见赵卿：《双重改革视域下行政检察监督与监察委监督的关系辨析》，载《江西社会科学》2020年第7期。

④ 参见黄洁、徐伟伦：《创新法律监督联席会议制度破解治理难题》，载《法治日报》2023年12月9日，第3版。

三、结语

有权必有责,用权受监督,一切权力的行使,都应当有监督制度的跟进。形成高效的法治实施体系和严密的法治监督体系是中国特色社会主义法治体系所包含的重要内容,要确保行政机关的行政执法活动在法治框架内有序高效开展,就必须重视外部监督的重要作用,从监督主体地位确定、监督权限对象明确、监督线索来源拓宽、监督体系规范构建等方面入手,及时发现问题,积极解决问题。充分整合外部监督资源,形成强大监督合力,才能不断完善行政执法法律监督机制体制,打通行政执法与法律监督间的衔接堵点,实现行政执法的高效开展与法律监督的稳步推进。

生态环境类检察公益诉讼践行恢复性司法理念实证研究

史 黎 邹休喻[*]

摘要：检察机关创新性践行恢复性司法理念处生态环境类案件，从整体生态恢复的角度平衡经济发展与环境消耗之间的矛盾，取得了一定成效。但由于恢复性司法理念的适用尚处于起步阶段，检察机关在适用时尚存协同履职践行效果欠佳、保障机制不足，监督不当等难题。希望通过加强检察机关与其他部门的协助配合、完善智慧检察、加强检察监督等举措，以推动恢复性司法理念在生态环境类案件中的运用，促进经济效益与社会利益的统一。

关键词：恢复性司法 检察机关 公益诉讼 环境保护 生态恢复

党的二十大报告指出，必须牢固树立和践行绿水青山就是金山银山的理念，站在人与自然和谐共生的高度谋划发展。近年来，检察机关将恢复性司法理念引入生态环境保护领域，生态环境和资源保护检察工作取得显著成效。为深入践行恢复性司法理念，助推生态环境和资源保护高水平治理，需要深研恢复性司法理念在生态环境保护领域的独特意涵与内在要求。"恢复性司法"是一种侧重于修复功能的思想理念，源于国外刑事领域的司法实践，注重被害人受损法益的救济，深层次化解矛盾，修复受损的社会关系。在我国引入之后，检察机关将其适用于生态环境保护领域，强调对被破坏的生态环

---

[*] 史黎，四川轻化工大学法学院副教授，法学博士；邹休喻，四川轻化工大学2023级法律硕士研究生，主要研究方向为民法学。

境的修复，对促进生态的保护和可持续发展具有重要意义。①

一、生态环境类检察公益诉讼践行司法理念的现状

在具有修复可能性的情况下，检察机关把握生态环境保护与经济发展之间的平衡，不简单以金钱赔偿、刑事或行政处罚替代生态环境系统功能的恢复，有效地适用了恢复性司法理念并取得了一定的效果。

（一）适用率适当提高

笔者以"检察机关""公益诉讼""环境保护""恢复性司法""生态修复"为关键词，对中国裁判文书网上 2020 年至 2024 年的刑事判决书进行检索，生态环境保护检察公益诉讼案件的判决书分别为 244 份、66 份、22 份、52 份、12 份，适用生态恢复性司法的生态环境保护检察公益诉讼分别为 138 份、14 份、4 份、13 份、5 份，在生态环境保护检察公益诉讼案件中占比分别为 56.56%、21.21%、18.18%、25%、41.67%（见图 1）。

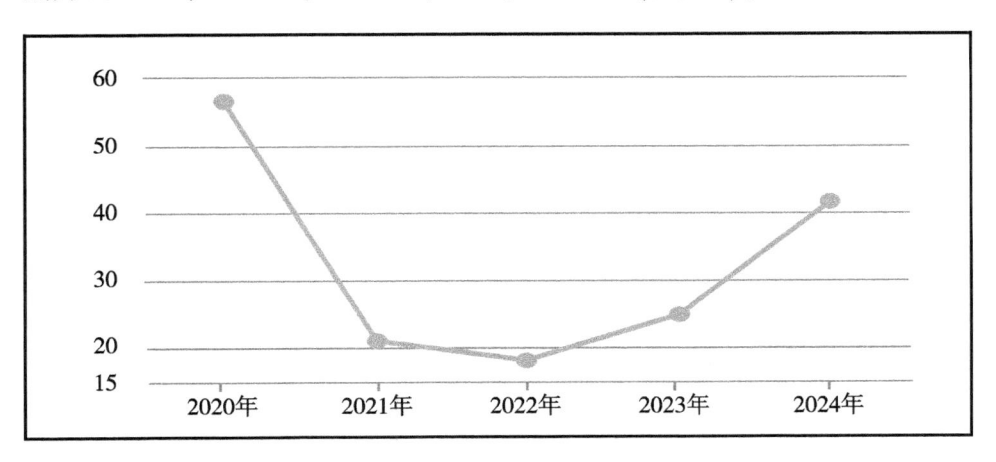

图 1　五年间运用恢复性司法理念的比例

上述数据说明，2020 年到 2024 年，适用生态恢复性司法的检察公益诉讼判决数量占比虽有所波动，但整体呈现上升的趋势，展现出司法领域对生态

---

① 李犟萍、梁树森：《生态环境修复制度法典化的法理分析与规范设计》，载《中国地质大学学报（社会科学版）》2024 年第 5 期。

修复问题的重视不断增加的态势,对于恢复性司法理念的思想贯彻也在逐渐加强。生态文明建设是关系中华民族永续发展的根本大计,检察机关坚持以中国特色社会主义法治思想为指导,始终把生态环境和资源保护工作摆在突出位置,做实恢复性司法。①

(二)修复方式多样化

恢复性司法理念被引入生态环境保护领域后,检察机关针对不同的目标对象,采取的具体措施也有所不同。检察机关开创性地适用惩罚性赔偿、增殖放流、补植复绿、替代修复、劳务代偿等公益修复方式,积极创新修复受损生态环境公共利益,取得良好的生态环境保护效果。笔者于中国裁判文书网进行了数据检索,条件限定如下:(1)检察机关;(2)公益诉讼;(3)环境保护;(4)生态修护;并分别限定惩罚性赔偿、增殖放流、补植复绿、替代修复、劳务代偿等公益修复方式,根据上述条件,笔者搜集到相关的判决书共计47份,其中惩罚性赔偿有8份,增殖放流有12份,补植复绿11份,替代修复4份,劳务代偿12份,这些样本即为本文的研究素材(见图2)。

单位:数量

惩罚性赔偿	增殖放流	补植复绿	替代修复	劳动代偿
8	12	11	4	12

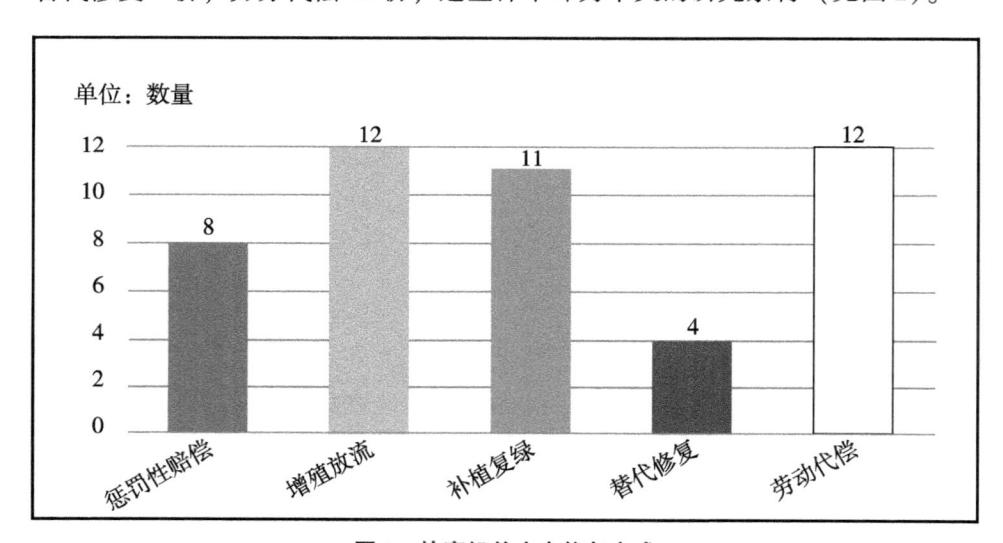

图2 检察机关生态修复方式

---

① 袁继翠、田艳宾、韩茂山:《生态环境保护"两创"的机制与路径》,载《黑龙江环境通报》2024年第9期。

（三）企业高质量发展践行效果良好

通过检索"环境保护""检察机关公益诉讼""生态恢复"得到 235 份数据文本，其中"可持续发展"的文本有 100 份，其中不仅反映了检察机关对于恢复性理念的贯彻，同时也反映企业的发展方向转变，从只追求经济利益到高质量可持续发展。具体来说检察机关在生态环境类公益诉讼案件中，通过调查生态污染证据确定污染破坏范围，通过经济赔偿的方式让公司缴纳大量的生态环境损害费用。使公司在追求经济利益的同时为此付出了沉重的代价，对承担环境治理的主体责任、环境保护的重要性、必要性有了更进一步的认识。在企业之后的经营中主动规范自身经营行为，继续加大环保投入，一定程度上助推产业的高质量发展转型，积极践行社会责任和环境保护主体责任。

二、生态环境类公益诉讼恢复性司法的检察实践难题

尽管检察机关在公益诉讼中已经适用了恢复性司法的理念，取得了生态修复的初步效果，但恢复性司法理念的应用在生态资源类的检察公益诉讼中仍处在探索阶段，检察实践中仍存在亟须解决的难题。

（一）适格主体之间恢复性司法协调能力欠佳

环境资源类的民事公益诉讼中，关于提起诉讼的主体，除了检察机关，还有环保部门和社会组织也可提起环境行政公益诉讼中，对于环保部门可以依法履行职责的，诉讼权利受到限制。在具体案件中，绿色发展基金会，作为民政部注册的专门致力于环境保护公益活动的社会机构，有权发起环境民事公益诉讼。然而却以环保部门资格不匹配的理由受到质疑，被上诉人要求进行深入的论证，客观上导致公益诉讼的进展受到了阻碍，不利于环保部门行使其权利。[①]

在环境公益诉讼案件办理中，审判机关对于检察机关诉讼请求审查存在不合理之处，不利于恢复性司法理念的适用。如北京某科研中心认为尚某锋、

---

① 参见云南省高级人民法院（2019）云民终 627 号民事判决书。

马某浩在国家公益林挖山毁林，致使国家公益林毁损严重，向人民法院提起本案环境民事公益诉讼，但经过一审法院裁定驳回起诉，并将有关材料移送公安机关或检察机关。不服审判提起上诉后，二审法院依法纠正了一审法院的适用法律错误，本案诉讼的原告北京某科研中心具有主体资格。[①] 我们可以观察到法院在一审中忽略了其他主体的资格。当一审建议将相关文件转交给公安或检察机关后，公安和检察机关并未主动承担责任，也没有及时地对上诉主体进行调查和配合。面对国家公益林这种大规模的环保损害事件，检察部门和公安部门在支持合适的诉讼主体履行其权利方面显得力度不足，这不利于恢复性司法观念的实际应用。

（二）智慧化检察适用恢复性司法理念缺乏机制保障

1. 调查取证机制存在不足

在涉及环境与资源保护的公益诉讼中，污染物质呈现出其复杂特性。尽管按照传统的现场调查和取证方法可以立即获得证据，但在面对广泛的生态污染问题时，传统的方法往往需要更多的时间，并且获取的线索也存在片面化的特点。[②] 为了解决上述问题，智慧检察应运而生。与传统的检察机关权力行使方式相比，智慧检察融合了先进的数字技术，能够对生态环境进行动态的勘查。这不仅可以高效地对现场证据进行全面搜索，还能及时和有效地反馈生态环境的污染状况，同时科学地指出是否存在恢复性的可能性，并提供具体的操作指导。但调查显示，在处理生态环境类公益诉讼案件时，检察机关更多地采用现场取证的方法，而较少使用数据赋能，这导致了生态环境不能及时得到勘查，增加了污染加重的风险。

2. 人才保障制度存在不足

尽管数字技术为公益诉讼案件线索的排查开辟了新的途径，但检察机关的工作人员在利用数字化大数据平台来拓展案件线索来源时仍然受限，特别是在智慧化运用恢复性司法方面仍存在不足。目前检察机关还没有建立专门针对恢复性司法制度的专门机构。在实施恢复性司法观念时，需拥有相关技

---

① 参见河南省高级人民法院（2023）豫民终410号二审民事裁定书。
② 齐玎、张晓红：《国家治理视野下公证参与检察公益诉讼路径探索》，载《河南财经政法大学学报》2022年第1期。

术知识和实践技能的专业人才。然而，由于检察机关在数字化方面的接触时间相对较短，人才储备不够充裕，现有工作人员的专业能力还不足以全面推动数字技术在公益诉讼中的应用，因此短期内面临着人才短缺的问题。并且，目前检察机关的工作人员在数字化思维方面存在不足，他们对相关技术的掌握程度也呈现出参差不齐的状态。①

(三) 检察机关践行恢复性司法理念中存在监督不当

人民检察院发布的检察建议被视为一种具体的法律监督手段，它是对诉讼过程的法律监督，目的是确保法律得到正确的执行和司法的公正性。目前我国已形成一套比较成熟的关于检察机关开展检察建议工作的制度体系。然而，在处理环境资源类公益诉讼案件时，检察机关在司法实践中存在不适当的检察建议，将生态环境类污染的处理首先交给环保机关，这使得其他权力机关误以为应该在等待建议的主体先行使不能的前提下再进行处理。如某市检察院在《检察建议书》中认定某市环保局是处置危险废物的责任主体，未考虑刑事与行政交叉竞合时行政法律适用的特殊情形，这样的做法既放纵了犯罪行为人，又增加了行政执法和司法成本。这种做法严重损害了被提起环境公益诉前程序的生态利益，使检察机关在提起此类公诉时无法获得应有的救济机会。这种情况不仅损害了环境资源类公益诉权的实现，也不利于维护国家生态安全。因此，对于当前环境资源公益诉讼中存在的问题，提出合适的解决策略显得尤为关键。②

当前的监管成果并未达到预期，缺乏持续的动态监测机制，企业在获得生态恢复赔偿费后的整改过程中也未受到充分的监控，也未能彻底识别生态环境污染的根本原因，这使得企业在生态恢复后再次面对污染的威胁。因此，本文从法律层面分析检察机关如何开展对企业经营者的生态破坏案件监督，为完善我国相关法律法规提供参考依据。经过裁判文书网的查询，我们发现检察机关在处理企业生态破坏案件时，共有44份含有检察监督的文本，其中10份经历了二审过程。在这些裁判文书的论证中，检察机关应该充分发挥其

---

① 周翔：《司法数字化中的法律专家地位和参与方法——以检察机关为例》，载《浙江大学学报（人文社会科学版）》2023年第3期。

② 周敏：《检察公益诉讼诉前程序的性质及定位——以推动诉前程序与提起诉讼衔接为目标》，载《行政法学研究》2024年第6期。

监督职能，并在企业后续的经营管理中实施事后监督，以促使企业更快地恢复生态。从司法实践来看，我国现行法律规定了检察机关可以行使监督权，但是具体到生态恢复补偿领域还需要进一步完善，尤其是在检察机关参与生态环境保护方面还有待加强。在目前的生态环境类公益诉讼案件的审判结果中，法院强烈建议检察机关加强对判决执行和行政机关执行情况的监督，努力实现环境民事检察公益诉讼的独特制度功能和价值。然而，检察机关的任务繁重，往往忽略了对企业的事后监督，导致一审后由于生态恢复不佳而产生二审的情况，这与检察机关监督工作的不足有着直接的关联。

三、生态环境类检察公益诉讼践行恢复性司法理念优化方案

生态环境和资源"易破坏、难修复"的特征，导致在生态环境公共利益的修复工作难以一蹴而就，往往需要经历一个长时间的反复过程。为此需要确定生态修复方案，对生态环境修复过程开展监督，推进恢复性司法的相关主体协助配合。

（一）加强检察机关与其他部门的协助配合

加强检察机关与其他适格原告、审判机关之间的衔接配合；加强适格主体，与其他机关之间的组织配合。对于环境资源保护的公益诉讼，适格主体不仅要积极履职更要自信履职。对于主体不适格导致诉讼活动、执行活动、市场登记程序空转问题，更应该及时纠正，切实保障当事人合法权益。[①] 对于发生的环境污染和生态破坏的问题，环保组织较检察机关而言或许具有更加敏捷的反应程度，检察机关工作内容繁杂，对于环保资源类违法犯罪的侦查和监督存在一定的时间差。但环保组织的日常工作就包含了对环境污染问题的监管和控制，在发生耕地不当开垦、矿山开采导致空气污染、水污染等问题时，环保组织可以立刻针对污染问题在调查确证的情形下提起公益诉讼，防止污染的进一步扩大，让污染者认识到违法必究的处罚性。同时，如环保组织存在履职不能的情况下，检察院作为传统的公益诉讼提出者必须发挥其

---

① 樊传明：《协商式司法民主理念下的陪审制适用》，载《政治与法律》2024年第9期。

应有的作用，调查环境污染是否存在扩张性，提前做好环境恢复的规划。①

与此同时，检察院可以加强与公安机关的联系，成立相关专案组，梳理出相关责任主体实施侵权活动的线索，提高案件侦破的进度，取得让人民群众满意的结果，促进生态环境的保护。如上海市人民检察院牵头成立三级院组成的专案组，并由上海市人民检察院第三分院以民事公益诉讼立案，三分院继续跟进案件执行，协调绿化与市容部门、当地政府、法院稳步推进修复工作。处理好检察机关与公安之间协同配合调查取证，在工作中严厉打击违法犯罪的同时，贯彻恢复性司法理念，高效地办理此类生态污染案件的同时，促进了生态资源的延续和企业的尽早改进。

（二）完善智慧检察助力恢复性司法应用

在调查取证完善方面，面对现有的环境与资源保护，针对调查固定证据范围广且大的特点，检察机关可以适度使用合理数据，在不泄露数据秘密的前提下，运用数据赋能调查取证工作，主要包括数字科技辅助调查取证，大数据算法调查取证，第三方专业技术机构、协助调查取证等途径。② 在当前的环境和资源保护背景下，考虑到调查所需的固定证据既广泛又庞大，检察部门可以在不泄露数据机密的情况下，主要涉及使用数字技术来辅助调查和取证，利用大数据算法进行证据收集。正因为公益诉讼检察所面对的实际发展难题，智慧检务力量的支持变得尤为重要。公益诉讼检察部门需要加强对大数据、科学技术等智能技术在案件处理中应用的探索能力。同时要强化检察机关内部的信息共享和联动协作机制，以更好地发挥"互联网+"时代的优势，确保检察业务与现代科技能够实现更为细致和个性化的结合，是把恢复性司法理念更好地应用于公益诉讼检察的一个重要选择。

在智慧检察人才机制方面，我们应当高度重视对检察人员进行数字化思维能力的培养。智慧检察的核心不仅仅是案件处理流程的智能化，更重要的是关注外部服务的升级和拓展。为了让检察人员更深入地理解和掌握恢复性司法的相关数据，我们有必要强化对恢复性司法思想在大数据环境下的学习。

---

① 参见杨翠柏、张莹春：《生态环境损害赔偿诉讼与环境公益诉讼制度衔接的路径》，载《贵州大学学报（社会科学版）》2023年第4期。

② 参见冷罗生、韩康宁：《论风险预防原则在环境司法适用中的谦抑性》，载《中国地质大学学报（社会科学版）》2024年第3期。

从恢复性司法程序入手，通过分析恢复性司法模式下的数据类型，提出了一种恢复性司法数据整合利用的新方法——数据库法。这种策略可推动相似的环境和资源公益诉讼基于数据迅速解决，进而真正达到社会和经济双重效益的结合。鉴于恢复性司法目前所处的发展时期，鉴于对生态修复技术的认识尚不充分，检察机构可能会考虑引入专门从事数据处理的行业专家，更好地实现对生态环境进行有效保护的目的。此外，我们还需进一步加强对检察实务人员在技术应用上的培训，尤其是在大数据知识方面的培训，以提高检察人员在大数据思维方面的意识。

（三）加强检察恢复性司法中监督效能的实施

建立检察建议的类案监督机制。根据最高人民检察院发布的典型案例可以看出，检察机关已经愈加重视公益诉讼在个案的基础上衍生到类案，检察机关应当行使调查核实权，查明法院在一定时期内是否存在类似倾向性问题，从而进行类案监督，督促法院及时纠正，预防同类问题再次发生。可借鉴已有的大数据平台，未来可考虑建立类案管理库，对类案进行系统化管理，实施类案处理机制。在全国形成类案管理库以及地方根据本辖区情况形成地方类案管理库，便于建议制发前从类案管理库进行搜索。① 检察部门应当对企业因不规范的管理导致的违法行为进行深入研究，探讨造成环境污染的深层次原因，以实现对企业的源头追溯和治理。② 在检察机关开展环境与资源类犯罪检察业务过程中，明确企业存在的主要问题并制定出相应对策，为企业的后续发展提供保障。在法院完成审判后，检察机关有责任全面执行其职责，对企业的生态修复工作进行持续监控，并在事后对企业的经营行为是否导致环境污染进行监督，建立长期有效的恢复性司法检察公益诉讼监督评估机制，推动企业绿色经营。

四、总结

作为代表社会公共利益的检察机关，如何充分发挥其检察功能，并依法

---

① 参见拜荣静、赵晓玉：《数字司法中的类案监督》，载《法制与经济》2024年第3期。
② 参见周兆进：《恢复性司法在生态环境犯罪中的运用——以海南省为例》，载《海南热带海洋学院学报》2023年第3期。

维护和修复被破坏的生态环境及资源,已经成为当前推进恢复性司法理念公益诉讼检察任务的核心议题。因此,本研究从恢复性司法观念在生态环境保护检察公益诉讼中的应用现状出发,分析了现有恢复性司法观念在检察机关处理环境和资源保护问题时,对公益诉讼存在的不足之处。希望通过加强检察院与其他相关部门在恢复性司法方面的合作,将智慧检察理念融入检察恢复性司法诉讼中,旨在提高检察恢复性司法的监督效能,从而制定出一套在生态环境保护检察公益诉讼领域内的优化方案,推动经济与环境保护的可持续发展。

行政公益诉讼证明责任分配制度的研究

曾凡珂　汪宝泉*

摘要：随着公共利益的范围不断扩大，中国特色社会主义法律体系中逐渐发展出了行政公益诉讼这一领域，我国的行政公益诉讼制度于2017年6月正式实施，与一般行政诉讼的不同之处在于，由于检察机关作为提起行政公益诉讼的主体，且程序相对烦琐必须经过诉讼前置程序，进而导致传统的证明责任分配规则不能适用，在理论和实践中，对于行政公益诉讼证明责任分配存在诸多争议，本文从法律规范体系与司法实践的角度出发，深入探究该制度的缺陷，并提出相应的完善路径。

关键词：行政公益诉讼　检察机关　前置程序　证明责任

一、问题的提出

举证责任是诉讼的基础也是诉讼的核心，在诉讼程序中的地位至关重要，一旦承担举证责任的一方无法证明事实，则认定事实不成立，而举证责任分配问题在现行行政公益诉讼的相关法律法规中尚无明确具体的规定[①]。与一般行政诉讼的不同之处在于，由于检察机关作为提起行政公益诉讼的主体，且程序相对烦琐必须经过诉讼前置程序等特殊性，传统的分配规则不能直接适用，并且在《人民检察院提起公益诉讼试点工作实施办法》（以下简称《实施办法》）、《最高人民法院、最高人民检察院关于检察公益诉讼案件适用法

---

* 曾凡珂，四川轻化工大学法学院副教授；汪宝泉，四川轻化工大学法学院2022级法律硕士研究生。

① 付梦佳：《行政公益诉讼证明责任分配的制度建构》，载《西部学刊》2022年第16期，第72—75页。

律若干问题的解释》（以下简称《司法解释》）及《人民检察院公益诉讼办案规则》（以下简称《办案规则》）中，仅规定了检察机关应当提交证明资料，却没有提到行政机关应当提交的证据材料。本文将从法律规范体系和司法实践的角度出发，整理行政公益诉讼举证责任分配制度中存在的问题，提出一条完善行政公益诉讼举证责任分配机制的路径和建议，目标是让该制度在司法实践中更有效地发挥作用，实现其保护国家或社会公共利益的目的。

二、行政公益诉讼证明责任分配制度的现状

（一）规范体系现状

2015年《检察机关提起公益诉讼改革试点方案》（以下简称《试点方案》）公布后，标志着行政公益诉讼制度开始试行，直至2017年《行政诉讼法》第二十五条中增加第四款，标志着行政公益诉讼制度正式实施，我国的行政公益诉讼制度起步较晚，在立法、司法实践中的可借鉴经验也较少，所以在制度规范制定上仍存在着较大的漏洞。

最早的《试点方案》对诉讼范围、参与人员以及相关程序进行了规定，但未对证明责任分配作出具体规定。在2016年颁布的《实施办法》中第四十四条规定，检察机关提起损害国家或者社会公共利益的行政公益诉讼时，仅需提供起诉书和初步证据即可。但2018年实施的《司法解释》删去了"初步"两字，并且在《司法解释》第二十二条规定，检察院除提交国家或者社会公共利益受损的证据外，还应当对行政机关存在违法行政行为，其行为与国家或社会公共利益受损之间存在因果关系承担证明责任，直接增加了检察机关的负担。《实施办法》和《司法解释》都对由检察机关来证明其已提出检察建议、行政机关仍不依法履行职责或者纠正违法行为的情形作出了规定。目前法律规范中尚未提及行政机关的证明责任，但有学者提出可以依照《司法解释》第二十六条，遵循《行政诉讼法》第三十三条进行适用。《实施办法》第三十三条规定检察机关有调查取证权，在必要时可以采取保全证据措施，同时对检察机关在诉前程序中可以调查核实证据的行为作出了明确

规定。①

综上可得，我国行政公益诉讼举证责任规则采用的是"谁主张，谁举证"的分配规则，而非一般行政诉讼的"责任倒置"分配规则，检察机关需要承担行政机关身份主体是否适格、是否存在行政违法行为、是否存在公共利益受到损失的事实、是否存在行政机关行为与公共利益受损之间的因果关系、是否履行了诉前程序的证明责任，概括性的适用使得检察机关承担了太多证明责任，行政机关仅需要承担少量的证明责任，明显是不合理的，不利于国家或社会公共利益的保护。

（二）司法实践现状

在中国裁判文书网站，搜索关键词"行政公益诉讼" "行政案由" "2015.12.24—2024.8.31"，共检索出 2357 篇法律文书，上千份的案例说明我国行政公益诉讼制度得到了很好的实施，也足以让我们研究该制度的不足和完全路径。通过分析自行政公益诉讼实施以来的案例不难看出，在行政公益诉讼案件中，生态环境、食品药品、国家资产以及烈士人格尊严是主要的保护对象。

在司法实践中，举证责任的分配规则基本适用"谁主张，谁举证"分配规则，检察机关围绕某几项主要的待证事实进行举证，由检察机关承担绝大部分的证明责任，行政机关在诉讼中的证明事项与检察机关基本对应，提出与检察机关的证明事项相驳的证明，甚至出现极少数的案件，行政机关在诉讼中没有承担任何证明责任，行政公益诉讼中有时还会涉及第三人，但目前看来，并没有第三人承担证明责任的案例。

三、行政公益诉讼证明责任分配制度的困境

（一）未区分作为类与不作为类的证明责任分配

行政公益诉讼根据行政行为的性质，可分为两大类：一类是指行政机关违法作为导致损失的案件，称为"作为类"行政公益诉讼；另一类是指行政

---

① 参见刘鑫：《行政公益诉讼举证责任研究》，黑龙江大学 2024 年硕士学位论文。

机关未履行职责导致损失的案件，称为"不作为类"行政公益诉讼。作为类与不作为类案件有着调查取证难度上的区别，其证明责任分配也该不同，然而，现行法律法规对于这两类案件的证明责任规定比较模糊，并没有把作为类和不作为类区分开，进而导致司法实践中缺乏统一适用的法律规范。在作为类案件中，由检察机关证明行政行为违法是不合理的，因为行政机关才是行政行为的直接做出者，此时运用"责任倒置"分配规则，由行政机关证明自身行政行为的合法性，更容易取得证据、还原案件事实，维护公共利益。然而，在不作为类案件中，由于检察机关负有法律监督的义务，此时运用"谁主张，谁举证"分配规则，由检察机关负担行政机关未依法履行职责导致公共利益受损的证明责任更加合理。[1] 因此，在现行立法规范和司法实践中，并没有明确区分举证责任在行政公益诉讼中作为类与不作为类的分配，而笼统地将主要证明责任由检察机关承担，这种"一刀切"的做法是不合理的。

（二）证明责任缺少统一证明标准

在行政公益诉讼中，证明标准影响证明责任，进而影响最终裁判，将起到决定性的作用，然而相关法律法规没有对原被告的证明标准作出明确规定，《行政诉讼法》仅规定了"事实确实清楚，证明确实充分"的证明标准，而复杂的待证事项全靠法官的心证，由于行政机关作为行政行为的做出者，不仅掌握了大多数的证据，更能还原事实真相，而且行政机关作为国家或社会公共利益的直接保护者，有着更高的责任要求，因此对行政机关的证明标准要求应当比检察机关高，不能概括性地适用"事实确实清楚，证明确实充分"的证明标准。[2]

行政公益诉讼的证明标准采用一般行政诉讼标准、民事诉讼标准、抑或刑事诉讼的标准都不准确，在司法实践中，由于没有统一的适用标准，不同法院的判决结果也同样参差不齐。刑事诉讼中，公安机关拥有足够的侦查权去调查取证，有能力达到排除合理怀疑的证明标准，行政公益诉讼中检察机关没有足够的权力证明到排除合理怀疑，因此不能直接适用。民事诉讼中因

---

[1] 牛向阳、王瑞霞：《检察机关提起行政公益诉讼举证责任分配辨析》，载《人民检察》2018年第5期，第75—76页。

[2] 张硕：《论行政公益诉讼证明标准》，载《哈尔滨工业大学学报（社会科学版）》2018年第20卷第4期，第42—48页。

为法官不能拒绝裁判从而规定高度盖然性的证明标准,行政公益诉讼以检察机关立案为诉讼启动标志,必须经过前置程序才能进入审判阶段,因此不能简单适用民事诉讼的证明标准。

(三) 检察机关调查取证权缺乏保障

最早在《试点方案》中就没有涉及检察机关的调查取证权,既没有规定检察机关履行职责时,有权通过收集证据、现场勘查等手段获取证据,更没有被赋予采取强制性措施获取证据的权力。即便在后来的《司法解释》中,检察机关仍然没有获得在调取证据过程中使用强制性措施的授权。在调查收集证据的过程中,检察机关同时需要依赖于行政机关、案件相关第三人、社会公益组织的协助和配合,案件第三人在案件结果对自己不利的情况下,基本上不会配合甚至提供虚假的证据逃避责任,在没有对检察机关调查取证权明确授权的情况下,检察机关调查取证时面临较大的挑战且行权界限不好把握。① 总的来说,尽管检察机关具有监督法律审判的权力,但是在核实证据的过程中会遇到很多复杂的因素阻碍,检察机关也不能百分之百保证证据的完整性、真实性,此外,在诉讼过程中检察机关的法律监督权与检察机关的诉讼权之间的界限模糊,难以完全区分。

四、行政公益诉讼证明责任分配制度的完善路径

(一) 区分作为类与不作为类的证明责任分配

在行政公益诉讼中,待证事实可以分为两大类:程序性事实和实体性事实。程序性事实涉及案件是否归法院管辖,诉讼双方主体身份是否适格,是否已向行政机关提出检察建议等,程序性事实是启动诉讼程序的前提条件,因此,应当由诉讼的提起者检察机关来承担举证责任;至于实体性事实的举证责任需要区分作为类和不作为类案件。虽然现行法律法规并未将作为类与不作为类案件区分开,但可以参考一般的行政诉讼规则,在《行政诉讼法》中针对作为类与不作为类案件是明确分开的,再对其证明责任进行分析。因

---

① 邱玉:《检察行政公益诉讼举证责任配置研究》,西南财经大学 2021 年硕士学位论文。

此，对于作为类案件，遵循"责任倒置"分配规则，即由行政机关提供证据来证明自身行政行为的合法性，不作为类案件则遵循"谁主张，谁举证"分配规则，由原告方来证明行政机关存在违法不作为的行为。

1. 作为类案件证明责任分配

笔者认为，在作为类行政公益诉讼案件中，理应由行政机关提供证据来证明自身行为的合法性，因为行政机关认定其行政行为的合法性有着更为专业、精确和更直接的评估能力，且由行政机关承担证明责任更有利于还原事实真相，有助于国家或社会公共利益的保护。因此，在作为类行政公益诉讼案件中，应当适用"责任倒置"的证明责任分配规则，由检察机关负责证实国家或社会公共利益遭受损害的事实以及该结果与行政行为之间存在因果关系[①]，而行政机关仅需证明其行政行为是合法的即可。

2. 不作为类案件证明责任分配

在不作为类行政公益诉讼案件中，要求行政机关证明不作为的行为导致国家或社会公共利益受损，行政机关大概率会消极不举证，这样是不利于还原事实真相的。因此，笔者认为在不作为案件中，检察机关应就以下事实承担举证责任：一是已经提出检察建议；二是存在行政机关未履行职责的行为；三是行政机关有责任保护该公共利益；四是国家或社会公益受损；五是行政机关不作为与损害公共利益之间有因果关系。

（二）完善行政公益诉讼的证明标准

1. 构造多层次证明标准

针对普通的行政公益诉讼案件，应从不同的诉讼阶段角度出发，构建一个层次化的证明标准，在行政公益诉讼的不同诉讼阶段设定相适应的证明标准，以此来健全行政公益诉讼证明责任标准体系。

在案件前置程序中，证明标准需要从两个方面把握：一是区分实体事实与程序事实，前置程序作为程序性待证事实，相比于实体性待证事实证明标准应当相对降低。二是从前置程序的设定意义的角度出发进行审慎，设置前置程序是为行政机关提供自我纠错的机会，只有行政机关在法定期限内未回

---

① 王建芹、王涛菲：《行政公益诉讼举证责任分配实证研究——基于 100 份裁判文书的分析》，载《石河子大学学报（哲学社会科学版）》2022 年第 36 卷第 2 期，第 60—72 页。

应或仍未采取纠正措施的情况下，才能进入审判阶段，证明标准无需过高。因此笔者认为，检察机关仅需证明国家或社会公共利益存在受损的可能性即可，对于前置程序的审查，只需进行形式性审查而无需进行实质性审查，也不要求法官达到"内心确信"的程度。

在行政公益诉讼阶段中，案件可以根据行政机关的行为分为作为类和不作为类。对于作为类案件，鉴于检察机关在调查取证方面的权力有限，检察机关所提供的证据只需要满足基本的证明要求即可，仅需要达到"清晰且具说服力"的证明标准，无须证明损害程度等细节，但行政机关应采取比较高的证明标准，即"高度盖然性"的证明标准，因为实施行政行为的行政机关拥有最直接和最原始的相关资料，掌握了比较全面的事实情况，举证更为方便。在不作为类案件中，由行政机关来证明自己不作为违法不符合实际情况，应当考虑到检察机关的法律监督权，此时检察机关应采用"高度盖然性"的证明标准①。行政公益诉讼层级化证明标准的构建，实际上是针对行政公益诉讼各个阶段的不同任务和目标而进行的，有助于推进诉讼流程，并且与司法实践中的逻辑相契合。

2. 特殊案件类型设定特殊标准

行政公益诉讼涉及领域较为广泛，其中某些特殊案件类型的举证标准应根据其特点采用其特有的标准，与一般行政公益诉讼案件作出区别。例如，在生态环境保护类案件中，在举证过程中需要依靠专业技术人员或专家的技术支持和意见，而环保机构制定的污染物排放标准可以为案件审理提供科学依据，因为生态环境保护案件专业性较强，通常涉及生态环境系统的资源利用及其影响评估等方面；而在食品药品安全案件中，则需要通过药物组成成分的相关法律法规来进行判断；在涉及土地资源管理的案件中，则必须依据土地测绘领域的相关标准来进行处理。在确定证据证明标准时，必须严格按照有关部门的法律规定进行判决，确保这些标准与有关部门的法律规定相一致，以维护法律的统一性和协调性。又例如在涉及国有资产保护、烈士人格尊严保护案件中，尽管需要遵循严格的取证和举证程序，但举证的重点主要在于确认法律事实和厘清法律关系。而对于生态环境保护、食品药品安全、

---

① 参见牛正浩、高世宁：《行政公益诉讼的证明责任与证明标准——以全国法院1610份裁判文书为分析样本》，载《人民司法》2021年第4期，第50—55页。

国有资产等领域的案件中,检察机关在证据的收集、保全环节较为困难,举证难度较大,故应当为不同的案件设立不同的责任证明标准。

行政公益诉讼案件复杂多样,要把生态环境保护、食品药品安全等领域的所有证据证明标准都详细罗列出来,仅仅依靠一部法律显然是不现实的,因此,制定与行政公益诉讼案件类型相匹配的司法解释和指导案例显得尤为重要,这不仅有助于统一司法审判的参考标准,还能构建一套全面且适用于行政公益诉讼的证明规范体系。总的来说,行政公益诉讼的核心目标是维护各种公共利益,这就要求我们根据不同案件的特性,适当地调整和优化证明责任标准。

(三) 明确规定检察机关的调查取证权

笔者认为需要明确立法,界定检察机关在调查取证过程中的权限和责任,主要包括与调查取证相关的一系列活动,如询问当事人、录音录像以及向相关单位或个人索取资料等活动,通过法律法规强制力保障,可以确保调查取证工作更加高效,进而保护国家或社会公共利益。同时,行政公益诉讼案件会涉及专业问题,例如烈士人格尊严保护类案件,对工作人员的专业技能和取证经验有较高要求,为了提高相关证据的真实性,必须依赖专家人员和机构的协助。笔者认为应当规范鉴定程序,简化其他程序,并完善检察机关委托鉴定的相关法律法规。[①] 因此,必须规定明确的法律条文,来进一步保障检察机关在诉讼活动中,能够行使调查取证权力,实现行政信息的有效性和真实性,更好地保障国家或社会公共利益。

五、结束语

随着国家或社会公共利益的领域不断扩大,行政公益诉讼的案件数量也随之增多,公共利益需要完备的法律规范体系来保障,建立健全完善的行政公益诉讼程序,首先就要解决证明责任分配这一诉讼核心问题。行政公益诉讼不同于一般的行政诉讼,传统的证明责任分配规范不能统一适用,现行立

---

① 王春业:《论行政公益诉讼举证责任分配规则》,载《江汉大学学报(社会科学版)》2022年第39卷第3期,第5—18及124页。

法规范与司法实践尚未有解决办法，导致行政公益诉讼证明责任分配存在缺陷，本文立足于区分作为类与不作为类案件的证明责任分配，完善行政公益诉讼的证明责任标准，明确规定检察机关的调查取证权，为行政公益诉讼制度的改进提供新方案。

检察机关提前介入监察机制的反思与完善

缪　锌　向庭苇*

摘要：提高监察工作的效率和职务犯罪案件处理的质量，要以监察调查与刑事诉讼程序之间的有效契合为基础。检察机关提前介入监察机制是加强程序衔接的重要手段，也是实现宪法与监察法中"互相配合、互相制约"原则的关键举措。这一机制在规范监察机关的取证工作、完善证据链条以及准确适用法律和强制措施方面具有重要意义。实践中，检察机关提前介入面临着案件范围不明确、介入时机不合理、介入主体存在分歧以及工作方式不规范等问题。对此，需要从明确介入案件范围、调整介入时机、确定介入主体以及优化工作方式等方面予以完善，力求打通"调查—公诉"衔接的"最后一公里"。

关键词：提前介入　基础分析　介入主体　工作方式

一、"提前介入"之概念厘定

"提前"指的是将原定的时间节点向前调整，而"介入"则是指对事件进行干预。从广义上看，"提前介入"可以理解为一种"事前干预"。[①] 本文聚焦于"提前介入"这一概念在司法语境下的狭义解读，特指检察机关在监察体系中的提前介入行为。《国家监察委员会与最高人民检察院办理职务犯罪案件工作衔接办法》（以下简称《衔接办法》）的出台，标志着检察机关提

---

* 缪锌，四川轻化工大学法学院副院长、副教授；向庭苇，四川轻化工大学法学院2023级法律硕士研究生。

① 参见曲宏晨：《检察机关提前介入监察调查机制研究》，湖南大学2023年硕士学位论文，第6页。

前介入监察正式步入规范化轨道。据此，检察机关在收到监察机关发出的正式书面邀请后，将派遣专业人员参与监察机关主导的职务犯罪案件处理流程中，就案件的事实认定、性质界定、管辖权归属、证据收集及法律适用等问题，提供专业见解与建议，旨在促进案件审查流程的顺畅进行，确保案件质量符合起诉标准。

对于检察机关在监察调查中"提前介入"的认知，需从以下四个方面展开：首先，确保监察独立原则。检察机关作为司法机关的介入，并不违反法定排除规定。其提前介入是自身审查起诉职能程序上的延伸，一方面是为了协助案件办理，另一方面则为公诉做准备，以便顺利衔接诉讼程序。其次，明确介入的具体任务。检察机关的角色主要是协助，就案件的事实、性质、管辖权、证据及法律问题提供意见与建议。再次，明确介入的形式。一般情况下，介入由监察机关书面请求，但在特殊情况下，检察机关也可主动介入，双方对此都有相应的拒绝权。最后，《宪法》确立了两机关间的协作框架。两机关的协作程度直接关系着提前介入的可行性及其成效。实施提前介入机制时，监察机关应秉持积极态度，与检察机关紧密配合，组织专项讨论，构建高效的意见反馈体系，最大化提升提前介入的积极效应。同时，检察机关亦需全力支持监察调查工作，为后续的诉讼程序奠定坚实基础，有效打击职务犯罪。①

二、检察机关提前介入监察机制的法理证成

随着检察机关在监察机制中提前介入的深化，监检关系的清晰界定成为学术探讨的热点，各派观点纷呈。"监督说"主张，检察机关依据宪法所赋予的法律监督权，为提前介入监察调查提供了坚实的法理支撑，旨在强化职务犯罪案件的处理质量；"配合说"则提出，鉴于职务犯罪监察调查与审查起诉同属控诉职能范畴，两者间应构建一种配合关系，以促进工作的无缝对接；"协作说"则援引《监察法》中关于单位间协助义务的规定，作为加强监检协作的法律基石；至于"制约说"，则强调在保障监察机关独立行使调查权的

---

① 参见胡乐蓓：《检察机关提前介入监察案件机制研究》，湖南大学 2023 年硕士学位论文，第 6 页。

前提下，通过检察机关行使审查起诉权及引导调查活动，实现监检两机关间的有效分工与相互制约，确保权力运行的规范。①

首先，监察机关针对职务违法案件的处置，本质上超越了传统法律监督的范畴，故单纯以法律监督理论为基石论证其提前介入监察调查的正当性，显得论据不足。进一步而言，监检关系远非简单的层级监督构造，而是法律监督与监察职能并行不悖、相互补充的共生状态。值得注意的是，"配合说"和"协作说"未充分凸显检察机关在职务犯罪监察调查中的"把关者"与"制约者"双重角色。实际上，监察机关查处职务犯罪案件，唯有历经检察机关的严格审查与提起公诉，方能进入司法审判环节，这一过程内在地赋予了检察机关对监察调查活动的监督制约功能。再者，唯有构建制约与配合的监检关系，方能全面而深刻地描绘两者间的互动图景："配合"彰显了监检双方作为职务犯罪追诉主体，在共同打击犯罪方面的合作需求；"制约"则是刑事诉讼制度中保障人权这一核心价值的具体实践，确保了监察活动的合法性与正当性。②

三、检察机关提前介入监察机制的实践价值

（一）推进全面法治反腐的现实要求

当前，我国司法体制改革正步入一个崭新的发展阶段，这一阶段的特点是全面性、系统性与整合性的深刻变革。监察体制改革前，纪委的职责聚焦于党内纪律审查与行政监察领域，专门负责处置党员及公职人员的违纪违法行为。然而，当案件涉及公职人员的职务犯罪层面时，纪委需遵循法定程序，将案件转交司法机关进一步处理，司法机关则依据《刑事诉讼法》规定，在证据确凿的基础上，依法裁断。在我国司法体系中，提起公诉的是检察机关，监察机关在职务犯罪案件中扮演的角色是案件的中转站，其需将案件资料移交至检察机关，作为后续立案侦查的基础。检察机关经审查确认符合立案标

---

① 参见左卫民、唐清宇：《制约模式：监察机关与检察机关的关系模式思考》，载《现代法学》2018年第4期。

② 参见周承宗：《提前介入监察调查的法理、困境与机制重构》，载《兰州文理学院学报（社会科学版）》2024年第3期。

准后，即启动侦查程序。然而，这种传统的反腐法律机制因其内在结构与运作机制，在实践中不免出现衔接不畅的弊端。监察体制改革的深化，重塑了纪检监察与司法体系间的互动模式。现今，监察委员会完成调查后移交的案件，得以直接进入审查起诉阶段，这标志着传统的"侦查—公诉—审判"诉讼模式已为"调查—公诉—审判"模式所取代，体现了刑事诉讼体系的重大转型。新机制下，监察委员会负责案件调查，随后无缝对接至检察机关进行公诉准备，形成了闭环的职务犯罪处理链条。这一转变加深了监察机关与检察机关之间的协作，顺应了刑事诉讼体制革新的潮流，是全面推动法治反腐进程的重要实践诉求。①

（二）构建高效的职务犯罪追诉体系

构建高效的诉讼程序，此举不仅有助于合理配置司法资源，也有利于保护当事人的合法权益。国家致力于推进监察体制的深度革新，其核心目标在于汇聚并整合原先分散的反腐败力量与资源，构建一个既高度集中又统一有序，兼具权威性与高效能的全新监察体系。在职务犯罪案件中，监察机关负责取证等调查任务，而在进入审查起诉阶段后，检察机关需要对证据进行审查。如果证据不符合公诉的要求，便需将案件退回进行补充调查。这一阶段关于退回补证的制度设计，主要旨在修正初次调查中存在的质量问题。然而，在实际操作中，这一机制也暴露出一些缺陷。以往的补充侦查实践表明，办案人员常常将其视为规避矛盾和期限压力的手段，导致"瑕疵补救"的效果未能得到充分发挥。此外，从根本上来看，补充调查机制实际上是程序的回流，这对诉讼效率产生了不利影响，也导致了司法资源的浪费。在职务犯罪的案件处理中，监察机关和检察机关分别承担调查与公诉的职责，两者都属于"大控方"。检察机关通过提前介入调查，可以协助收集证据、认定事实和适用法律，从而有效避免案件"带病移送"，预防程序回流，进而提升追诉效率。②

---

① 参见朱福惠：《论检察机关对监察机关职务犯罪调查的制约》，载《法学评论》2018年第3期。

② 参见刘雪丹：《职务犯罪调查中检察机关提前介入机制研究》，载《江西社会科学》2024年第4期。

（三）促进强制措施的有效衔接

2018 年修正的《刑事诉讼法》明确细化了监察案件在采取特定强制措施（尤其是留置措施）时的衔接机制，强调了在涉及留置措施的案件中，必须先执行拘留措施，并同步启动逮捕审查流程，且此阶段不纳入后续的审查起诉时间范畴。这一制度革新，从架构层面审视，被视为对强制措施衔接难题的一次积极应对。然而，深入分析修正细节不难发现，其焦点主要集中在监察机关实施留置措施的案件范畴，而对于未采用留置措施的其他案件类型，其强制措施的顺畅衔接路径尚待深入挖掘与构建。国家监察委员会与最高人民法院、最高人民检察院、公安部联合印发的《关于加强和完善监察执法与刑事司法衔接机制的意见（试行）》指出，对于监察机关移送起诉但未采取留置措施的案件，检察机关在受理后，可以依据案件的具体情况，在审查起诉阶段灵活决定是否适用逮捕、取保候审或监视居住等强制措施。同时，在作出决定之前，检察机关可以酌情向监察机关征询意见。由此可见，即使监察机关没有实施留置措施，检察机关仍然拥有对逮捕措施进行决策的权力。因此，更为妥帖的做法是通过前置性的工作介入，以有效地促进和保障强制措施的合理、无缝衔接。[①]

四、检察机关提前介入监察机制的现实困境

（一）检察机关提前介入案件范围不明晰

《衔接办法》第 12 条明确规定，针对重大、疑难及复杂案件的处理，国家监察委员会有权在案件转至审理阶段之际，以书面形式提请最高人民检察院派遣专员参与调查过程。此条款限定了检察机关被邀请提前介入的具体案件范畴，即仅限于那些性质重大、情况疑难或过程复杂的案件，从而明确了并非监察机关管辖下的所有案件均能自动适用提前介入机制。然而，对于"重大、疑难、复杂"案件的具体定义和适用范围，本条款并未提供清晰的标

[①] 参见梁春程、颜乔浠：《监察机关商请检察机关提前介入职务犯罪案件工作机制的完善》，载《山西省政法管理干部学院学报》2023 年第 1 期。

准，缺乏客观的量化判断依据。因此，不同的解释主体可能会对该条款做出不同理解。实践中各地区介入标准的不统一，从而引发了诸多问题。①

（二）检察机关提前介入时间不合理

在衡量提前介入机制效能时，除了考量覆盖范围（"广度"），还需聚焦于检察人员介入调查的"深度"。若检察人员的参与仅浮于表面，则机制恐沦为形式，削弱其实效性与效率。检察人员深入参与的核心在于他们介入调查的具体时间节点。《人民检察院提前介入监察委员会办理职务犯罪案件工作规定》（以下简称《提前介入监察调查规定》）对介入时机进行了明晰。同时，《关于加强和完善监察执法与刑事司法衔接机制的意见（试行）》亦强调，检察机关介入不得先于监察机关审理部门的介入。但是2019年颁布的《人民检察院刑事诉讼规则》对此细节未予详尽阐述，导致实务操作中出现了一些问题，如当监察机关调查部门向审理部门转交案件时，常面临留置期尾声逼近，留给检察机关的介入时间极为有限，严重挑战了介入工作的质量。此外，即便检察机关提出宝贵意见与建议，监察机关亦常因时间紧迫难以充分补充或完善证据链，最终使得提前介入的初衷难以实现，形式化倾向明显。②

（三）检察机关提前介入工作方式失范

根据《提前介入监察调查规定》，检察机关提前介入职务犯罪调查的核心任务可归结为三方面：首先，全面获取案件详情；其次，研读与案件紧密关联的各类文件与资料；最后，细致审查录音录像资料，确保证据链条的合法性无虞。在此基础上，还需就证据完整性、事实认定准确性、强制措施适用乃至监察文书的规范性等方面，提出建设性的意见与建议。

听取案件情况介绍是检察机关开展好提前介入工作的基石，旨在初步了解案件。随后，通过对案件相关文书的审阅与搜集，得以洞悉调查过程的细微之处，深化对案件全貌的理解。此阶段不仅关乎定罪量刑基本信息的把握，更涉及对案件性质的精准界定。同时，检察机关人员还需运用其专业视角，

---

① 参见石炳杰：《法政治学视阈下检察机关提前介入监察调查程序问题研究》，内蒙古大学2023年硕士学位论文，第27页。
② 参见詹建红：《检察机关提前介入监察调查的制度性思考》，载《法商研究》2023年第2期。

对证据材料进行初步评估，以识别争议焦点，并着重审视证据的合法性边界。若遇证据合法性存疑，则可进一步请求调取讯问及询问过程同步录音录像，以便直接验证证据收集的合法性，防范非法取证行为。当前，检察机关在提前介入监察调查实践中，普遍采用"书面审阅"与"间接审查"两种模式，但此模式在契合"审判中心主义"诉讼制度改革对于"亲历性"的要求方面，显得力有未逮。尤为关键的是，"间接审查"在保障证据合法性及被调查人诉讼权利上，存在明显局限。①

五、检察机关提前介入监察机制的完善路径

（一）明确检察机关提前介入案件范围

关于提前介入案件范围，学界倾向于《衔接办法》规定的"重大、疑难、复杂"案件标准，且地方监察、检察机关，可依据本地区案件特性、数量规模及社会影响等因素，在"重大、疑难、复杂"这一总体框架下，协商明确具体的介入案件类别。②然而，鉴于监察机关的协作意愿、案件处理的个性化需求及检察机关资源的有限性，对介入范围进行合理限定显得尤为关键。因此，将检察介入限定于"重大、疑难、复杂"范畴，不失为一种合理的平衡之道。

此外，鉴于当前监察与司法体系改革同步推进，制度规划需兼顾各方，确保改革举措间的和谐共融。在划定检察机关介入监察调查案件范围时，可借鉴认罪认罚从宽制度，区分认罪与不认罪案件的处理路径。对于在监察阶段即展现认罪认罚态度的案件，其真实性与自愿性在审查起诉阶段确认即可，此时检察机关的提前介入或可视为非必要。故此，结合前述"重大、疑难、复杂"标准，可进一步细化为"不认罪的被调查人所涉的重大、疑难、复杂案件"。此安排既贴合实际需求，又便于操作执行，同时与认罪认罚从宽制度

---

① 参见李佳威：《论检察机关在监察调查阶段的提前介入》，载《内蒙古大学学报（哲学社会科学版）》2022年第4期。

② 参见朱全宝：《论检察机关的提前介入：法理、限度与程序》，载《法学杂志》2019年第9期。

形成良好互补，有助于审前阶段案件的有效分类与高效处理。①

（二）前移检察机关提前介入时点

根据对检察机关提前介入案件范围的分析，确实有必要将其介入时间提前至调查实施阶段。依据《提前介入监察调查规定》第 4 条，检察院应在对案件启动审查程序、完成调查并将审查起诉程序移交的 15 日前提前介入。由于职务犯罪案件本身的隐蔽性和秘密性，监察调查过程具有高度的封闭性和保密性。因此，选择合适的提前介入时机是确保案件高效处理的关键。而过早或过晚的介入都可能影响其功能的正常发挥，故将介入时间设定在调查实施阶段显得尤为合适，这在实践中也得到了验证。在案件办理过程中，言词证据通常占据重要地位，而这种证据主要来源于口供，其收集过程可能导致刑讯逼供等不法手段的出现。因此，检察机关应在初次留置询问时就进行介入。如果未能及时介入，在录音录像证据制度尚不完善的情况下，后期审查中可能难以排除非法证据，甚至当事人的合法权益也会受到影响。对于某些复杂疑难案件，如果采取了勘查措施，则应在勘查手段实施时即予以介入，这与刑事犯罪现场的易变性密切相关。实际上，对于时效性极高的调查活动而言，如果补充证据和优化建议的提交时间不在调查程序内，可能会导致证据的灭失或污染。②

（三）优化检察机关提前介入工作方式

检察机关在提前介入阶段的职能担当深刻塑造了其工作模式，不仅强调提供高质量的介入意见，还严格规避与监察机关在案件处理上的直接交集。实践中，检察机关主要通过审阅卷宗与听取监察人员口头汇报两大途径实施提前介入。然而，这两种信息获取方式可能存在主观偏见，信息或已遭筛选，难以确保案件全貌的精准呈现，进而削弱介入意见的客观性与全面性。为强化提前介入的实效性与制约效能，参与此过程的检察官需严谨审视证据合法性，并保有向监察机关申请调阅同步录音录像资料的权利，以确保证据链条

---

① 参见何静：《检察介入监察调查：依据探寻与壁垒消解》，载《安徽师范大学学报（人文社会科学版）》2020 年第 6 期。

② 参见赵梦霞：《监检衔接关系中检察权提前介入研究》，载《河南司法警官职业学院学报》2024 年第 2 期。

的完整与真实。同时，检察官应秉持中立立场，避免介入对被调查人或证人的询问等调查活动，以防止与监察职能的混淆。另一方面，监察机关应秉持合作与透明的原则，积极为检察机关的提前介入工作创造有利条件，包括但不限于详尽阐述案件背景、提供完整的监察文件及证据资料，并在检察机关提出需求时迅速响应，提供必要的录音录像资料，共同促进案件处理的公正与高效。①

六、结语

检察机关提前介入监察机制作为具体的实践措施，这一机制逐渐演变为处理职务犯罪的常态化方式，对促进监察机关依法进行反腐和提高反腐效率发挥了积极作用。然而，实际操作中仍面临如介入案件范围不明确、介入时机不合理以及工作方式不规范等。为了解决这些问题，需要明确检察机关与监察机关在提前介入机制中的配合与制约关系，并从明确介入案件范围、调整介入时点和优化工作方式等方面着手，以实现检察机关提前介入监察机制的规范化，为实务工作者提供更好的指引。

---

① 参见阳平：《检察提前介入监察：正当性、限度与制度建构》，载《南京大学学报（哲学·人文科学·社会科学）》2022年第5期。

环境民事公益诉讼参与主体权能困境与实现

邹国正　敬　雄[*]

摘要： 我国环境民事公益诉讼制度仍在完善过程中，虽然对参与主体的职权作出了初步规范，但权能研究还有待深化。公民通过诉讼方式表达环境权利的需求未得到回应，拥有第一诉讼顺位的社会组织缺乏诉讼能力与积极性，而行政机关协助诉讼又引发了行政机制受弱化的问题。为在实然层面提升司法途径治理生态环境的整体效能，需要充分发挥公民监督作用和行政机关对环境问题的首次判断作用，让环境问题在行政机制中得到充分处理。完善支持起诉制度，提高社会组织的参与度，弥补其专业性缺陷。

关键词： 公益诉讼　参与主体　权能实现　行政机制

一、问题的提出

我国环境民事公益诉讼正式确立于 2014 年修订的《环境保护法》，凭借司法的终局性拉起了环境保护的最后一道防线，弥补了行政机关在环保工作中的制度缺憾，回应了人民群众对重大环境纠纷的司法呼应。中共中央办公厅与国务院办公厅印发《关于构建现代环境治理体系的指导意见》明确提出

---

[*] 邹国正，四川轻化工大学法学院副教授；敬雄，四川轻化工大学法学院 2023 级法律硕士研究生。

基金项目：四川轻化工大学研究生创新基金项目"环境民事公益诉讼参与主体权能调整研究"（Y2024040）。

了要以强化政府主导作用为关键,① 以更好动员社会组织和公众共同参与为支撑,形成环境保护工作合力,坚持多方共治,明晰政府、企业、公众等各类主体权责,形成全社会共同推进环境治理的良好格局。可见行政机关是环境治理责任的主要承担者,但行政与司法是环境保护机制中两个不同的部分,行政权力在公益诉讼中的权能不明则容易产生权力僭越。张卫平教授将公益诉讼定义为——非以维护自身民事权益,由特定的机关、团体和个人提起的旨在维护社会公共利益的追究其民事责任的诉讼。② 但在现行制度中,公民通过司法途径表达环境诉求的机制未确立,从事环境保护工作的社会组织被放在提起环境民事公益诉讼的第一顺位,但每年大部分环境民事公益诉讼却由检察机关提起,社会组织中也只有少数北京的公益组织积极参与到环境民事公益诉讼中,诉讼能力和意愿明显不能胜任其诉讼顺位。

二、环境民事公益诉讼参与主体权能现状

(一) 社会组织诉讼能力与诉讼顺位不适配

国家治理体系要求形成多元共治的格局,在环境民事公益诉讼制度中就纳入了社会组织为第一顺位提起诉讼以减轻环境保护工作的国家依赖性。但作为"民间力量"的社会组织在复杂的诉讼中存在诉讼困难不可避免,为此,在规范制定上和诉讼过程中都较为包容社会组织。确立了释明变更规则、支持起诉规则、证明妨碍规则和原告败诉费用承担规则。但制度补丁并不足以保证环境公益诉讼制度的稳健运行。首先是要求被告承担环境修复责任的具体数额方面,污染损害后果具有累积性和隐蔽性,环境损害发生后可能存在持续性损害,造成诉讼中承担修复责任的具体数额认定困难。例如在自然某友、绿某会诉常某化工公司、某宇化工公司案中③,环境污染正在由政府实施

---

① 《关于构建现代环境治理体系的指导意见》是党中央为贯彻落实党的十九大部署,构建党委领导、政府主导、企业主体、社会组织和公众共同参与的现代环境治理体系提出的意见。由中央全面深化改革委员会第十一次会议于 2019 年 11 月 26 日审议通过,由中共中央办公厅、国务院办公厅于 2020 年 3 月 3 日印发。
② 参见张卫平著:《民事诉讼法》,法律出版社 2022 年版,第 412 页。
③ 江苏省高级人民法院 (2017) 苏民终 232 号民事判决书。

管控与修复，人民法院认为数额无法确定，驳回了该项请求。其次是社会组织不能把握公益诉讼的公益受损害标准，仅凭行政处罚的记录提起公益诉讼。在环某中心诉某镇精饰厂案中①，某镇精饰厂违反环评制度与三同时制度，环友中心仅根据环保部门提供的相应违法记录提起诉讼，最终法院以不能证明某镇精饰厂的环境违法行为实际造成社会公共利益损害或具有损害社会公共利益的重大风险为由驳回了诉讼请求。

截至 2024 年 5 月，通过裁判文书网检索一审环境民事公益诉讼案件，共检索到 21 家公益组织提起过环境民事公益诉讼，其中注册地址在北京的组织共有 8 家。共有 6 家公益组织累计提起 5 件及以上环境民事公益诉讼，而注册地在北京的组织共有 5 家。西部省份只有重庆市两江服务中心和重庆市绿联会提起 3 例环境民事公益诉讼，东北部省份没有公益组织提起环境民事公益诉讼。目前公布的环境民事公益诉讼共计 187 件，检察机关共提起 115 件，6 家活跃的公益组织共提起 48 件公益诉讼，其余 15 家公益组织累计提起 24 件公益诉讼。可见处于第一诉讼顺位的社会组织诉讼意愿与诉讼能力不足，未能承担起相应的社会责任。

（二）公民诉讼参与定位不明

公益诉讼所指的公益是一国范围内公民共同享有的利益，即在一定社会条件下或特定范围内不特定多数主体利益相一致的方面，② 可以细分为经济利益等实体利益和公平、正义、美德等抽象的精神价值。环境包括生活环境、生态环境和自然资源，自然资源毫无疑问归属于国家，生态环境和生活环境则只能由人们共同享有，只有个人才具有环境利益。损害环境则会侵犯到不特定多数人生存发展的实体利益和健康生活、平等生产经营的抽象价值，按照传统的诉权理论，公民是生态环境损害事件中最直接的受害者，公民是最具合理性提起恢复原状、停止侵害和赔礼道歉等诉讼请求的公益诉讼主体。③对于公民能否作为环境民事公益诉讼原告，也有部分学者持反对意见，认为

---

① 浙江省高级人民法院（2020）浙民终 847 号民事判决书。
② 参见余少祥：《什么是公共利益——西方法哲学中公共利益概念解析》，载《江淮论坛》2010 年第 2 期。
③ 参见白彦：《环境民事公益诉讼原告主体资格问题研究》，载《浙江社会科学》2016 年第 2 期。

当前不具有赋予公民提起环境民事公益诉讼主体资格的土壤和环境。学界对公民原告资格否定多出于公民诉讼能力和诉讼意愿的考量，因为生态环境损害类案件比其他类型的案件更具专业性，在调查取证阶段就将面临较大的障碍，需要技术性人才和足够资金的支持。但有的学者对此提出了质疑，认为公民与社会组织具有天然的相似性，法律并未限制社会组织的诉讼能力与经济能力，仅以诉讼能力和经济能力否定公民原告资格的观点站不住脚。

（三）行政机制一定程度受弱化

受制于环境问题的专业性，行政机关不可避免要参与到环境民事公益诉讼中来，起到协助诉讼的作用。司法具有谦抑性，行政具有主动性，二者对环境问题的解决必然具有先后顺序。

1. 混淆民行关系

因为在环境污染事件中，损害者受制于专业性大多不具有承担环境修复责任的能力，便规定人民法院可以判决被告在承担修复责任的同时确定或直接判决被告不履行义务时应当承担的修复费用。实践中便多由政府替代承担生态环境修复责任，而在行政法领域存在代履行的强制措施，即行政机关自己可以代替当事人履行义务，事后向当事人收取一定费用。要求行政机关替代履行的方式便被披上了行政协助司法的外衣，但不同于查封、扣押、冻结等措施，环境修复难度高，且存在因损害持续发生而难以确定的情况，实际上是以司法裁判的方式要求行政机关启动"行政强制措施"，环境的污染损害者并没有实际参与到环境修复工作中，违反了环境法中的污染者责任自负原则①。在具体案件中，公益诉讼原告甚至会主张行政机关支出的行政强制措施费用，更加混淆了民行法律关系。

2. 司法机制前端化

行政执法具有效率、便捷与强制的优点，是生态环境受到破坏后的首要救济路径，在整个救济过程中起到首次判断作用，② 环境民事公益诉讼作为司法程序，则是保护生态环境的最后一道防线。环保机制的运行程序应当先经

---

① 参见樊杏华著：《环境损害责任法律理论与实证分析研究》，人民日报出版社 2015 年版，第 122 页。

② 参见李义松、闫媛媛：《生态环境损害救济的路径调适及入典规则安排》，载《河北工业大学学报（社会科学版）》2024 年第 1 期。

由行政机关处理，若处理后未能修复环境、消除影响以及行政机关不作为，再由适格原告以公益诉讼的形式启动环境保护的司法机制。而实际上公益诉讼却在弱化行政机制，导致了司法机制的前端化。首先，环境污染事件的当事人会经由行政机关处理或进入刑事诉讼程序，在刑事诉讼程序中检察机关会提起刑事附带民事公益诉讼，社会组织则是根据新闻报道和行政处罚记录径直提起公益诉讼。因此，实践中出现了环境污染问题还未由行政机关充分处理就进入诉讼程序的情况。其次，行政机关可以通过强制执行解决的环境问题本不需要以纠纷的形式进入到诉讼程序，该类判决使得司法机关冲到了行政机关前代为其执法，侵入了行政的"疆域"。①

三、环境民事公益诉讼参与主体权能检视

（一）纠纷牵涉领域专业度过高

在具体的诉讼过程中，环境民事公益诉讼专业度过高主要体现为原告举证和法院事实认定两方面，而诉讼中论证的事实又可分为已经发生的损害和将来可能发生的损害。对于已经发生的损害，环境污染不能简单地量化为货币以供人民法院认定事实，原告准备起诉材料时需要委托专业的鉴定机构进行鉴定，并支付高额的鉴定费用。生态环境破坏作为一个动态的过程，污染物含量会随着时间和空间的变化而进行不特定的扩散，法院在事实认定时也需要专家提供专业问题的咨询。经过鉴定认定的事实也不能等同于事实上生态环境受到的损失，只是在技术上拟定的损害结果。对于将来可能发生的损害，一般将该类诉讼定义为预防性环境民事公益诉讼，重大风险可能在行政领域经过合法的评估，其认定还可能涉及一地的经济发展而受到地方保护主义的阻碍。重大风险还是未实际发生的损害，其认定更不可能通过量化来进行认定，只能参考行政行为或者采纳专业机构科学技术的风险评估结果，而对科学技术过度依赖则无法回应公众的现实需求。② 在当前的公益诉讼制度

---

① 参见杨雅妮：《环境民事公益诉讼中司法权与行政权的关系》，载《北京行政学院学报》2023年第3期。

② 参见韩康宁、冷罗生：《论预防性环境民事公益诉讼中"重大风险"的司法认定》，载《中国人口·资源与环境》2023年第7期。

中，审判机关尚存在审判困难，社会组织参与诉讼更是举步维艰，公民不适宜纳入起诉主体。

(二) 检察机关应当保持谦抑

公益诉讼适用的是民事诉讼程序，那么首要就是保证原被告双方诉讼地位平等，检察机关提起公益诉讼便具有非优先性。检察机关的首要职能应当是提起刑事诉讼，环境民事公益诉讼具有相当大的难度，基于衡平诉讼资源的考虑，若是鼓励检察机关冲在公益诉讼第一线便会影响检察机关其他职能的发挥。检察机关提起民事诉讼还需要考虑到检察机关运用刑事调查手段调查民事案件事实是否妥当，而检察机关本身还是法律监督机关，既作为当事人又作为监督人，在民事诉讼中能或不能抗诉都会有失制度的妥当性。具言之，检察机关作为后顺位的公益诉讼提起者和支持起诉者更为合适。行政机关对环境问题具有行政执法的职权，公民在法感、诉讼能力、资金方面都较弱，通过借鉴国外成熟的公益诉讼制度，环保公益组织在理论上最适合提起环境民事公益诉讼。

(三) 环保工作轻视机制顺序

人民法院作为审判机关不具有直接保护生态环境的执行系统，环境资源庭也难以承担起直接认定案件事实作出裁判的审判任务，行政机关参与到环境民事公益诉讼在当前是不可避免的。全观《环境保护法》，政府都是环境保护的第一责任人，若是政府具有处理环境问题的优先性，则需要考虑环境公益诉讼的诉的利益。若政府提起已经处理完毕或正在处理环境问题，环境问题显然是不需要以纠纷的状态通过诉讼的方式进行处理，对于正在处理的重大环境问题，环境损害人和法院都没有执行判决的能力，则也不符合实效性。若污染者愿意在环保部门的监督下主动承担环境修复和生态损害赔偿责任，环境破坏事件更不需要以争议的形式进入诉讼程序。具言之，环保事业过于重视公益诉讼的作用，忽视了行政机关的首次判断权和环境治理的优先性，有意将司法体制的位置前置并弱化行政体制的前端作用，导致社会组织在政府还未充分处理损害事件时便急于通过司法程序保护生态环境，造成审判不能和象征性宣告，浪费了司法资源。

四、环境民事公益诉讼参与主体再定位

(一) 厘清诉讼中的民行关系

行政机关参与到环境民事公益诉讼中是为了弥补审判机关的执行力与专业性的缺失，行政机关以搭便车的方式将职权范围内的事项交由审判机关以判决的形式行使，显然混淆了权限的边界，误导了公益诉讼的发展方向。

第一，要把握好环境破坏事件是否到达公益损害的标准。对于企业和个人在生产生活中实施的损害生态环境的行为是否达到了公益损害的界限，社会组织和检察机关并不能准确认定，通过专业机构得出的鉴定意见也只能反映出生态损害的经济损失和自然界中污染物的含量。损害生态环境行为的刑事标准、行政标准以及公益标准不能等同，对已经发生损害的公益标准把握需要具体结合实际造成的损失和将要持续发生的损害进行认定，若行政机关及时实行管控和进行修复并将环境损害控制在公益标准以下，即使是重大违法行为也只需要通过行政处罚和刑事诉讼程序进行处理，轻微超标排污一类的行政违法行为则更不需要进入民事诉讼程序。

第二，在环境民事公益诉讼案件中需要厘清诉讼请求是民事性质还是行政性质。行政机关在环境损害事件中的费用支出主要为代履行费用，包括鉴定评估费用和管控修复措施的费用，是行政机关依职权而作出行政行为支出的费用，不能强行将其解释为无因管理产生的费用，当前也找不到任何将其放到民事诉讼程序予以请求的民事法律依据。该部分费用应由行政机关向当事人追缴，不能单纯追求效率而将行政支出放到民事诉讼中请求当事人支付。

(二) 反映公民的环境需求

公民提起环境民事公益诉讼只是多一个司法救济渠道，渠道的多少并不是设计环境民事公益诉讼的目的，公益诉讼最终是要解决涉及公共利益的生态环境损害问题。理性的人在其纠纷诉诸法院之前都会进行一番成本与收益的分析[1]，当前环境民事公益诉讼的专业性与诉讼成本远非公民个人的诉讼能

---

[1] 参见陈亮著：《美国环境公益诉讼原告适格规则研究》，中国检察出版社2010年版，第72页。

力所能应对，加之当前的公益诉讼制度尚需继续完善，公民作为原告提起环境民事公益诉讼不建立在一个更加完善的支持起诉制度上，将会发生比当前社会组织存在的积极性低、滥诉、诉讼能力缺乏等更多、更严重的问题。

公民参与环境治理工作的优势在于生态环境损害的发生往往会直接侵犯到部分公民的权益，且部分公民会持续经历生态环境损害的过程，公民具有最强的监督优势。公民可以通过向从事环境保护工作的社会组织反映问题，由社会组织作出判断后与政府协商或直接提起环境民事公益诉讼，法庭则可以吸收与环境损害关系较深且愿意以无独立请求权第三人身份参加的公民，作为辅助型第三人在诉讼中辅助原告，代表广大受损害群众对案件的事实认定和法律适用发表意见，法官也可以通过此种做法更好地综合各方意见形成公益损害的内心确认。

(三) 重视环境公益纠纷行政化解机制

环境民事公益诉讼不仅需要厘清行政机关与审判机关的职权与定位，还需要实现行政权与司法权的优势互补，即司法权严守谦抑性、尊重行政机关的专业性和优先性，发挥行政权协助司法和化解纠纷的作用。在具体工作中便需要行政机关在以行政方式处理生态环境损害事件时，发挥首次判断作用确认是否达到公益损害标准，再代表全体公民向损害者提出生态损害赔偿请求，向社会公开具体数额并广泛征求意见，如果损害者愿意主动作出赔偿便不需要进入诉讼程序。结合行政机关对生态环境损害事件的代履行，环境损害事件还可以通过行政机关履行职责解决，即可由行政机关代履行后追缴生态环境修复费用和协商支付生态环境损害赔偿费用。若行政机制失效，即修复后生态环境损害仍持续发生、损害者不愿或无力支付生态环境损害赔偿费用、赔偿的费用不能填补生态环境所受的损害，再由适格原告提起诉讼，法院以终局判决的形式对整个事件定分止争，尽量避免行政机关在执行程序中代替环境损害人承担环境修复责任。

(四) 提高社会组织诉讼参与度

当前参与环境民事公益诉讼的社会组织在地域分布上存在不平衡，提高社会组织诉讼参与度可首先从行政区划入手，由地方人民政府发展本行政区划范围内的社会组织，集中资金支持本地符合起诉条件、长期从事环保事业且做出卓越贡献的社会组织。建立明确且不与诉讼标的挂钩的奖励制度，《环境保护法》第十一条规定人民政府给予参与环保工作有显著成绩的单位和个人奖励，地方人民政府可以每年提起公益诉讼的数量为依据，为参与诉讼的社会组织提供专项奖励。通过集中发展少数社会组织，各省份都可具有从事公益诉讼所需资金条件的社会组织，但还需以参与案件的数量为条件，将社会组织划分为能在全国范围内和在注册省份范围内提起诉讼两个级别，防止社会组织为追求收益而滥诉的风险和地方保护主义妨碍本地社会组织起诉。针对当前社会组织能够提起诉讼的范围被检察机关限缩到了诉讼难度较大的案件类型中，需要建立配套的支持诉讼制度，在提起诉讼阶段借鉴美国的相关制度为环境民事公益诉讼设置诉前程序。除预防性环境民事公益诉讼案件和行政不作为外，其他案件皆以告知有管辖权的行政机关为前提，由行政机关充分处理后向公益组织出具意见书，载明行政机关对是否达到公益损害标准的意见、生态环境修复的具体情况、损害是否仍在持续以及损害的具体情况。通过意见书，法院可以更好判断是否达到公益损害标准以及当前造成损害的具体认定范围，从而减轻案件审理难度。最后，为维持平等的民事诉讼构造，检察机关应当保持谦抑，除去刑事附带民事公益诉讼案件，其他案件尽量由社会组织提起，充分发挥检察机关的支持起诉作用。

环境公益诉讼体系构建之实证分析

杨汉国　李晓帆[*]

摘要：环境公益诉讼作为救济生态环境损害的重要司法制度，在实务中扮演着越来越重要的角色。本文采用实证分析方法，针对环境公益诉讼制度的现实困境与完善路径进行专门探讨。研究发现，环境公益诉讼司法救济效果不佳的原因主要包括环境公益诉讼起诉人范围局限、检察权界限模糊以及调解与和解适用困境等。通过成因分析，文章提出了完善我国环境公益诉讼体系构建效能的路径，包括调整环境民事公益诉讼中的"公益起诉人"主体范围、明确环境行政公益诉讼中检察权行使的界限以及细化环境公益诉讼和解程序，加强对调解协议的监督。通过这些措施的实施，旨在提高我国环境公益诉讼体系的效能，更好地保护环境公共利益。

关键词：公益诉讼　体系构建　完善路径

一、引言

2012年修正的《民事诉讼法》首次确立了环境公益诉讼制度，特别是第五十五条明确了这一制度。随后，2014年修订的《环境保护法》第五十八条进一步明确了社会组织提起此类诉讼的资格条件。2015年7月，全国性的检察环境公益诉讼试点工作正式启动。经过实践的检验，对立法提出了完善建议，因此在2017年《民事诉讼法》和《行政诉讼法》的相关条款得到了修正，为环境公益诉讼制度提供了更完整的体系框架。在我国学术领域，环

---

[*] 杨汉国，四川轻化工大学法学院教授；李晓帆，四川轻化工大学法学院2023级法律硕士研究生。

公益诉讼的研究主要集中在比较法研究、预防性环境公益诉讼框架的构建以及理论基础的深入分析。然而，当前的研究往往只关注环境公益诉讼的特定方面，缺乏对整体框架的全面分析，并且虽然理论上有所发展，但往往难以转化为司法实践中的应用。因此，本文旨在对中国的环境公益诉讼体系进行实证研究，通过分析相关案例，探讨近年来出现的主要问题及其原因，并提出改进策略，以期为环境公益诉讼的实施效果和专门立法提供参考。

二、环境公益诉讼体系构建中的司法实践现状

（一）环境民事公益诉讼体系构建中的起诉人的范围

1. 社会组织

首先，社会组织在提起诉讼时，往往需要克服资金和人力的限制。由于环境公益诉讼往往涉及复杂的环境问题和长期的诉讼过程，环保组织需要投入大量的资源进行调查、取证和法律诉讼，这对许多组织来说是一个不小的挑战。江苏泰州"天价"环境公益诉讼案，该案件涉及社会组织提起的环境公益诉讼，是重大环境公益诉讼案件之一。该案件是2014年《环境保护法》修订实施后，环保社会组织首次提起的公益诉讼，同时，它也是中国迄今为止赔偿金额最高的环境侵权案件，可谓环境公益诉讼领域的"分水岭"。该案的裁决展现了司法对生态文明建设需求的响应，对环境法治维护环境正义、保护生态平衡的核心要求的重视，[①] 成为环境侵权诉讼新常态的先导。其次，环保组织在诉讼过程中可能面临来自被告方的压力和阻力。一些企业或个人可能利用其经济和政治影响力，试图阻碍环保组织的诉讼活动。因此，需要进一步完善相关法律法规，确保环保组织在诉讼中能够得到公正对待，其合法权益不受侵犯。

2. 公民个人

在环境民事公益诉讼体系构建中，除了环保组织之外，公民个人也是重要的起诉人。公民个人作为环境公益诉讼的原告，可以更直接地反映社会公

---

① 参见珠勒花：《对生态环境民事公益诉讼主体定位的浅析》，载《环境保护》2023年第51卷（Z1）期，第74页。

众对环境问题的关注和诉求。全国首例公民个人提起的环境公益诉讼案是蔡某海诉龙某光环境污染损害赔偿案，这个案例突破了民事诉讼要求"原告必须与本案有直接利害关系"的法律规定，冲击了新《民事诉讼法》将公益诉讼主体限于"法律规定的机关和有关组织"的规定，① 为公民个人提起环境公益诉讼提供了先例。环境问题往往与每个人的生活息息相关，公民个人提起公益诉讼可以更有效地推动环境问题的解决，促进环境保护法律的实施。

（二）环境行政公益诉讼体系构建中检察权的行使

环境行政公益诉讼体系中，检察机关的角色定位存在一定的争议。检察机关既担当着公共利益的代言人，又肩负着法律监督的职责，这种双重身份使得其在诉讼中的地位和职能难以完全符合诉讼法基本原则中的平等原则。针对检察机关提起的环保公益诉讼，笔者以《睢宁县人民检察院诉睢宁县环保局不依法履行环保监督管理职责一案》为题，详细描述了 2017 年 9 月至 10 月期间，冯某康等人在浙江省舟山市嘉某清舱公司等地非法购进有害废物船清舱淤渣，并将其非法运输至江苏省睢宁县岚山镇陈集村一砖厂，并进行了违法排放。2019 年 5 月 27 日，睢宁县检察院向睢宁县环保分局下发了《检察建议》，要求其依法履行环保监督管理责任，对涉案污泥进行规范贮存，并及时移交具有危险废物处置资质的单位依法处理。检察权在环境公益诉讼中的行使体现了检察机关作为法律监督机关的职能，② 在此类诉讼中，检察权与行政权的有效协调是一个关键议题。检察机关在行使其职权时，必须考虑到行政权的职责范围，并在各自的职权范围内依照法定程序独立履行职责。③

（三）调解与和解在环境民事公益诉讼体系构建中的适用

关于环境民事公益诉讼中调解与和解的运用，笔者选取了"北京市朝阳区某研究中心、浙江八某工程股份有限公司等生态环境保护民事公益诉讼二

---

① 李琳：《论环境民事公益诉讼之原告主体资格及顺位再调整》，载《政法论坛》2020 年第 38 卷第 1 期，第 162—169 页。

② 秦鹏、何建祥：《论环境行政公益诉讼的启动制度——基于检察机关法律监督权的定位》，载《暨南学报（哲学社会科学版）》2018 年第 40 卷第 5 期，第 72—82 页。

③ 张鲁萍：《检察机关提起环境行政公益诉讼功能定位与制度建构》，载《学术界》2018 年第 1 期，第 137—149 页。

审民事调解书"，案件审理过程中，当事人自行和解达成协议，请求人民法院确认，"浙江八某工程股份有限公司对此前存在的未依法合规使用临时用地5个月的问题进行了整改，永康市石柱镇人民政府、永康市自然资源和规划局及永康市农业农村局出具的与土地复垦相关的证明文件，显示负有环境保护监管职责的部门正在依法履行监管职责，实现全面达标复垦土地的目标，故北京市朝阳区某研究中心提起本环境损害公益诉讼案件的目的已经基本实现"。可见，和解协议制定的修复方案往往更具体详尽，更有利于执行和监督工作的开展。①

三、我国环境公益诉讼体系构建中的困境

（一）环境民事公益诉讼体系构建中的起诉人的范围过于局限

2014年修订的《环境保护法》对环保社团提起环境民事公益诉讼的资格进行了严格限定，规定只有那些"专业经营环保公益行为超过五年且无违法记录"的组织才有资格。这一规定显著缩小了能够参与环境民事公益诉讼的社会组织的范围，使得原本就有限的公益诉讼原告资格变得更加稀缺。相关数据显示，尽管全国注册的环保团体数量已超过7000个，但符合《环境保护法》要求的仅有700余个。在实际操作中，以"绿发会""中华环保协会""金华市环保文化服务中心""重庆市环保志愿者联盟"等为代表的环保团体，其在公益诉讼中的作用并未得到充分发挥。②

根据《民事诉讼法》第五十八条的规定，公益诉讼主要针对污染环境、侵害众多消费者合法权益等损害社会公共利益的行为。这类诉讼由法律授权的机关和相关组织提起，目的是保护社会的共同利益，而不只是保护个别当事人的利益。在我国，《海洋环境保护法》《野生动物保护法》《土壤污染防治法》和《固体废物污染环境防治法》等法律赋予了公民个人监督和举报环境行政问题的权利，但并未赋予公民个人直接提起环境行政公益诉讼的权利。

---

① 黄大芬、张辉：《论生态环境损害赔偿磋商与环境民事公益诉讼调解、和解的衔接》，载《环境保护》2018年第46卷第21期，第46—50页。
② 易佳佳：《我国环境公益诉讼制度的法理分析》，载《黑龙江环境通报》2024年第37卷第5期，第148—150页。

在实际操作中,尽管许多公民个人提出了涉及环境行政公益的监督举报案件,但这些诉讼请求通常不会被支持。① 根据我国现行法律规定,公民个人一般不被允许直接提起环境公益诉讼,环境公益诉讼的主体通常限制为法律授权的机关和相关组织。

(二) 环境行政公益诉讼体系构建中检察权行使的界限模糊

在我国,只有人民检察院才具有提起环境行政公益诉讼的权力。对于政府没有正确地运用环境监察职权,或有不作为情形,人民检察院应当给予意见,督促其依法采取措施。如果该机构没有按照法律规定采取措施,那么人民检察院就会提起公诉。这样,公诉机构既是执法者,也是监察人②,一方面,它以保护公众利益为由,提出了针对生态破坏、环境污染等犯罪的起诉;另一方面,发挥司法监察职能,确保各职能部门间的相互制约与均衡。但是,这种方式也有可能导致当事人在诉讼中的身份与作用与诉讼法上的公平主义不相适应。

由人民检察院提起的环境行政公益诉讼,与由公民或团体提起的民事诉讼相比,具有显著的区别。首先,检察部门还拥有其他的程序权力,比如对检察机关提出的意见作出答复和作出适当的反应等。而且,与一般的行政诉讼相比,一般的行政诉讼需要当事人提出请求,而不需要提起公诉方的请求,就可以通过法院的直接转送。③ 但是,在取证阶段,机构占有绝对的上风,相对来说,公诉部门由于拥有与一般被告一样的取证权,因而在取证方面受到局限,在程序上也有弱势,被视为一种相对宽松的合作机制这种冲突的根源,就是检察机关在起诉权利中融合了监督权的因素。④ 在环境行政公益诉讼中,检察监督权与司法权之间的互动,形成了一种嵌入式的监督方式,其最大的弊端就是,作为当事人的检察机关,有时候会把公诉权与监督权的界限弄得

---

① 孙海涛、张志祥:《论我国环境公益诉讼原告主体资格的拓展与抑制》,载《河海大学学报(哲学社会科学版)》2020年第22卷第4期,第97—104页及第109页。
② 张梓太、程飞鸿、张守慧:《检察环境公益诉讼的实践隐忧和完善路径——从功能与定位的视角切入》,载《环境保护》2020年第48卷第16期,第9—13页。
③ 解文敏:《域外环境公益诉讼制度及其对我国的启示》,载《四川环境》2021年第6期,第144—148页。
④ 刘艺:《检察公益诉讼的诉权迷思与理论重构》,载《当代法学》2021年第35(1)期,第117—127页。

模糊不清。

(三) 调解与和解在环境民事公益诉讼体系构建中适用的困境

在环境民事公益诉讼中，调解必须确保不侵犯社会公共利益，这要求法院对调解协议进行细致的审查，以保障调解结果不会对公共利益造成损害。然而，目前对于如何界定是否违背公共利益，实践中尚未达成广泛的共识，这增加了实际操作的复杂性。在评估调解协议是否违背社会公共利益时，法院缺乏一套统一的审查准则和力度，这可能导致不同案件的裁决结果出现差异。调解协议一旦达成，其后续的执行和监督同样面临挑战，必须确保调解协议得到切实履行。鉴于环境公益诉讼案件的执行通常耗时且复杂，法院可能对此类案件的调解持有保留态度。

从实践的经历来看，我国民事诉讼法专业的学者大多将环境民事公益诉讼归为民事诉讼，在处理民间争议时，大部分都是通过调解的方法来解决。从社会角度看，当调解与审判都可以达到相同的环保公益保障目的时，以调解作为一种手段来处理，是合乎情理的。但是，对于这一问题，我国的环境法学界却存在分歧，主张以和解的形式解决，以保护公共利益为目的。其根本原因在于，在我国，由于环境民事公益诉讼的本质是为了保护社会公共利益，而不能以"直接利害相关者"的身份进行起诉，从而导致其无法适用和解、调解等纠纷解决方式。同时，检察机关提起的公益诉讼，旨在维护国家和社会公共利益，具有其独特的法律地位和作用。根据《人民检察院公益诉讼办案规则》，检察机关在办理公益诉讼案件时应遵守宪法法律规定，并遵循诉讼制度的原则。在和解方面，检察机关提起的公益诉讼通常不适用和解，因为这可能会损害到公共利益的保护。这是因为检察机关在公益诉讼中并非直接的社会公共利益的权利人，而是法律拟制的维护者，其职责在于依法申请执行，并协助法院采取执行措施以保护社会公共利益。

四、完善我国环境公益诉讼体系构建效能的路径

(一) 调整环境民事公益诉讼中的"公益起诉人"的主体范围

首先，根据《最高人民法院关于审理环境民事公益诉讼案件适用法律若

干问题的解释》的规定，社会组织有权提起环境民事公益诉讼，社会组织参与环境公益诉讼能够与检察机关形成良好的互动，共同促进环境行政公益诉讼治理效能的最大化。社会组织的参与使得起诉主体从"一元化"到"多元化"，有助于避免公权机构所存在的"规制俘获"或"权力寻租"问题，同时能够提供更为丰富、更新更及时的案件来源。其次，社会组织在环境公益诉讼中的参与不仅有助于提升环境治理的效能和专业性，还能增强公众的参与和监督，预防环境损害，增强法律威慑力，促进环境法治建设，并为社会提供宝贵的案例和经验。

中国现行的环境保护法律制度并没有规定由公民作为适格的原告。在我国，由于公众是最直接的环保监察人，也是最受影响的人，因此，在我国，应该充分发挥公民的主观能动性。作为一名"合格的原告"，公众既可以更好地参与到环境保护工作中来①，又可以有效地防止污染的扩大。尽管将公民纳入诉讼主体，会增加本就复杂的案情，增加欺诈行为的潜在危险，但是中国的《民事诉讼法》规定了实体审理程序，并规定了公众权益受到损害的第一时间证明，从而有效地防范了恶意诉讼。所以，将公民作为民事诉讼的当事人纳入我国的法律体系，可以避免法律上的滥用。②

（二）明确环境行政公益诉讼中检察权行使的界限

首先，检察机关加强与环保部门及社会团体的合作，实现情报交流，形成合力，以提升环境公益诉讼的效能与效能。在此基础上，进一步加强对我国环境公益诉讼制度的研究，为检察机关在环境公益诉讼中的地位、案件的调查鉴定、环境公益诉讼的实施等方面的工作进行规范。检察权和行政权要有清晰的划分，检察机关在行使职权时要充分考虑到其法律义务，不能过分干涉。通过建立信息交流与协商制度③，保证对检察机关权力的正确行使进行有效的监管与约束。

其次，随着我国司法环境专业化建设的不断深入，我国法院体系内设立了大量的环境资源审判机关，因此，检察机关需要把工作重心转移到民事、

---

① 陈晓景：《检察环境公益诉讼的理论优化与制度完善》，载《中国法学》2022年第4期，第288—304页。
② 黄军：《检察环境民事公益诉讼制度研究》，中国人民公安大学2023年硕士学位论文。
③ 郭应光：《论我国环境民事公益诉讼制度的完善》，西北民族大学2024年硕士学位论文。

行政的监督上来，同时要提高当事人的办案水平，增强他们对环境资源案例的认识。① 在实践中，如果民、行检察机关在行使职权的过程中，发现了与环保公共利益有关的线索或者证据，应该及时地将这一情况与公益诉讼机关分享，同时将有关的证件进行转发，以便设立合作机制。

（三）细化环境公益诉讼和解程序，加强对调解协议的监督

在环境民事公益诉讼案件中，要尊重当事人的起诉要求，在审理过程中，要进行质证举证，核实案件的证据，并以实际情况为依据来决定调解的期限。在此基础上，笔者认为，民事诉讼中的民事和解诉讼开始的时机应当是民事诉讼开始之日，也即是民事诉讼开始之日。因此，对和解期限的认定应以事实清楚为前提。② 因此，必须对污染环境的案件进行充分的专业调查，以便为随后的调解工作做出更好的判断和基础，同时还可以显示出司法的公正。只要对"是"和"非"进行明确的界定，就可以实现和解，从而提高和解的执行效力。

在法律上应强化对和解协议的执行力度，这将直接影响到我国的环保与恢复工作能否顺利实施。因此，应当加大对调解协议的实施监督力度。第一，通过自身的强化监管，可以采取暗访、抽查等方式来掌握情况。③ 第二，除了保证民众的反馈监督之外，还可以引进第三方的监督势力，即传媒，这需要事先做好宣传工作，让传媒和社会大众能够对案情有一个正确的认识和掌握，这样，才能让更多的民众真正地参加到监督中来，从而实现合理的监督。第三，要强化与负有环保职责的行政机构的配合和联系，利用政府的权力督促企业履行自己的责任。④ 作为第三方，机构可以设立一名专职人员，负责调解协议的实施，尤其需要熟悉环境修复和环境机制等领域的专业人士，以保证对调解协议的实施情况进行监督。

---

① 王一彧：《检察机关提起环境行政公益诉讼现状检视与制度完善》，载《中国政法大学学报》2019年第5期，第13—21页、第206页。

② 缪颖：《环境行政公益诉讼诉前程序探究》，载《四川环境》2022年第41卷第1期，第240—244页。

③ 张慧杰：《论我国环境公益诉讼制度的完善》，西北农林科技大学2014年硕士学位论文。

④ 金石、张运良：《我国环境检察公益诉讼制度的法律思考与完善路径》，载《兰州财经大学学报》2022年第38卷第3期，第116—124页。

五、结语

"故先王之法……不涸泽而渔，不焚林而猎。"为了加大对生态共同体利益的保护力度，环境公益诉讼已经是我国法治建设的重要组成部分。随着我国生态文明建设的不断深入，环境公益诉讼制度也日益完善，成为保护绿水青山的有力司法手段。通过梳理环境公益诉讼的立法进程，以近些年环境公益诉讼的实务经验为基础进行实证分析，基于此剖析了环境公益诉讼中的现存问题，例如，"公益起诉人"的范围过于局限、检察权行使的界限模糊以及调解与和解在环境民事公益诉讼适用中的困境等，通过分析现状及原因找到该完善制度的方向，调整环境民事公益诉讼中的"公益起诉人"的主体范围，明确环境行政公益诉讼中检察权行使的界限，细化环境公益诉讼和解程序，加强对调解协议的监督。随着环境公益诉讼制度的实施和司法实践的积累，相关的立法和规则体系将不断完善，形成更加成熟定型的制度。

公益诉讼立法背景下的管辖规则研究

吕泽冰　吴红宇*

摘要：公益诉讼制度是习近平法治思想在公益保护领域的原创性成果。管辖作为基础且重要的诉讼要件，是公益诉讼改革进程的突破口和发力点，但在理论层面，针对公益诉讼管辖的整体研究还尚付阙如。对于实践层面的现实问题，关键在于目前公益诉讼缺乏顶层设计，各省管辖改革各行其是。由此，于顶层设计中，确定公益诉讼管辖应当考量的主要因素，对走出公益诉讼管辖的现实困境具有引领性和指引性作用。据此，在公益诉讼立法中，应当引入法定法官原则，使公益诉讼管辖规则法定化，排除地方保护主义的影响。同时，还须充分考量司法机关办案的便利性，依据检察一体化原则，为实务中检法关系不对应的现状提供合法性基础。在未来公益诉讼立法中，应确定"以地域管辖为主，集中管辖为例外"的公益诉讼管辖规则，并在不同领域进行不同规定。

关键词：公益诉讼立法　公益诉讼管辖　管辖规则　集中管辖

引言

检察公益诉讼制度是习近平法治思想在公益保护领域的原创性成果。2023年《十四届全国人大常委会立法规划》正式将（检察）公益诉讼法作为下一阶段立法规划。作为诉讼的程序起点，管辖规则的安排对于整个制度的

---

* 吕泽冰，四川轻化工大学法学院讲师；吴红宇，四川轻化工大学法学院硕士研究生。

基金项目：四川轻化工大学研究生创新基金项目"公益诉讼立法背景下的管辖规则研究"（Y2024039）。

良性运作具有至关重要的意义。有学者说，"管辖体制像'销钉'一样锁定司法资源和办案路径，深刻影响着司法制度的运行和功效发挥。"①

改革秉持的理念是在顶层设计之下，各省根据自身情况灵活处理。一方面有助于充分发挥各省司法系统的主观能动性，有利于各地改革的落地；另一方面也不可避免地为最终的立法工作制造了障碍。盖因公益诉讼法作为一部全国性的法律，在其"管辖"一章必然要作出全局性的安排，而不能再像以前那样由各省自行其是。

但在理论层面，鲜有文章对公益诉讼管辖制度作专门研究。有鉴于此，本文旨在围绕公益诉讼立法中的管辖问题展开研究，并提出若干具体的完善建议。

一、公益诉讼管辖的实践特点

（一）公益诉讼案件管辖规则设置的不同步性

所谓不同步性，是指各地改革并非将每一种公益诉讼案件，都作出了不同于《民事诉讼法》和《行政诉讼法》的管辖安排。据调研，如四川、海南、河南、辽宁、青海等地有关公益诉讼改革的规定基本是针对涉及环境资源类案件。相应地，学界对于公益诉讼的管辖往往也是围绕环境资源类案件，而较少涉及其他类型的案件。

产生上述现象的原因在于：第一，环资类案件在公益诉讼案件占比最多，自然也最被重视。最高人民检察院公布的《公益诉讼检察工作白皮书（2023）》显示，环资类案件83924件，占公益诉讼总数的44.2%。② 甚至有观点认为，"这似乎产生了检察公益诉讼有被'环境公益诉讼'取而代之的观感"。③ 第二，这是由各类公益诉讼案件自身的特点决定的。诸如食品药品安

---

① 参见刘艺：《行政公益诉讼管辖机制的实践探索与理论反思》，载《国家检察官学院学报》2021年第29卷第4期。
② 参见《公益诉讼检察工作白皮书（2023）》，载中华人民共和国最高人民检察院官网，https://www.spp.gov.cn/xwfbh/wsfbh/202403/t20240309_648329.shtml，最后访问时间2024年6月4日。
③ 参见朱全宝：《检察公益诉讼的理论优化与机制完善》，载《国家检察官学院学报》2024年第32卷第2期。

全、国有财产保护、国有土地使用权出让等案件，有较为鲜明的属地和属人特征，可以按照传统管辖模式进行规定。但环资类案件往往具有跨地域性的特征，更加适合跨地域集中管辖。

然而，这种规则的不同步性会对公益诉讼立法带来一定难题，比如如何通过抽象的法律语言来对公益诉讼管辖进行统一安排？或者，是否要抛弃传统三大诉讼法法定管辖的抽象规则，而进行个别化的规则设置？这些问题亟须在公益诉讼法的立法文本中加以解决。

（二）当前改革是以省级为基本单位来安排公益诉讼案件的管辖

当前公益诉讼管辖改革是以省级法院统筹安排本地管辖改革，基于《最高人民法院关于全面加强环境资源审判工作 为推进生态文明建设提供有力司法保障的意见》（以下简称《意见》）的第16条规定，"中级人民法院、个别案件较多的基层人民应当在高级人民法院的统筹指导下，根据环境资源审判业务量，合理确定承担环境资源案件的审判机构或办案团队。"并且，要求各地"逐步改变目前以行政区划分割自然形成的流域等生态系统的管辖模式"，"探索设立以流域等生态系统或以生态功能区为单位的跨行政区划环境资源专门审判机构"。由此，各省呈现出的改革现状如下：

第一，以生态环境分布情况进行公益诉讼管辖。此类地区依据《意见》中"探索设立以流域等生态系统或以生态功能区为单位的跨行政区划环境资源专门审判机构"的规定，围绕流域或者生态保护区进行公益诉讼管辖改革。如2019年，湖南省高级人民法院规定由益阳市安化县人民法院、怀化市沅陵县人民法院等七个环资庭所在地法院集中管辖湘江、洞庭湖流域环资类一审民事案件、环资类一审刑事附带民事诉讼案件以及环资类一审行政案件，对七个基层环资庭所审结不服的上诉案件，上诉于相对应的中级人民法院。[①]

第二，依托专门法院进行集中管辖。此类地区依托于铁路运输法院等专门法院体制改革，由铁路运输法院集中管辖省内环资类案件。如昆明铁路运输中院出台规定由昆明铁路运输法院集中管辖五华、盘龙、官渡等辖区的环资类第一审民事、行政以及公益诉讼案件；昆明环境资源法庭集中管辖全省

---

① 参见《湖南省高级人民法院关于印发〈关于湖南省湘江、洞庭湖等七个环境资源专门法庭所在法院跨区域集中管辖部分环境资源一审案件的规定（试行）〉的通知》。

范围内依法应当由中级人民法院受理的环资类民事、行政案件及公益诉讼案件、生态环境损害赔偿案件。①

第三，多种管辖模式并存的混合模式。鉴于各试点地方的客观条件迥然，环境案件集中管辖建构往往非单一采用某种进路，而系多种结构调整共同推进。如青海省高级人民法院规定青海省实行"三审合一"的集中管辖模式，由西宁铁路运输法院围绕生态环境情况，集中管辖三江源、祁连山、青海湖所在地县级行政区划的环资类案件；各中级法院受理本辖区环资上诉案件。②

(三) 当前公益诉讼管辖突破了传统的检法对应关系

传统管辖模式中，强调检察院与法院之间的严格逐级对应。三大诉讼法中无不确认了"以地域管辖为原则，以指定管辖为例外"的诉讼管辖模式，一般而言，以行政区划为基本单位，通过法律来划分和确认法院实际行使司法权的具体范围，以此对其管辖区域内的案件的裁判产生正当性，而对于不在其管辖范围内的案件，则无权管辖。从刑事诉讼的角度来看，检察院作为法律监督机关，检法逐级对应有利于检察机关履行其监督职能。因此，在审判管辖中，往往仅需确定法院的管辖范围，即可推断出检察院的管辖范围。因此，诉讼法中有关管辖的规定，其主体也仅是法院，并未包含检察院，涉及检法衔接关系最多的刑事诉讼法也仅在《人民检察院刑事诉讼规则》中规定"应当与人民法院审判管辖相适应"。"实行地域管辖中起诉与审判管辖的严格对应，是处理检法衔接关系的最优选项。"③

然而，在实践中，公益诉讼管辖突破了传统检法对应关系。虽然最高人民检察院公布的《人民检察院公益诉讼办案规则》（以下简称《办案规则》）中规定了检察院立案管辖与法院诉讼管辖级别、地域不对应的，在提起诉讼时，"应当将案件移送有管辖权人民法院对应的同级人民检察院"的情形，但是，在实践中检察院与法院地域与级别不一致的情况依旧屡见不鲜。

---

① 参见《昆明铁路运输中级法院关于昆明环境资源法庭及辖区基层法院集中管辖环境资源案件的公告》。

② 参见《青海省高级人民法院对全省环境资源案件跨行政区域进行集中管辖并就环境资源案件范围进行明确的公告》。

③ 刘松山：《检察公益诉讼中检法对应关系之改造》，载《政法论坛》2023年第41卷第6期。

二、公益诉讼管辖应当考量的主要因素

(一) 应当尽量避免违反法定法官原则

我国学界对法定法官原则的研究较少,但理论层面,探究公益诉讼管辖制度不可能绕开该原则不谈。法定法官原则要求在某一法律纠纷诉诸法院后,法院按照法律预先设定的标准确定案件的管辖法院和审判法官,而根据标准确定的法院和法官应当是明确、具体的。[①] 正因如此,三大诉讼法在设计管辖规则时,均规定了明确的法定管辖(地域管辖和级别管辖),仅在例外时通过以指定管辖为核心的案件移送制度来对管辖法院进行灵活调整。可见,法定管辖本身固然是法定法官原则派生的产物,即便承认制度上有灵活安排管辖法院的必要,也需要尽量避免违反法定法官原则,将其作为极其例外的情形。

那么,当前各地对公益诉讼案件的管辖安排是否违反法定法官原则?本文认为,问题的关键在于集中管辖是否符合该原则。如前所述,我国公益诉讼实践中各地往往会对环资类案件进行集中管辖。学界通常认为集中管辖属于特殊的指定管辖,是对类案的指定管辖。具体来说,其法律依据有两个。一是《行政诉讼法》第十八条第二款;二是《民事诉讼法》第三十八条的指定管辖。但正如前述,指定管辖不违反法定法官原则的前提是作为法定管辖原则的例外,一旦指定管辖随意化、扩大化适用,即有违反该原则之嫌疑。

由此,公益诉讼立法关于管辖规则的设计要想不违反法定法官原则,就必须尽可能明确各类案件的地域管辖和级别管辖法院,而决不能妄图通过大量指定管辖来事后确定。就此,其他类型的公益诉讼案件姑且可以通过法定管辖来确定,但目前的集中管辖案件如何安排仍有待研究。

(二) 充分考量司法机关办案的便利性

目前学界中对于检法对应关系存在"对应说"和"非对应说"两种观点,其中"对应说"认为,从由《宪法》赋予检察院法律监督地位和检察院

[①] 谢小剑:《法定法官原则:我国管辖制度改革的新视角》,载《法律科学(西北政法大学学报)》2011 年第 29 卷第 6 期。

以及传统诉讼法中同级监督原则来看，检察院与法院的管辖区划和管辖层级应保持一致。① 主张"非对应说"的观点认为，检法关系的不对应，并不会损害与法院平等的宪法地位和权威，也不会影响公平审判；从"公共利益"和"去地方化"的角度来看，检察机关在公益诉讼中的定位应当是"原告"，因此无须在管辖方面严格依照审级对应的原则。② 关于学界对于此问题的争论，笔者认为，在这一问题达成一致之前，需厘清另一个问题，即起诉时检法关系不对应的情形是否具备合法性？

于检察机关的角度，检察机关基于检察一体化，各级检察机关基于上下级领导关系，各级检察机关在履职过程中互相配合、协调一致，构成有机统一整体。得益于检察一体化，在管辖层面，上级检察院或者上级领导可以统一适用检察资源，直接办理下级检察院管辖的案件、指令其他检察院协助另一检察院办案或者将案件移送至其他有权办理此案的检察院；同级检察院之间，也可请求其他检察院协助办理相关检察实务，履行检察职能。③ 由此，依据检察一体化，即使检法关系不对应也并不会影响公平审判以及公益诉讼目的之实现，并且检察一体化已经在法律层面上赋予了起诉时检法关系并未严格对应的合法性。虽然《办案规则》规定了"应当将案件移送至有管辖权人民法院对应的同级人民检察院"的事项，但在实务中，并无完全遵循该规则之必要。在厘清合法性的基础上，应从司法机关办案便利性的角度探讨此类情形的合理性。检察机关若是严格依照《办案规则》第十六条的规定办理公益诉讼案件，则会面临这种情况：有立案管辖权的检察院在实地考察并完成调查取证后，将案件移送至完全不了解情况但又与有管辖权的法院对应的同级检察院，由其向法院提起公益诉讼。并且，也有文章指出"公益诉讼属于检察工作的新领域，不论是专业水平还是执法经验都存在很大的专业壁垒"④，公益诉讼案件类型的特殊性，都要求办案检察官具备专业化、多方面的能力。试想，若完全按照《办案规则》的诉讼模式，无论是移送案件还是检察官重

---

① 参见刘艺：《行政公益诉讼管辖机制的实践探索与理论反思》，载《国家检察官学院学报》2021年第29卷第4期。
② 参见刘松山：《检察公益诉讼中检法对应关系之改造》，载《政法论坛》2023年第41卷第6期。
③ 参见张智辉：《论检察一体化》，载《中国法学》2023年第3期。
④ 参见上海市人民检察院第三分院课题组，徐燕平：《跨区划检察公益诉讼机制研究》，载《中国检察官》2020年第4期。

新翻阅卷宗了解案情，无疑会降低司法效率。并且，此种方式真的有利于公益诉讼目的之实现？恐怕也是否定的。据此，于公益诉讼而言，检法并不必然遵循严格对应关系。

三、公益诉讼管辖的完善路径

（一）管辖规则：以地域管辖为主，集中管辖为例外

各地的创新和实践探索积累了宝贵的素材和经验，但由于缺乏顶层设计和统筹规划，不同法院对于跨行政区划案件在管辖受理上，尺度标准不统一。① 因此，于顶层设计中，应当依照公益诉讼案件的具体性质，确定其是否需要实行集中管辖，以及怎样实行集中管辖。总体来看，公益诉讼管辖应当构建"以地域管辖为主，集中管辖为例外"的管辖规则。对于何种案件应当依照何种规则进行管辖，应当依照公益诉讼案件的具体侵害范围进行划分。例如，国有财产保护、国有土地出让权出让等领域的公益诉讼案件，其侵害范围较小，并无进行集中管辖的必要，应依照传统的地域管辖进行此类案件管辖，并严格依照检法对应关系。对于集中管辖，应当改变当前仅集中管辖环境资源类案件的现状，从侵害范围来看，将诸如食品药品安全、网络侵害等侵害范围较广、可能超出行政区划的公益诉讼案件纳入集中管辖的范畴。

（二）省级层面：构建层级完善的集中管辖审判模式

于顶层设计，可以借鉴当前实务中对于公益诉讼管辖改革较为完善的方案，如前文所述的多种管辖模式并存的混合模式。第一，扩展公益诉讼集中管辖的受案范围，将适宜集中管辖的案件纳入管辖范畴。第二，结束部分地区仅集中管辖民事或者行政公益诉讼案件的情况，实行"三审合一"的公益诉讼管辖模式。第三，在市级行政区划内，指定一个或者两个基层法院集中管辖本市级行政区划内应当由基层法院管辖的公益诉讼一审案件。第四，在省级区划层面上，应当将全省划为数个与行政区划相分离的管辖区域，并指

---

① 参见余德厚：《跨行政区划环境资源案件的司法管辖制度研究》，载《法学杂志》2017年第38卷第2期。

定数个中级法院集中管辖本管辖区划内公益诉讼二审案件或者应当由中级法院管辖的一审公益诉讼案件。第五，各省应当立足于生态环境，构建以生态环境分布情况为基准的集中管辖模式。

但是，笔者也认为，仅凭借公益诉讼侵害范围并不能完全囊括适宜集中管辖的公益诉讼案件。不可否认，于制度层面上我们无法构建出一个完善的集中管辖审判模式使其能够放之四海皆准，若是在制度层面一味地追求公益诉讼集中管辖模式的完善与成熟，必然会导致制度层面与实践层面的脱节。因此，在规划时，应当授予各省一定的设置集中管辖的自主性，并在符合法律规定的前提下，将适宜集中管辖的公益诉讼案件类型纳入集中管辖模式中，从各省集中管辖的现实难题入手，构建因地制宜的公益诉讼集中管辖模式。诚然，从法定法官原则的角度出发，违反法官法定原则可能会架空整个管辖规则。但是，从实际出发，当前的改革现状还不足以构建出完全符合法定法官原则的公益诉讼管辖规则，任何改革均不是一蹴而就，而是在"否定之否定"中螺旋式上升的。因此，在未来的公益诉讼立法中，应当使公益诉讼管辖最大限度地符合法定法官原则。

（三）跨省域层面：探索跨省域公益诉讼管辖方式

当前公益诉讼管辖改革在"省内跨"的领域，虽然依旧存在些许问题，但总体上来看，已经取得巨大进步。而在"跨省域"方面的探索，依旧停留于纸面阶段。反观检察机关，存在不少跨省域管辖的实践案例，如"万峰湖专案""洪泽湖行政公益诉讼案"等。以万峰湖专案为例，最高人民检察院通过一体化办案机制，整合四级检察机关的办案力量，充分发挥各层级检察机关的职能作用，确定"统分结合、因案施策、一体推进"的办案模式助力各办案组分组破解办案困难和阻力，统筹全案办案进度。[①] 万峰湖专案作为最高人民检察院第四十一批指导性案例，首次以"一批次一案例"的形式颁布指导性案例，其指导意义不言而喻，具有规则意义上的创新。[②]

---

　　① 参见最高人民检察院第四十一批指导性案例（万峰湖专案），载中华人民共和国最高人民检察院官网，https://www.spp.gov.cn/xwfbh/dxal/202209/t20220922_578611.shtml，最后访问时间2024年6月4日。

　　② 胡卫列、吕洪涛、刘家璞：《更好发挥检察公益诉讼制度效能贡献跨区划生态环境司法保护的"中国方案"》，载《中国检察官》2023年第1期。

虽然检察机关得益于检察一体化原则，对"跨省域"的管辖模式探索要比法院更加容易，但是，通过法院探索"跨省域"的管辖探索更具制度价值。对于法院"跨省域"管辖模式的探索，应由最高法进行统筹安排，可在确定"省内跨"管辖法院的基础上，以流域、生态区划或者其他与公益诉讼有关的地理因素，将全国划为数个公益诉讼管辖区，并结合相应区域的案件数量以及管辖实际情况，设立相应的管辖法院。当然，在改革初期，最高院也可经过授权指定某几个省域进行跨省域管辖改革试点，待到"跨省域"管辖改革试点趋于成熟，再进行全国推广。

《刑事诉讼法》再修改之
被告人及其辩护人当庭提起管辖异议制度的完善

——以 112 份裁判文书为例

缪　锌　王雅婕[*]

摘要：目前我国法律规定了被告人及其辩护人在庭前会议中提出异议的权利，但司法实务中，被告人及其辩护人更倾向于在庭审过程中提起管辖异议或者法院整体回避。对刑事诉讼中被告人及其辩护人当庭提起异议案件数量超庭前会议提起管辖异议案件数量近十倍的现象进行剖析，总结出刑事诉讼中由于当庭提起管辖异议立法滞后、制度漏洞导致法官自由裁量权大、部分法律人专业素养不高执业信仰不足的原因导致被告人及其辩护人当庭提起管辖异议缺乏法律依据、提起管辖异议实务流程不清晰、被告人及其辩护人管辖异议权难以实现的困境，提出要完善辩方管辖异议权利制度、程序制度，强化司法审判、提升法律人职业素养的应对之策，以维护当事人权益与司法活动的合法性，提高司法效率，为法治社会健康发展和司法体系顺利运行保驾护航。

关键词：《刑事诉讼法》再修改　管辖异议　整体回避　实证研究

新时代中国正步入一个"人权时代"，"人权时代"要践行人民至上的人权观，促进完善维护公民人权的相关法律，我国人权保障才能取得更多历史性成就。2023 年 9 月 7 日，第十四届全国人大常委会立法规划正式公布，《刑

---

[*] 缪锌，四川轻化工大学法学院副教授；王雅婕，四川轻化工大学法学院 2023 级法律硕士研究生。

事诉讼法》（第四次）修改被纳入立法议程，本次《刑事诉讼法》"改什么""怎么改"引起刑事诉讼法学界专家学者、社会公众的广泛讨论。刑事诉讼管辖制度对人权保障有着重要意义，本次刑事诉讼法修改，笔者尤为关注被告人及其辩护人当庭提起管辖异议制度的完善。

司法实务中，确实存在在庭审开始后才发生或才发现的需要改变管辖的情形，被告人及其辩护人需要当庭提起管辖异议，由法院当庭或休庭处理待解决的管辖问题，以保障案件的公正审理。法国刑事诉讼法就规定，在诉讼任何阶段当事人都可以提出管辖权的异议。① 根据《人民法院办理刑事案件庭前会议规程》第十二条，"被告人及其辩护人对案件管辖提出异议，应当说明理由"，② 我国仅就被告人及其辩护人在庭前会议中提出异议作出了规定，但在司法实践过程中，却不乏当庭提起管辖异议的情况。那么，在法律未有规定但诉讼主体间实务中自发产生了"通行办法"的情况下，最关键的问题便并不在于"通行办法"是否于法有据，而在于在被告人及其辩护人当庭提起管辖异议场合下，如何从程序上保障当事人的权利能够实现。③ 基于此，笔者采用实证分析的方法对完善被告人及其辩护人当庭提起管辖异议的相关困境、成因进行分析，为合理保障被告人及其辩护人诉权提供对策，为本次刑事诉讼法修改提供参考。

一、被告人及其辩护人当庭提起管辖异议制度的实证分析

目前我国法律规定了被告人及其辩护人在庭前会议中提出异议的权利，但司法实务中，被告人及其辩护人更倾向于在庭审过程中提起管辖异议或者法院整体回避。笔者在中国裁判文书网筛选相关文书共 77 篇，含 5 篇庭前会议提

---

① 参见陈卫东：《刑事诉讼管辖权异议的解决——韩凤忠、邵桂兰贩卖毒品一案的思考》，载《法学》2008 年第 6 期。

② 《办理刑事案件庭前会议规程》第十二条　被告人及其辩护人对案件管辖提出异议，应当说明理由。人民法院经审查认为异议成立的，应当依法将案件退回人民检察院或者移送有管辖权的上一级人民法院审判；认为本院不宜行使管辖权的，可以请求上一级人民法院处理。人民法院经审查认为异议不成立的，应当依法驳回异议。

③ 参见"易延友：关于法院整体回避制度和管辖权异议制度", https://mp.weixin.qq.com/s/RPWJw1qP96dbBLUw1IQ6aQ，最后访问时间 2024 年 11 月 2 日。

起（6.5%）、72 篇当庭提起（93.5%）。① 见表 1：

表 1　提起时间分布情况

提起时间	数量（例）	百分比
庭前会议	5	6.5%
庭审	72	93.5%

另外，回避问题和管辖异议问题紧密相连②，我国刑事法律中同样暂无对法院整体回避的规定，但实务中，被告人及其辩护人也通常会通过提起法院整体回避以实现管辖法院的变更。③ 典型案例冷某寻衅滋事罪案④，该案实际上将法院整体回避了作为解决管辖异议的另一途径。于是，笔者在中国裁判文书网筛选相关文书共 40 篇。⑤

综上，实务中，被告人及其辩护人当庭就人民法院管辖提出异议的方案包括当庭提起管辖异议和当庭提起法院整体回避⑥，实证分析样本由前述两部分组成，共检索得到裁判文书 112 篇。⑦

三、被告人及其辩护人当庭提起管辖异议制度的困境

基于 112 例样本笔者对被告人及其辩护人当庭提起管辖异议进行分析，

---

① 在中国裁判文书网选取案件全文中含有"管辖异议"语词的裁判文书，案件类型为刑事案件，限制案由为刑事案由，排除其中未提起管辖异议的裁判文书 58 篇，共检索得到裁判文书 77 篇，含 5 篇庭前会议提起（6.5%）、72 篇当庭提起（93.5%）。
② 参见易延友：《司法权行使的正当性——由回避制度看刑事诉讼程序之弊病》，载《北大法律评论》2004 年第 1 期。
③ 参见易延友：《刑事诉讼十大问题研讨》，载《清华法治论衡》2005 年第 1 期。
④ 参见沈阳铁路运输中级法院（2020）辽 71 刑他 2 号刑事判决书、辽宁省高级人民法院（2020）辽刑他 179 号刑事判决书。针对该案争议焦点"作为受害人的丹东铁路运输法院是否应予回避"，辽宁高院明确函复"同意丹东铁路运输法院回避"。
⑤ 在中国裁判文书网选取案件全文中含有"整体回避"语词的裁判文书，案件类型为刑事案件，限制案由为刑事案由，共检索得到裁判文书 40 篇。
⑥ 当庭提起管辖异议和当庭提起法院整体回避是作为解决管辖异议的两种途径，为方便陈述，下文中统称为"提起管辖异议"。
⑦ 筛选得到的裁判文书数量虽有限，但样本仍可以准确刑事诉讼中管辖异议权的制度适用、实务应用现状，为当事人诉权保障、管辖制度改革、刑诉法制完善提供参考。需指出的是，受样本收集手段限制，本研究仅以裁判文书为样本，无法将那些裁判文书未能载明的变量纳入研究，这也是本研究的局限所在。

总结实务困境，包括：被告人及其辩护人当庭提起管辖异议缺乏法律依据、实务流程不清晰以及被告人及其辩护人管辖异议权难以实现。

（一）当庭提起管辖异议缺乏法律依据

案件管辖决定程序必须于法有据，并严格按照法律程序进行。目前，在我国刑事法律体系中，除《办理刑事案件庭前会议规程》对被告人及其辩护人作出粗略规定，在其他相关法律中均没有明确规定被告人、辩护人当庭提起管辖异议的权利。① 也正是基于上述原因，实践中公安机关、司法机关和监察机关对于被告人及其辩护人提出的管辖异议未予以足够重视，因而导致被告人及其辩护人提出管辖异议的情况很多，但通过管辖异议实际纠正管辖不规范的现象较少。② 根据《办理刑事案件庭前会议规程》中关于庭前会议提起管辖异议的规定，笔者将提起管辖异议的时间分为庭前会议和当庭提起，样本中93.5%在庭审中提起，6.5%在庭前会议中提起，被告人及其辩护人对案件审理存在的管辖异议主要会选择在庭审过程中提出，而非法律有明确赋权的庭前会议。《最高人民法院关于适用〈中华人民共和国刑事诉讼法〉的解释》第十七条、③ 第十八条，④ 提及了管辖权有异议的情形，但是对于具体适用程序仍未作出明确规定。

---

① 参见《刑事诉讼法》第二章、《最高人民法院关于适用〈中华人民共和国刑事诉讼法〉的解释》第一章、《人民检察院刑事诉讼规则》第二章、《公安机关办理刑事案件程序规定》第二章。
② 参见张泽涛：《构建监察调查与刑事诉讼中的管辖异议制度》，载《法学家》2023年第1期。
③ 《最高人民法院关于适用〈中华人民共和国刑事诉讼法〉的解释》第十七条　基层人民法院对可能判处无期徒刑、死刑的第一审刑事案件，应当移送中级人民法院审判。基层人民法院对下列第一审刑事案件，可以请求移送中级人民法院审判：
（一）重大、复杂案件；
（二）新类型的疑难案件；
（三）在法律适用上具有普遍指导意义的案件。
需要将案件移送中级人民法院审判的，应当在报请院长决定后，至迟于案件审理期限届满十五日以前书面请求移送。中级人民法院应当在接到申请后十日以内作出决定。不同意移送的，应当下达不同意移送决定书，由请求移送的人民法院依法审判；同意移送的，应当下达同意移送决定书，并书面通知同级人民检察院。
④ 《最高人民法院关于适用〈中华人民共和国刑事诉讼法〉的解释》第十八条　有管辖权的人民法院因案件涉及本院院长需要回避或者其他原因，不宜行使管辖权的，可以请求移送上一级人民法院管辖。上一级人民法院可以管辖，也可以指定与提出请求的人民法院同级的其他人民法院管辖。

(二) 当庭提起管辖异议实务流程不清晰

在当庭提起的管辖异议审查中，由于缺乏明确法律规定和具体审查标准，司法机关只有行使自由裁量权对案件作出处理，这便可能导致案件处理不够公正合理，甚至违法。在被告人及其辩护人提起管辖异议的审查工作中主要存在以下问题：（1）异议审查流程不规范。对被告人及其辩护人当庭提起管辖异议的审查主体存在若干不同情况：86.61%由审理法院自主审查，8.93%交由上级法院审查，其中包含1例案件层报高级人民法院、1例案件层报最高人民法院，其中另外还有5例未说明审查主体，占比4.46%；在庭审中直接处理的共98例。再看对审查结果的说理，39.13%的审查主体未对作出管辖异议审查结果说明理由，这便导致权利主体无法准确获知其异议被采纳或排除的原因，若管辖裁定不服提起上诉也无法提出针对性的上诉理由，其管辖异议意见被采纳的可能性也不大。见表2、表3：

表2 异议审查主体情况

审查主体	数量（例）	百分比
审理法院	97	约86.61%
上级法院	10	约8.93%
不详	5	约4.46%

表3 异议审查说理情况

是否说理	数量（例）	百分比
说理	67	约59.8%
未说理	45	约40.1%

（2）救济途径有限。由于当庭提起管辖异议或法院整体回避本就是一项没有法律依据的权利，在被告人及其辩护人当庭提起的管辖异议，一旦法院驳回，被告人及其辩护人往往难以获得有效的救济，导致其权益无法得到充分保障。样本中，某些一审法院在处理当庭提起的管辖异议时，存在"口头通知具有管辖权"或"口头驳回"异议的现象①，直接剥夺了被告人及其辩

---

① 参见（2020）渝0106刑初14号刑事判决书。

护人通过书面形式获取相关凭证并据此行使上诉权利的可能性。另外，口头通知或驳回还可能使审查机关行使权力缺乏有效的监督和制约机制，加大司法机关行使权力的主观性和任意性。

（三）被告人及其辩护人管辖异议权难以实现

辩护人方面，样本中，64例案件被告人及其辩护人在庭审中提起管辖异议进行了充分说理（57.14%），48例案件未进行说理（42.86%）；充分说理的样本中，共17例案件的管辖异议得到了采纳（26.56%）；未说理的样本中，共6例案件管辖异议得到了采纳（12.50%），管辖异议说理是否充分与异议采纳率呈正相关。但仍有42.86%的案件在提起管辖异议时忽视说理这一关键环节，未能提供足够的事实依据和法律分析来支撑其主张，进而损害了当事人本应享有的正当权益。见表4：

表4 异议提起说理情况

是否说理	数量（例）	百分比		数量（例）	百分比
说理	64	57.14%	管辖异议被采纳	17	26.56%
未说理	48	42.86%		6	12.50%

法院方面，面对被告人及其辩护人当庭提起管辖异议的情形，由于法律并不明确，法官不可避免地会受到个人经验、学术背景以及司法环境等多重因素的影响，使案件在处理方式和处理结果上产生差异。另外，随着司法责任制的深入推行，法官在行使职权时面临着更为严格的监督和责任追究机制。这种制度压力促使法官在处理涉及管辖权异议等问题时，更倾向于采取一种保守的态度；法院内部的工作机制、司法资源的分配等，也会在一定程度上影响法官对管辖异议的裁决，如工作繁忙、资源有限等原因，法官会倾向于快速处理案件，于是导致样本中有大量法院对被告人及其辩护人当庭提起的管辖异议不做处理或"不予采纳"，损害了被告人及其辩护人本应享有的正当诉权。见表5：

表5 异议审查结果情况

审查结果	数量（例）	百分比
不予采纳	92	约82.14%

续表

审查结果	数量（例）	百分比
指定管辖	5	约 4.46%
确认具有管辖权	2	约 1.79%
移送管辖	1	约 0.89%
延期审理	1	约 0.89%
不详	11	约 9.82%

四、被告人及其辩护人当庭提起管辖异议制度困境的起因

根据实证分析结果，笔者为寻求被告人及其辩护人当庭提起管辖异议的应对之策剖析起因，主要包括：被告人及其辩护人当庭提起管辖异议立法滞后、制度不完善导致法官理解和适用上差异较大、部分法律人专业素养不够高。

（一）当庭提起管辖异议立法滞后

在现有的法律体系中，关于管辖异议的提起和审查通常是在庭前阶段进行的，随着审判与辩护工作水平的进步，一些新的庭审程序问题便逐渐凸显出来。被告人及其辩护人发现确实存在在庭审开始后才发生或才发现的需要改变管辖的情形，需要当庭提起管辖异议，而立法者在立法时未能充分预见到这些情况，未对被告人及其辩护人当庭提起管辖异议或提起法院整体回避等情形作出详尽的规定，最终导致目前我国管辖制度基本原则和框架设定比较完整，但具体操作层面的规定则较为简略的状况。

（二）制度不完善导致法官理解和适用上差异较大

被告人及其辩护人当庭提起管辖异议相关实务流程不清晰主要是由于法律不完善导致司法机关只能依赖通过解释其他法条，自由裁量处理相关法律事项，保障庭审程序顺利进行。自由裁量权的行使往往受到法官个人法律素养、审判经验以及司法理念等因素的影响，这就导致了不同法官在理解和适用管辖异议制度时可能存在较大的差异。法官行使自由裁量权虽然一定程度

上增强了法律的灵活性，但同时也增加了案件处理的不确定性。即便是面对案情相似的案件，不同的法官也可能会因为对法律条文的不同理解而作出截然不同的处理决定。

（三）部分法律人专业素养不够高

法官审慎审理案件、律师充分辩护说理体现的是法律工作者的专业素养与执业信仰；部分司法工作者、律师对于法律规范的任意适用、案件事实片面把握以及内心正义感的丢失都是导致诉讼中被告人及其辩护人管辖异议权益难以实现的原因。同时，目前律师行业规范仍存在不足，司法责任制对司法工作者不作为惩罚机制较薄弱，使得一些部分法律工作者在执业过程中缺乏足够的约束和激励，从而影响了其提供高质量法律服务的动力和能力，未尽全力保障当事人诉讼权益实现。

五、被告人及其辩护人当庭提起管辖异议制度的完善

被告人及其辩护人当庭提起管辖异议制度的完善，一方面要及时赋予被告人及其辩护人相应权利，保障起诉权的依法行使；另一方面还要对权利主体进行适度限制，赋予其相应义务，具体措施包括：完善当庭提起管辖异议权利制度、程序制度、强化司法审判、提升法律人职业素养。

（一）完善当庭提起管辖异议权利制度

从制度上赋予被告人及其辩护人当庭提起管辖异议的权利是当务之急。实践中之所以被告人及其辩护人当庭提出的管辖异议难以受到司法机关的重视，主要原因就是缺乏法律的明确规定。完善管辖异议制度，首先要明确赋予被告人及其辩护人管辖异议权利与义务，为进一步细化管辖异议的操作规程打好基础。首先是明确权利主体范围，牵一发而动全身，赋予管辖异议权弥补制度漏洞就不能仅针对被告人及其辩护人，包括犯罪嫌疑人、被告人、被害人以及自诉人及其诉讼代理人、辩护人都应享有管辖异议权以相互牵制。其次是明确异议效力，在案件的侦查和审查逮捕阶段，鉴于侦查和逮捕活动的紧急性，即使被告人及其辩护人提出异议，诉讼程序也应当继续进行，而在案件的审查起诉和审判阶段，一般不具有紧急性，被告人及其辩护人当庭

提起管辖异议的，可以暂时中止对案件的审理。

当然，赋予管辖异议权后，上述诉讼主体同样也要承担相应义务，以满足权利与义务相统一的法律原则的要求。如，对诉讼主体管辖异议的提起时间、提起方式等如何进行限制，以及违反法定义务会有怎样的法律后果，笔者将于后文陈述。

(二) 完善当庭提起管辖异议程序制度

管辖异议制度设计需要对管辖异议的权利主体、提出时限、提交方式、证明责任、审查机制、救济途径等一系列立法空白进行填补，才能够为法院的程序性裁判提供理由和根据，才能增强诉权行使的可预测性和对裁判权的控制力。①

首先，应当明确界定被告人及其辩护人当庭提起管辖异议的提起时限与提起方式，以确保程序的严谨与效率。（1）提起时限。笔者认为在庭审过程中新发现不宜或不应由当前法院管辖的情形，被告人及其辩护人的管辖异议应只能在一审提出，且在实质审判开始之前提出，也就是在法庭调查之前提出②，以此防止错误的审理流程对实体裁决造成不利影响，并有效遏制司法资源的无谓消耗。（2）提起方式。被告人及其辩护人当庭提出管辖异议时，应采用书面形式进行，以确保异议内容的明确性以及救济审查的可追溯性。

其次，管辖异议的审查机制与救济途径。司法公正原则的直接体现在"任何人不得成为自己案件的法官"。构建审查机制与救济途径，笔者借鉴了回避制度的成熟经验。③（1）审判人员原因引起的管辖异议由院长裁定，检察长及公安机关负责人原因引起的管辖异议则由相应层级的检察委员会决定；而若涉及整个受案法院的回避请求，提交至上一级法院进行审慎审查并作出最终裁决。（2）在庭前会议或正式庭审过程中，若被告人及其辩护人的管辖异议被裁定驳回，其有权依法提起上诉，以维护自身合法权益。（3）管辖异

---

① 参见李雪松：《刑事管辖异议的处理模式与未来选择》，载《郑州航空工业管理学院学报（社会科学版）》2017年第4期。

② 参见陈卫东：《刑事诉讼管辖权异议的解决——韩风忠、邵桂兰贩卖毒品一案的思考》，载《法学》2008年第6期。

③ 见《最高人民法院关于适用〈中华人民共和国刑事诉讼法〉的解释》第十八条　有管辖权的人民法院因案件涉及本院院长需要回避或者其他原因，不宜行使管辖权的，可以请求移送上一级人民法院管辖。上一级人民法院可以管辖，也可以指定与提出请求的人民法院同级的其他人民法院管辖。

议作为影响案件走向的重大程序性事项，不仅关乎被追诉人的权利保障，更直接关联到案件实体处理的公正性。因此，在设定审查与救济期限时，需充分考虑其复杂性与重要性，相较于回避申请较为简短的 2 日审查期，将管辖异议的审查与救济期限设定为 5 日，显得更为合理与充分。（4）在作出管辖异议裁定时要注重说理。无论是同意还是驳回被告人及其辩护人当庭提起的管辖异议申请，审查机关都应当详尽阐述其决定所依据的事实、理由及法律依据，确保裁定的公正性、合法性与可接受性，从而进一步巩固司法权威，增强公众对司法制度的信任与尊重。

（三）强化司法审判、提升法律人职业素养

规范司法实践，要从以下两个方面入手，一是致力于强化司法审判监督，优化司法环境的；二是聚焦于提升法官与律师的职业素养，筑牢司法公正的基石。

进一步加强司法审判监督，完善司法责任制，明确法官的职责、权限和责任追究机制，确保法官在履职过程中严格遵守法律法规和职业道德规范。同时，检察机关作为法律监督机关，在参与庭审过程中认为法官的不作为职务行为违反法律规定的，应当及时有效地依法提出纠正意见或者建议，要求法院予以纠正。此外，还应着眼于司法体系的外部监督，推动管辖权异议处理流程的公开化进程。通过实施公开听证、裁判文书上网等举措，让案件的处理过程与结果接受当事人及社会各界的监督，从而进一步增强司法公信力，树立司法权威。

逐步提升法官与律师的职业素养。一方面，管辖异议的采纳率与异议的说理充分程度之间展现出显著的正相关关系，律师论辩技巧、对法律的把握以及职业道德水准，对管辖异议能否获得认可具有深远的影响。对于在执业过程中疏忽、懈怠，违反职业道德致使当事人权益受损的律师，律师协会应当果断采取惩戒措施，包括警告、罚款、暂停执业资格等。另一方面，司法机关在处理管辖异议及其救济过程中，同样需要注重充分说理。对于司法工作者审判不作为的现象，应接受来自审判委员会、上级法院以及司法行政机关的严密监督。对于相关责任人，可依据情节轻重采取行政处分等措施，确保每一个司法决定都能建立在充分、合理的法理基础之上，从而维护司法公正与权威。

六、结语

本文通过实证分析，对刑事诉讼中被告人及其辩护人当庭提起管辖异议法律适用现状、困境进行说明，并从问题剖析其起因提出解决之策。笔者认为本次《刑事诉讼法》再修改应关注被告人及其辩护人当庭提起管辖异议权利的保障，能够进一步完善相关制度规定，规范管辖异议实务流程，加强司法监督优化司法环境，提升法官、律师职业素质，约束司法实践中各方可能出现的各种不当行为，保障当事人权益、提高司法效率、促进法治建设和社会稳定。

在未来的研究探索中，笔者将倾注更多心力于司法实务一线数据采集工作，力求在理论与实践深度融合下，挖掘刑事诉讼中被告人及其辩护人当庭行使管辖异议权中的困境，以期寻得更为深层次的应对策略与解决之道。

无效婚姻中当事人法律行为效力问题实证研究

周健宇　易思源[*]

摘要：通过对 45 篇样本文书进行分析，发现无效婚姻实务中主要的纠纷类型为共同债务认定、"离婚协议"效力、"婚约财产"返还三类。就共同债务，大量法院直接参照合法婚姻关系处理，少量法院类推表见代理制度；就"离婚协议"，在已登记的情况下法院均认为协议有效，未登记的又有不同看法；就"婚约财产"返还，法院均直接适用彩礼解释的相关规定。实务中观点不一的主要原因是部分法院没有准确认识无效婚姻中各法律行为的性质。故处理此类问题的最佳进路，应是对无效婚姻存续期间当事人行为的性质分别进行认定，并准确适用相应法律规范。

关键词：无效婚姻　行为效力　实务分析　法律适用

一、问题的提出

无效婚姻在实体上自始无效，但在程序上表现为宣告无效，而非当然无效。无效婚姻只有在经人民法院做出确认无效之判决后，才发生溯及既往的效力。在法院做出确认婚姻无效判决前，无效婚姻出于形式和外观上的合法性，一定程度上具备了合法婚姻的社会公信力。由此便出现了一个颇具争议的问题：在无效婚姻存续期间，"夫妻"，也即当事人双方基于"夫妻"身份的认识而实施的相应民事法律行为的效力如何？具体而言，当事人基于"婚姻"对外产生的债务是否发生共同债务的效果？无效婚姻存续期间签订的

---

[*] 周健宇，男，四川大学诉讼法学专业博士，四川轻化工大学法学院副教授，硕士生导师；易思源，男，四川轻化工大学法学院硕士研究生。

"离婚协议"效力如何?"婚约财产"是否返还、如何返还?本文旨在通过对我国司法实务中无效婚姻纠纷的裁判情况进行梳理总结,分析其裁判逻辑,并提出解决进路,以便进一步认识当前无效婚姻司法实务现状,服务司法实践。

二、无效婚姻中当事人法律行为效力认定实务分析

(一)样本来源与选取

以中国裁判文书网为平台,用"无效婚姻""共同债务""离婚协议""财产协议""赠予"等关键词进行组合检索,共检索到 358 篇相关案例文书。笔者从中进一步筛查出 45 篇典型文书,裁判年限为 2011 年到 2023 年,案例纠纷典型、裁判观点鲜明,具有较强的研究参考价值。

(二)主要纠纷类型

对 45 篇样本文书涉及的纠纷情况进行分析,发现常见的为共同债务的认定、无效婚姻存续期间双方签订的"离婚协议"效力的认定、"婚约财产"的返还三大类。其中,共同债务认定的有 29 篇,占比约 64.4%,数量最多;无效婚姻中"离婚协议"效力认定的有 11 篇,占比约 24.4%;"婚约财产"返还的有 5 篇,占比约 11.1%(见表 1)。

表 1 无效婚姻实务中常见纠纷类型

纠纷类型	共同债务认定	"离婚协议"效力	婚约财产返还
样本数量	29 篇	11 篇	5 篇
占比	约 64.4%	约 24.4%	约 11.1%
样本总数	45 篇		

(三)司法裁判逻辑分析

1. 如何认定同居期间的共同债务?

涉共同债务认定的 29 篇文书中,有三种不同的裁判逻辑:有 19 篇直接参照合法婚姻关系中的共同债务认定规则;有 3 篇认为无效婚姻具有社会公

信力，应保护善意第三人利益；有 7 篇认为应严格按照同居关系处理（见表2）。

表 2 无效婚姻中共同债务认定问题裁判观点

裁判逻辑	参照合法婚姻	保护善意第三人	严格按照同居处理
样本数量	19 篇	3 篇	7 篇
样本总数	29 篇		

（1）直接参照适用合法婚姻关系中共同债务的认定规则。

有 6 篇以借款基于双方共同意思表示为由认定共同债务。如顾某君与邱某、郁某明民间借贷纠纷案①和张某与湖南某支行、杨某民事纠纷案②。法院认为既然原告对被告的相应借款表示知情或基于双方之间的特殊关系应推定知情，则该债务具有共同借款的性质，与当事人之间是否存在婚姻关系无关。笔者认为，对借款知情并不等于存在借款的共同意思。即使是在合法婚姻关系中，配偶的事后追认是配偶作为债务人加入夫妻一方所负狭义之债的意思，从而在配偶和债权人之间创设债权债务关系③，也需要明确表示才可。仅以无效婚姻存续期间非借款方对该借款知情为由，即将该债务认定为共同债务，实际是在参照适用合法婚姻关系中对共同债务的认定规则。

有 13 篇以借款用于共同生活为由认定共同债务。如徐某1、艾某婚姻无效纠纷案④和张某、河南某农村商业银行股份有限公司借款合同纠纷案⑤，法院明确表示，无效婚姻存续期间的共同债务认定应当以借款是否实际用于双方共同生活、生产为标准。同时，持该观点的法院通常以无效婚姻的特殊关系为由，在另一方对此并不知情或不予认可的情况下，让其承担借款未用于共同生活的举证责任。在熊某某与黄某某婚姻无效纠纷案中⑥，法院将双方同居期间取得的财产不加区分地全部视为共同共有，包括双方的生活用品、家电及工资，甚至是一方的公积金和个人名下银行账户存款等，明显超过了同

---

① 参见甘肃省永靖县人民法院（2017）甘 2923 民初 1953 号民事判决书。
② 参见湖南省湘西土家族苗族自治州中级人民法院（2023）湘 31 民终 1013 号民事判决书。
③ 参见缪宇：《事后追认型夫妻共同债务的认定及法律效果》，载《广东社会科学》2023 年第 6 期。
④ 参见山东省日照市中级人民法院（2021）鲁 11 民终 2526 号民事判决书。
⑤ 参见河南省驻马店市中级人民法院（2018）豫 17 民再 38 号民事判决书。
⑥ 参见云南省元江哈尼族彝族傣族自治县人民法院（2015）元民一初字第 407 号民事判决书。

居关系中共同共有的合理范围。在赖某某与郑某某婚姻无效纠纷案中①，法院虽认定了郑某某以个人名义向银行和第三人借款的事实，但随后却又将该借款认定为双方共同债务。

参照合法婚姻关系的处理方式虽然在一定程度上有利于提高司法效率、缓和双方矛盾、维护社会秩序和稳定，但使无效婚姻与合法婚姻中离婚的处理趋同，导致了无效婚姻中同居析产的相关规定被事实空置。

（2）无效婚姻具有社会公信力，应保护善意第三人利益。

法院均认为无效的婚姻关系虽然缺乏实质的生效要件，但其经过了婚姻登记程序，对外具有社会公信力。② 由于我国婚姻登记机关的职能仅限于形式上（例如对公民结婚或离婚登记）予以的审查，③ 当事人在登记结婚期间对外以夫妻名义共同生活，一方对外所负的债务发生在该期间内，而第三人对双方婚姻关系无效的事由并不知情。即使当事人的婚姻关系最终被确认无效，也不能对抗不知情的第三人，婚姻无效不能改变两人在共同生活期间所负债务为共同债务的性质。④ 该逻辑认为，无效婚姻区别于一般的恋爱同居关系，基于婚姻登记的权利外观和共同生活的事实，第三人有理由相信双方是合法夫妻，符合表见代理规则的构成要件，因此可适用表见代理规则，由当事人双方承担连带债务。⑤ 此外，虽然家事代理制度与此类似，但未曾有法院类推适用。其原因为家事代理权的制度目的是为夫妻生活提供便利，而非保护债权人，故在婚姻无效或被撤销情形下，第三人不能主张表见家事代理。⑥

（3）应严格按照同居关系处理。

在 4 篇文书中，法院认为，无效婚姻的财产分割不能按照一般情况下的夫妻共有财产进行处理⑦，在不能证明该债务基于双方共同意思表示时，应当将其认定为一方的个人债务。不过，该部分法院在判断该借款是否基于共同意思时，通常又伴随着对一些其他因素的考虑，如是否存在较为弱势的一方

---

① 参见福建省德化县人民法院（2014）德民初字第 870-3 号民事判决书。
② 参见江苏省苏州市中级人民法院（2015）苏中民终字第 02378 号民事判决书。
③ 参见肖必恒：《论我国无效婚姻制度》，载《人民论坛》2011 年第 5 期。
④ 参见苏州工业园区人民法院（2017）苏 0591 民初 4244 号民事判决书。
⑤ 参见陈泳滨：《无效婚姻中单方举债性质的司法认定》，载《上海政法学院学报（法治论丛）》2013 年第 2 期。
⑥ 参见刘征峰：《共同意思表示型夫妻共同债务的认定》，载《法学》2021 年第 11 期。
⑦ 参见北京市第一中级人民法院（2015）一中民（商）终字第 3157 号民事判决书。

或者对婚姻的无效是否知情等。在冯某、陈某等民间借贷纠纷案①中，法院认为该笔借款虽然发生于双方婚姻关系存续期间，但双方婚姻关系已由法院判决确定为无效，且一方为限制民事行为能力人，若将借款认定为共同债务，则对弱势一方明显不利，故法院基于公平原则和保护妇女合法权益原则的考虑，将该笔借款认定为一方个人债务。

在3篇文书中，法院认为，无效婚姻中的民事法律行为一律不发生合法婚姻的效力，应按行为的法律性质分别予以处理。在某银行股份有限公司安庆分行与裴某七、朱某平金融借款合同纠纷案②和程某新与麻某追偿权纠纷案③中，法院认为在无效婚姻存续期间，当事人一方为另一方贷款提供担保的，不能仅据此将该贷款认定为共同债务，而应当分别按照借款关系和担保关系予以处理。而在合法婚姻关系中，保证人因提供保证而获得的利益，在其与配偶之间形成特定类型的夫妻共同利益，则保证之债依然可被认定为夫妻共同债务。④ 在覃某与唐某同居关系析产纠纷案⑤中，法院认为无效婚姻中一方为自己生病治疗所负的债务，属于一方的个人债务，应当由个人偿还。而在合法婚姻关系中，基于夫妻间的抚养义务，一方有权向另一方主张必要的治疗费用。

2. 如何认定无效婚姻中双方达成的"离婚协议"的效力。

根据"离婚协议"是否在民政局进行登记，有不同的裁判结果。第一种情况是该"离婚协议"已在民政局登记，双方据此协议被批准离婚后，一方诉至法院请求确认该协议因婚姻无效而一并无效的。此种情况在本纠纷类型中有5篇，法院均认为协议有效；第二种情况是该"离婚协议"尚未在民政局登记，双方的无效婚姻即被宣告无效，但一方请求确认该协议继续有效的。此种情况在该纠纷类型中共有6篇，有4篇认为有效，有2篇认为无效（见表3）。

---

① 参见浙江省温州市中级人民法院（2022）浙03民再64号再审民事判决书。
② 参见安徽省安庆市大观区人民法院（2018）皖0803民初210号民事判决书。
③ 参见广西壮族自治区扶绥县人民法院（2020）桂1421民初483号民事判决书。
④ 参见蔡蔚然：《一方保证何以形成夫妻共同债务？——基于"共同利益"的分析与展开》，载《法学论坛》2023年第3期。
⑤ 参见湖北省恩施土家族苗族自治州中级人民法院（2014）鄂恩施中民终字第00858号民事判决书。

表 3 无效婚姻中"离婚协议"效力认定问题裁判观点

协议已登记	协议未登记	
裁判结果	有效	有效	无效
样本数量	5 篇	4 篇	2 篇
样本总数	11 篇		

（1）协议已登记，双方依协议被批准离婚的。

法院均认为虽然婚姻因违反法律的强制性规定而无效，但协议的内容并不违反法律、法规的强制性规定，且离婚协议所附的生效要件业已满足，两人已依该协议被行政机关批准解除婚姻关系，故应当认定该离婚协议合法有效。① 此种逻辑认为，"离婚协议"的生效只需满足形式上的离婚登记程序即可，至于该婚姻是否有效则在所不问。其实质是认为离婚协议具有一定的独立性，不以双方之间存在实质婚姻关系为前提。笔者认为此观点不符合我国当前离婚制度的立法精神。《民法典》第一千零七十六条规定的协议离婚，应当首先以双方存在实质合法的婚姻关系为前提。无效婚姻丧失前提基础，依据该无效婚姻而签订的"离婚协议"也将沦为无源之水、无根之木，不宜直接认定为有效。

（2）协议未登记，婚姻即被法院宣告无效的。

在 4 篇文书中，法院认为，当事人签订的"离婚协议"中关于夫妻共同财产分割的条款，系双方对自己财产权利的处分，是真实的意思表示。② 即便婚姻无效，也不影响离婚协议书中共同财产分割条款的效力，双方理应按照诚实守信的原则依约履行。③ 该逻辑实际上是将双方达成的以登记离婚为目的的"离婚协议"的性质，直接认定为同居析产协议，具有一定的合理性，但应注意尊重当事人的真实意思谨慎适用。主要有三种情况：一是一方对婚姻无效知情，而另一方对此不知情。若不知情方认为该协议不公，可以对夫妻身份存在认识错误或受对方欺骗为由，主张重大误解或欺诈撤销协议；二是双方均对婚姻无效知情的，则可以直接将"离婚协议"认定为同居析产协议；三是双方均对婚姻无效不知情的，则该协议应当随婚姻无效而一并无效。

---

① 参见中华人民共和国最高人民法院（2015）民一终字第 150 号民事判决书。
② 参见江苏省南通市中级人民法院（2019）苏 06 民终 23 号民事判决书。
③ 参见湖北省宜昌市中级人民法院（2020）鄂 05 民终 1960 号民事判决书。

此外，还需注意重婚案件中不得损害合法婚姻配偶的利益。

在2篇文书中，法院认为，该离婚协议应认定为无效协议，离婚协议书中关于财产分割的约定亦应一并认定为无效。① 该逻辑认为，只要约定的形式为"离婚协议"，就无须再考察其内容实质。这虽然是对法条的最大尊重，但一定程度上忽视了双方的真实意思，破坏了已经稳定的民事关系，不利于化解矛盾。

3. 无效婚姻中的"婚约财产"返还。

婚约财产即通常所说的彩礼，根据《最高人民法院关于审理涉彩礼纠纷案件适用法律若干问题的规定》第一条，彩礼是指一方以婚姻为目的并依习俗给付另一方的财物。通常认为彩礼在性质上是属于"附解除条件的赠与"，其目的性、现实性、无奈性，都不容否认和忽视。② 无效婚姻虽然不具有合法婚姻的效力，但同样存在给付彩礼的行为。在5篇样本文书中，虽然法院都直接适用彩礼的相关法律规定，但只有一篇法院对此进行了说理，"双方的婚姻被确认为无效后自始无效，应视为该情形属于《婚姻家庭法解释（二）》规定的'双方未办理结婚登记手续'，故被告应当酌情予以返还"。③

笔者认为，无效婚姻中的"彩礼"，其法律性质为不当得利，应适用关于不当得利的相关规定。前述法院类推合法婚姻关系中对彩礼的处理方式，与我国对不当得利的法律规定相悖。合法婚姻关系中给付的彩礼，其性质按通说属于附条件的赠与。"如果没有结成婚，其目的落空，此时彩礼如仍归对方所有，与其当初给付时的本意明显背离。"④ 旧、新司法解释中所规定的"双方未办理结婚登记手续"，指的应当是双方能办理结婚登记，但因为主观原因不办理，从而导致婚姻不能成功缔结的情形。无效婚姻因违反法律、法规的强制性规定，当事人之间客观上没有成功结婚的可能性。故给付的财物并不是彩礼，只是在形式上与彩礼具备高度的相似性，不能适用彩礼的相关规定，而应适用不当得利的规定。具体而言：若收受方对婚姻无效善意，则其仅就

---

① 参见河南省郑州市中级人民法院（2021）豫01民终891号民事判决书。
② 参见吴娟：《解除同居关系后彩礼返还的法律分析》，载《东南大学学报（哲学社会科学版）》2017年第1期。
③ 见贵州省兴义市人民法院（2018）黔2301民初9228号民事判决书。
④ 最高人民法院民事审判第一庭编著：《最高人民法院婚姻法司法解释（二）的理解与适用》，人民法院出版社2004年版，第10页。

现存利益负有返还义务；若给付方对婚姻无效知情，则该给付行为应当认定为一般赠与，收受方无需承担任何返还责任；若仅收受方对婚姻无效非善意，因双方名为结婚实为同居，其继续收受财物具有一定的欺骗性，应当返还并赔偿损失。但婚姻是平等的男女双方就共同生活达成合意而形成的法律关系，具有契约的外观和本质。[①] 若双方已经形成稳定同居关系或生育子女的，应认为给付方缔结婚姻的目的在"同居生活"范围内实现，不得再要求返还。

三、无效婚姻中当事人法律行为效力之争的进路

当前我国无效婚姻司法实务中的主要问题是法律适用问题，部分法院仍存在将无效婚姻类比合法婚姻处理的思维惯性。对此最佳进路应为，对无效婚姻中当事人法律行为的法律性质分别认定，并适用相应法律。

（一）坚持以同居析产的规定为原则

我国立法采用的是"绝对无效说"。《民法典》明确规定了无效婚姻自始无效，当事人之间不具有夫妻权利和义务。应当坚持以《民法典》第一千零五十四条和《最高人民法院关于适用〈中华人民共和国民法典〉婚姻家庭编的解释（一）》第二十二条对无效婚姻财产处理的规定为原则，以借款能否被认定为一方个人所有作为共同债务的判断标准。不能以合法婚姻中的借款用于共同生产、生活来取代无效婚姻中同居析产的判断标准。只有在确实无法证明属于一方的个人借款，或者有证据证明是基于双方共同意思表示的情况下，才可将其视为共同债务。

此外，由于无效婚姻的特殊关系，对是否基于双方的共同意思表示应持较为宽松的认定标准。对无效婚姻存续期间，能够证明是双方出于共同需求，但以一方个人名义对外承担的债务，如双方共同装修房屋、购买必要的家具等，可以推定为是基于共同意思表示做出的，认定为共同债务。但有相反证据证明为不是基于共同意思表示的除外，如购买的家具等物品超出共同需求范围且另一方不认可的，或者装修的房屋为一方个人所有，另一方并未参与

[①] 参见陈新新、刘洁：《婚姻契约视角下我国婚姻法的缺陷与建言》，载《求索》2010年第3期。

装修、改造的。

（二）例外可类推表见代理制度

"公平正义是法律的追求目标，是法律的最高目的。"[1] 为了保护善意第三人的合理信赖利益和社会稳定的交易秩序，可以认为无效婚姻构成"表见婚姻"，类推适用表见代理制度。主要有两种情况：一是在共同债务的认定中，若一方以个人名义对外借款，另一方以行动表明知情且认可的，善意第三人有权基于自己对双方存在合法婚姻的合理信赖而主张该借款为共同债务；二是在日常家事活动中，善意第三人有权主张一方的行为对另一方发生法律效力。对第三人是否善意进行认定，不能仅依据双方存在婚姻登记的事实，还需要判断双方是否在当地举办结婚仪式、对外以夫妻名义相称，以及第三人与对婚姻无效知情的一方是否存在密切关系等。

本部分与前述（一）部分对共同意思表示的认定相同，都是对无效婚姻存续期间共同债务认定的处理办法，属于一体两面。前者是从无效婚姻的内部关系入手，后者则是从无效婚姻的外部关系入手。实务中法院在裁判时可根据案件具体情况从不同的角度予以分析认定。

（三）尊重当事人真实意思

在无效婚姻存续期间，当事人之间达成的"离婚协议"，原则上应随婚姻的无效而一并无效，但若该协议是双方基于对自身关系的正确认识而达成、反映双方真实意思，且满足合同生效要件的，应对其效力予以认可。如在陈某1、罗某离婚纠纷一审民事判决书[2]中，由于双方对自己婚姻无效均知情，故双方在此认识下达成的"离婚协议"，其性质应当属于"同居析产协议"，应尊重其真实意思，认定协议有效，法院判决结果也是如此。

四、结语

实务分析表明，虽然无效婚姻案件在我国的民事案件中总体占比较小，

---

[1] 见王利明著：《人民的福祉是最高的法律》，北京大学出版社2013年版，第37页。
[2] 参见四川省古蔺县人民法院（2021）川0525民初199号民事判决书。

但其中却反映出各地法院对处理无效婚姻的不同观点和复杂态度。其中，大部分法院在名义上认定无效婚姻自始无效，却又实际将其类比合法婚姻中的离婚进行处理；少数法院则坚持按照同居关系进行处理，并依照当事人相应行为的性质适用相应的法律规范；也有一些法院两者兼采，同时认为应当保护善意第三人的利益。本文通过对实务各种裁判逻辑的分析，提出当前无效婚姻实务困惑和争议的进路，应当为正确适用现行法律，并就实务常见状况提出一些处理建议，以期为我国无效婚姻实务提供有益参考。

智慧法院建设中技术应用的伦理风险及规制

李 芽 白彦杰[*]

摘要：智慧法院建设在促进司法公正和提升司法效率的同时，也带来了技术应用影响法官在处理案件中主体地位的问题。主要体现在技术对法官自由心证的限制，导致难以准确评价个案差异，技术应用视角的单一性和不可变动性解构了庭审制度的多视角和动态化优势，法官也可能因为技术所带来的便利而主动选择让渡裁判权以及法院对应用技术裁判的绩效要求下不当使用技术裁判。因此，面对法官主体性被消解的风险，应当坚持技术辅助性的定位，强调庭审的实质化，将法官运用技术手段的目的严格限制在促进司法公正和提升司法效率上，不可机械地将技术与司法相结合而导致技术裁判人的法律伦理风险。

关键词：智慧法院 法官主体性 技术应用

一、问题的提出

随着科技的进步，技术越来越普遍的与社会各行业进行结合，司法领域也在技术的进步中面临新的情况。案件越发呈现出专业化、综合化的趋势，法院需要处理的案件量也不断增加。这些新情况促使我国司法制度进行变革，以适应法院所需的审判结果公正合理、案件处理更加高效的要求。因此司法与技术的结合成为必然的趋势，法院工作方式必须加强技术应用，为此党和国家做出了一系列的顶层设计并进行试点。2016 年中共中央办公厅和国务院

---

[*] 李芽，女，四川轻化工大学法学院副教授、法学硕士、硕士研究生导师；白彦杰，男，四川轻化工大学法学院硕士研究生。

办公厅发布了《国家信息化发展战略纲要》①，明确提出了"智慧法院"这一概念，要求提升诉讼流程各环节的信息化水平，推动司法信息公开。为落实该纲要的要求，2017年最高人民法院发布了《关于加快智慧法院建设的意见》②，确立了我国法院系统智慧化的愿景目标和基本路径，此后各地法院开展了智慧法院的建设工作。但是智慧法院建设在取得丰硕成果的同时，也出现了技术冲击法官地位的问题。现如今类案推送、裁判文书自动生成等技术的出现，法官或主动或被动地使用这些技术，使得技术越来越对裁判结果产生实质性的影响。这种技术影响的扩大导致审判结果由技术力量来主导，而法官的地位进一步被削弱，所以审判结果的产生被异化为机械式的技术逻辑生成，这种审判结果将会产生人被机器所裁判的现象。因此为防止技术应用侵夺法官主体地位的风险必须进行充分的理论研究和制度预防，这是保障技术更为恰当地应用于司法的前提条件。

二、智慧法院实践样态

（一）程序性技术向实体性技术发展

我国智慧法院建设侧重于提升司法效率和司法便利，主要体现为程序性的辅助手段，比如"依托OCR文字识别、语音识别、自然语义处理等技术将审判辅助事务自动化，例如提供立案信息回填、笔录智能生成、文书智能纠错等智能辅助应用。"③ 此类程序性辅助手段已经较为成熟。根据最高人民法院信息中心统计数据，2021年全国法院在线立案1143.9万件，在线缴费1093.2万次，在线开庭127.5万场，在线证据交换260.1万次。④ 同时我国的实体性辅助技术也有较大发展，主要体现在大数据技术和人工智能应用两方面。大数据技术是指依托司法大数据平台，通过数据汇聚和整理的方式对

---

① "中共中央办公厅 国务院办公厅印发《国家信息化发展战略刚要》"，载中国政府网，https://www.gov.cn/xinwen/2016-07/27/content_5095336.htm，最后访问时间2024年11月3日。
② "关于加快智慧法院建设的意见"，载中华人民共和国最高人民法院官网，https://gongbao.court.gov.cn/Details/5dec527431cdc22b72-163b49fc0284.html，最后访问时间2024年11月3日。
③ 参见陈子君：《论行政诉讼智能化的逻辑理路与制度建构》，载《东北大学学报（社会科学版）》2023年第6期。
④ 参见蒋惠岭：《论传统司法规律在数字时代的发展》，载《现代法学》2023年第5期。

案件的审判进行量刑建议、类案推送等辅助。比如内蒙古法院融合数字化智能服务系统，该系统通过构建统一大数据平台实现多维度案例检索、民商事案件智审知识指引、发改案件知识指引等能力。人工智能应用是指通过一定的模型来进行机器学习，使得机器具备对案件的智能决策能力。比如上海法院的上海刑事案件智能辅助办案系统能够对证据证明力判断和案件证据链的形成提供支持。

（二）智慧法院建设模式

我国智慧法院建设是在最高人民法院的统一规划下，地方各级法院充分发挥其作用各自立项的智慧法院项目。目前许多地方法院对智慧法院所做的探索已经取得了一定成果。比如北京市的智能审判系统"睿法官"；上海市的刑事案件智能辅助办案系统（206系统）；江苏省的推广智慧审判苏州模式。但我国的智慧法院建设主体不统一导致智慧法院之间缺乏兼容性，因此法治势必要求法律制度的统一。目前我国尚未就法官在智慧法院的场景下的工作方式和权限出台法律和司法解释。智慧法院建设暴露出侵夺法官主体地位的情况，也正是要求展开各地试点的意义，为将来建立完善统一的智慧法院制度做准备。

三、技术应用对法官地位的影响

（一）技术应用对自由心证的破坏

在技术条件下，当法官需要处理案件时可以调取相关案件的证据证明标准，将该案的证据输入系统，便可以对比现有证据是否构成完整证据链，是否达到承担相应的法律责任的证据要求，从而提示法官做出符合系统分析结果的判决。此类技术辅助方式的应用能够帮助审判者做出科学的判决，但也会对审判者的自由心证过程产生影响。"法官需要适用自由心证主义进行审判，在事实认定中坚持证据裁判主义，并以经验法则为媒介作用，准确地解释法律与适用法律。"① 但是算法的形式科学性，当面对系统给出的证据证明分析结果，法官难以依据其心证做出偏离该结果的判断。而系统所依据的证据证明标准是根据以往海量同类案件中所共有的案情要素构成的，这种证据证明标准可以满足同类案件证据证明的共性但是难以适应个案中的特殊性。法官在面临技术不能适应实际的情况下，如果不能依据自由心证原则作出裁判，将导致裁判结果偏离公正，弱化法官在审判中应当发挥的作用。

（二）技术应用对庭审制度的解构

伴随着技术的发展而来的是技术应用的崛起，传统司法观念和司法制度不断受到挑战，智慧法院的建设逐渐成为科技公司占主导地位的"卖方市场"。② 技术的发展导致专业知识的大众化，知识不再是特定从业人员所独有。比如自然语言模型类的人工智能技术的不断进步，民众可以通过技术工具来获得相关的专业知识，这种现象将冲击现有的法院庭审制度的风险。如果机器深度学习能力继续进步，会出现能够回答复杂专业法律问题的人工智能。当民众遇到法律问题需要判断时可能会选择先向人工智能进行询问，人工智能会对法律问题给出判断结果并给出充分的法律论证，而民众依靠法院庭审解决纠纷的方式将被取代。"这种通过社会购买方式建立起的智慧平台，在一定程度上透析了权力专属原则。"③

有观点认为"算法量刑以网络在线的方式依靠智能量刑模型对既往类案进行智能量刑预测，这就使得传统'面对面的对话式'法庭辩论、法庭质证、法庭陈述制度在实体上丧失了保留的必要"。④ 但技术应用也有其不足，即审理视角的单一性和审理过程的不可变动性。审理视角的单一性是指根据技术审理案件的流程往往需要输入者将案件事实和证据输入程序，所以审理结果很大程度上取决于输入者所输入的内容。以刑事案件为例，未来技术审理案件的流程可能会变为由公安机关通过技术应用固定证据后，直接通过线上移

---

① 见林洧：《人工智能司法审判的限度审视与应用路径——基于对ChatGPT算法的法律批判》，载《中国矿业大学学报（社会科学版）》2023年第6期。
② 叶燕杰：《智慧法院建设中的实践难题与破解路径——基于B市智慧司法实践的考察》，载《山东大学学报（哲学社会科学版）》2022年第3期，第78—88页。
③ 冯浩波：《智慧司法的算法隐忧及其规制》，载《四川行政学院学报》2023年第6期。
④ 王玉薇、高鹏：《人工智能算法司法应用的发展隐忧及完善路径》，载《学术交流》2023年第11期。

交检察机关进行技术审查,再由检察机关向法院提起公诉,法院将从检察机关得到的案件事实和证据利用技术进行审理。整个诉讼流程控告方有着极大的技术优势,而辩护方所能发挥的作用极为有限,这显然不利于审理结果的公正。审理过程的不可变动性是指,当案件事实和证据一旦输入程序后就会根据既定的程序做出判决,其法律论证的过程是没有人类干预的,其判决结果是不可变的。总之在利用技术得出案件事实和证据的过程中容易受到控方单方面的技术优势影响,而在法律论证的过程中又排除了辩方的辩护机会。相较于传统庭审模式,技术应用对司法的干预可能会造成控辩审三方构造的失衡。

(三)技术应用对法官裁判权的负面影响

从法官的角度来看,技术的广泛应用便利了法官的工作。智慧法院中的类案推送系统就是针对类案检索需要应运而生的产物,法官在遇到需要查询的案件时,可以输入案件的关键词,系统便会推送同一类型过往的裁判案件。法官在审理案件时,可以参考系统推送的案件的裁判理由和裁判结果,并据以对案件做出裁判。但法官在如此成熟的类案推送系统面前,可能会主动忽视自身的作用,而对技术应用产生路径依赖。"法官越依赖科学技术,其越有可能被'奴役'而被削弱甚至丧失主体性。"[①] 法官主观上会认为系统所推送的结果具有无可辩驳的公正性,如果自己做出了不符合类案结果的裁判将面临裁判错误的风险。因此法官主动让渡其所拥有的裁判权,而让技术承担裁判责任。

除了有法官主动让渡裁判权的风险外,同时也存在法院利用技术对法官进行绩效管理而限制法官在裁判中的作用。法院通过技术应用管理法官业务,其目的是避免法官滥用权利导致裁判尺度偏差或裁判结果错误。比如类案推送与裁判预警偏离挂钩,造成法官无法按照自己的判断做出裁决。从形式上看技术似乎比人要可靠,因此法院可能倾向于依赖技术路径而忽视法官的作用。但是司法领域中技术应用很难完全取代法官的价值判断和经验思维。如技术只能在对过往案例的学习中获得裁判的能力,但是限于法律的滞后性,

---

[①] 王禄生:《司法大数据与人工智能技术应用的风险及伦理规制》,载《法商研究》2019年第2期。

技术应用只能依据现有的法律规定裁判,却无法对新类型案件做出准确的判决。

四、技术应用冲击法官地位的化解进路

(一)法官释法说理强化自由心证

厘清自由心证在审判中的作用,才能将技术和心证的边界划分清楚。技术应用的逻辑有大数据归纳分析和算法三段论推理两种进路。大数据应用是人工智能对于文字的排列顺序作出的概率性的总结,并不能理解法律文书的真正含义。比如当人工智能通过对大量的侵权案件的学习,发现当出现"侵害""人身权益"等关键词,后面往往会出现"应当承担侵权责任"的表述。那么人工智能在下一次对案件进行分析时如果出现了此类关键词便会做出应当承担侵权责任的判断,这种判断无法满足实践中复杂多变的案情。算法三段论推理是算法采取法律规定、案件事实、裁判结果的司法三段论进行的逻辑推理。这种方式的弊病在于三段论难以处理法律制度的竞合问题。比如当侵权案件同时符合《民法典》关于违约责任的规定和关于侵权责任的规定,而技术应用难以在大前提是违约责任法律规定、小前提是侵权事实的情况下得出裁判结果。这些技术障碍要求法官心证发挥作用,不能让"司法的运作,单纯演变成机器挟持法官的闹剧,完全挤压了法官的自由裁量。"[1]

因此应当强化裁判文书说理的地位,裁判文书的释法说理应当对案件更有针对性,因为技术对案件特殊性的把握难以优于法官。即使是同一类案件中每个个案都有区别于其他案件的特征,加强对案件特征的分析有助于准确做出判决,也是法官裁判文书说理面临技术挑战的情况下发展的方向。此外虽然技术应用裁决对社会矛盾的化解有着推动作用,但是缺乏法院公权力的裁决结果其可靠性令人质疑。因此可以将技术应用的裁决限制在专业技术领域,弥补法官仅掌握法律知识而不掌握其他专业知识的弊端。而法官仍然保留从法律角度对案件的解释权,这样明晰技术与司法界限的做法有助于二者

---

[1] 见冯姣、胡铭:《智慧司法:实现司法公正的新路径及其局限》,载《浙江社会科学》2018年第6期。

更科学地发挥各自的作用。总之发挥法官对个案特殊情况的说理和明确技术说理与法律说理的权利界限，才能在技术时代使法官掌握住手中的审判权。

(二) 庭审制度优势弥补技术缺陷

技术所不能及正是发挥法官作用之处，传统庭审方式具有多视角和动态化的优势。"忽视了法庭调查和法庭辩论中的对抗性因素，使得难以确信复杂案件的事实和法律适用所以在设计智能化审理诉讼流程时，不可忽视辩方介入的权利。"① 对于同一案件事实控辩审三方的视角是不同的，综合控辩审三方对案件的认识更有利于还原案件的真相。同时案件的审理过程不是不变的，在审理中可能有新的证据和证人加入庭审，因此即使是在技术时代也不可将庭审流于形式。"技术发展未必自觉遵守全民原则，因此要防止司法人工智能沦为技术强者独享的特权与乐园。"② 可以在向程序输入案件事实和证据时加入辩护意见的模块，使得技术在进行法律论证时考虑辩护方的角度。在控辩双方对于案件事实和证据分歧较大，技术无法判定时应当由法官来处理。同时在技术应用审理案件时，应当设定合理的审理期限为双方当事人补充证人证据留有余地，并且赋予法官对于补充的证人证据进行判定的权利。即使技术已经根据现有的案件事实和证据做出判决，如果法官判断控辩双方提供的新的证人证据可能影响判决结果，就可以加入新的证人证据再次进行审理。

(三) 法官先决和绩效管理的理性结合

法官选择技术的帮助可以提升司法的效率，但是不能将技术应用的出发点异化为法官将裁判权主动让渡给技术。在高度智能化的技术应用面前，法官会利用这些技术应用来减轻自己的工作负担。为了防止法官主动让渡权利的风险，应当对技术应用作出一定的后置性规定。即在法官对于案件事实认定和法律适用做出独立判断后，再利用技术对该判断结果进行补强，而非直接利用技术做出判决。

当前"进行信息化建设时，往往较少关注信息化促进司法公正，提升法官司法水平和司法知识生产方面的意义，更多地区追求的是信息技术所带来

---

① 见魏斌：《司法人工智能融入司法改革的难题与路径》，载《现代法学》2021 年第 3 期。
② 见曹晟旻：《司法人工智能对权利保护的挑战与应对》，载《汉江论坛》2023 年第 9 期。

的便捷性和'可监控性'"。① 但应当明确的是将技术应用于法官绩效管理，其目的是促进法官公正司法提升审判效率。以此为导向，可以把法官的绩效管理沿着促进司法公正和提升审判效率两条逻辑去构建。要给予法官不适用技术的选择权，在绩效考评中不能将技术使用率作为法官考核的必备评价维度。从一开始，就可以在设计模型的时候使得技术应用在评估裁判时完全摒弃对触及法官自由裁量部分的评估。② 比如在利用人工智能分析证据构建证据链条时，如果法官认为人工智能的判断过于机械应当赋予法官自行判断的权利。可以采取正向激励机制，评选对于在审理案件中利用技术促进司法公正和提升司法效率的典型案件，以此激励法官更加科学合理地运用技术。同时要为法官反馈技术应用在实际中的问题提供渠道以优化智慧法院工作的建设，充分发挥好法官在智慧法院建设中有着大量实践经验的优势。

五、结语

2022 年最高人民法院发布《关于规范和加强人工智能司法应用的意见》③ 强调要坚持技术辅助审判原则，无论技术发展到何种水平，人工智能都不得代替法官裁判。因此对于技术应用于司法必须有明确的辅助性导向，对于实质影响审判结果的技术手段的应用，应当保障程序上的后置性和法官的可选择性。同时应发挥传统庭审的优势，将二者更好地良性结合，充分发挥传统庭审多视角和动态化审理模式的优势以弥补技术运用的不足和维护法官在审判中的主体地位。对于技术运用在法官绩效考评中的地位，应当抓住技术促进司法公正和提升司法效率这一根本目的，强调法官运用技术的实际使用效果而非机械性的使用频率的多少，避免出现迫使法官不当使用技术手段的局面。未来智慧法院的建设应当着力加强顶层设计统一规划，加强智慧法院建设中法官主体性的定位规范智慧法院发展路径，避免出现机器裁判人的伦理风险。

---

① 见娄必县、崔明莉：《智慧法院视野下全流程无纸化办案的反思与完善》，载《重庆理工大学学报（社会科学版）》2023 年第 3 期。
② 参见梁庆、韩立收、刘信言等：《人工智能于法官绩效考核之应用——以程序法视角为中心》，载《重庆社会科学》2021 年第 11 期。
③ 《关于规范和加强人工智能司法应用的意见》，载中国法院网，https://www.chinacourt.org/article/detail/2022/12/id/7057666.shtml，最后访问时间 2024 年 11 月 3 日。

司法审判人工智能应用的现实困境及其优化路径

——从智慧法院视角切入

李 芽 黄进茜[*]

摘要： 人工智能时代的到来将会对司法领域带来颠覆性的革新，依托人工智能算法发展起来的智慧司法在解放司法生产力、提升司法审判质效方面体现出了极大的潜力。人工智能算法在司法领域的应用虽具潜力，但其问题亦不容忽视，具体表现为对法律人主体地位的潜在侵蚀、算法不透明导致的"黑箱"现象，以及这些问题对司法公信力可能造成的消解作用，从而对司法公正构成了负面挑战。为此，必须明确人工智能与司法的边界，确保法律人主体地位，人工智能只能是辅助性作用；算法公开透明，完善智慧法院修正模式；构建法律知识图谱，加强法律解释工作，增强司法公信力，确保司法公平公正，维护司法正义，最终实现司法现代化的终极目标。

关键词： 司法审判　人工智能　智慧法院

一、问题的提出

当前，互联网信息技术发展已成为现代生产方式变革的主要动力。我国司法界也紧跟时代潮流，积极探索运用现代智能技术与传统司法方式相结合，从

---

[*] 李芽，四川轻化工大学法学院副教授，硕士生导师；黄进茜，四川轻化工大学法学院2023级法律硕士研究生。

而达到释放司法动能、解放司法想象力,最终实现"智慧司法"的目的。① 审判体系和审判能力现代化离不开法院建设信息化。我国目前正积极建设智慧法院系统,自从2015年"智慧法院"概念首次提出,到如今,智慧法院建设已进入4.0阶段。② 然而,如果在司法审判过程中过度依赖人工智能,使人工智能"越界"参与审判过程,首先可能会导致法官乃至法律人主体地位的消弭。其次,司法审判运用人工智能的过程中,由于算法技术例如算法黑箱、算法歧视等目前无法避免的问题存在,司法公正也将遭受冲击。最后,由智慧算法所做出的判决结果目前很难得到社会大众的认可,且智慧算法所做出的决策过程及结果无法像传统司法模式一样可视化,司法的公信力也将会受到消解。

二、智慧法院人工智能应用的底层逻辑及建设现状

(一)智慧法院人工智能应用的底层逻辑

当前,智慧法院运用人工智能主要有三个步骤,首先,需从裁判文书网、北大法宝等网站搜集大量裁判文书、司法案例、典型判例等将之转化成自然语言。其次,通过人工设计出与传统司法三段论推理模式相符合的机器学习算法,最后,通过该算法构建符合传统司法审判模式的预测模型,从而利用该模型预测所需裁判案件的判决结果,达到缓解"人少案多"司法困境的目的。我国传统司法审判模式一般是法官通过三段式法律推理裁判案件,而现代机器算法的工作原理却并非如此,其是利用搜索到的裁判文书及其他文书中的相关参数用以审判模型的构建。③

(二)智慧法院建设现状

纵观各地的智慧法院建设,北京和上海颇具代表性。北京市中级人民法院推出了"睿法官"系统,"睿法官"系统将人工智能与传统司法审判模式深度

---

① 参见冯浩波:《智慧司法的算法隐忧及其规制》,载《四川行政学院学报》2023年第6期。
② 参见王水兴:《人工智能应用的资本逻辑与劳动逻辑审思——基于马克思主义政治经济学批判与建构视域》,载《哲学动态》2023年第11期。
③ 参见周灿:《人工智能融入司法裁判的现实困境与实践路径研究》,载《三峡大学学报(人文社会科学版)》2023年第6期。

结合，与法官现实审判工作无缝衔接，这一创新不仅显著加快了法官在日常审判工作中的效率，更为北京市的司法裁决树立了统一且明确的衡量标准，确保了裁判尺度的一致性和公正性。同样，上海市推出了"206"系统，"206"系统的核心工作原理为智能辅助办案，其工作方式主要有证据规则指引、证据校验审查以及智能辅助庭审，真正实现了公检法三机关办理刑事案件网上运行、透明公开、合理合法，整个办案过程公众可见、有序可控、步骤留痕，从而有效防止司法任意性。①

三、智慧法院人工智能应用的现实困境

（一）法律人主体地位的消弭

传统的司法裁决框架是建立在法律条文的严格遵循与法官个人理性判断相融合的基石之上。这依赖于传统的三段式推理，即以法律规则作为大前提，案件事实作为小前提，最终得出结论。司法审判的逻辑起点就是事实认定，事实认定的正确与否直接关系到司法公正能否得到实现。因此，事实认定和事实论证的核心环节都与法官"自由心证"紧密关联，这一过程必须发生在法律规制的框架之内，但也会受到法官个人法律实践经验以及生活经历的影响。但人工智能介入司法审判的过程中，法官的作用势必会受到一定削减，人工智能的介入，不仅将重塑审判环境的面貌，更将深刻影响并可能全面解构现有的审判体系乃至司法权力的结构②，法官的亲历性、独立性将会受到前所未有的打击。若判决错误，法官是否应当对机器所做出的错误判决承担相应责任，如果法官直接或部分采纳机器所做出的裁判结果再加以自己的逻辑判断所做出的判决结果出现错误，此时将难以认定法官责任。

（二）算法问题对司法公正的影响

司法审判过程是一个追求判决合理化的过程，为确保公众能够切身感受到

---

① 参见肖凯、及小同、牛元宏：《从经验理性到数字理性——以嵌入式类案智能推送平台推进适法统一的路径优化》，载《数字法治》2024年第3期。

② 参见季卫东：《人工智能时代的司法权之变》，载《东方法学》2018年第1期。

司法公平与正义，必须致力于实现实质正义与程序正义双重目标，这意味着在裁判过程中不仅要有严谨的逻辑推理，还要有深刻的价值判断，以确保裁判结果既合法合理，又符合社会道德观念和大众期待。但目前智慧法院应用人工智能的过程都是通过人工对机器进行数据及知识的投喂使其建立审判模型从而达到辅助判决的目的，该过程中机器还暂时无法学习人类的理性思维进行价值判断以及道德推理，但价值判断以及道德推理往往是司法审判中审判者所必须拥有的司法技能，这就与人工智能的底层逻辑相悖。法律规范作为一种抽象规范，在某些场景下需依托审判者根据实际情况选择可选规范进行最终裁决，这就依赖于法官自身经验以及对案件事实把握的度来进行审判。但机器学习毕竟只是一堆数学符号的组合来完成某些关联案件的连接最终得出相似的判决结果，这之中缺乏了法官的审判思维，也缺乏人类法官在审判过程中的推理能力与论证能力。

其次，数据质量也会影响人工智能的运算结果，数据质量包括数据的"质"与数据的"量"，截至2024年1月26日，我国裁判文书网收录裁判文书共143672892篇。从"数量"维度审视，虽然庞大的司法数据集似乎足以支撑智慧法院中机器学习的运作需求，但这些数据在"质量"层面却显得粗浅而不精细。具体而言，这些数据往往孤立且片面，缺乏与其他相关数据的有效整合与综合分析，从而限制了其全面预判的潜力。

最后，"算法黑箱"问题会对司法公正造成严重冲击。黑箱即人们无所知晓的，既不能打开，也不能从外部观察其内部形态的系统。[①] 人工智能审判的算法是由一串串二进制代码形式所表达出来的机器语言，其中是机器内部自身复杂的数据处理及演算过程所得出的结果，而在外界看来只需一些数字的输入等简单操作。"算法黑箱"问题还会对当事人及辩护律师的权利造成侵害，法庭中一个重要的环节就是法庭辩论，"算法黑箱"的出现会导致当事人在诉讼过程参与中面临诸多疑问，这些疑问会因缺乏具有说服力的解释而难以得到真正解决，这在无形中会侵害当事人及其辩护律师的正当权利。

(三) 算法问题对司法公信力的消解

司法过程也是法官运用自身审判经验与审判智慧的过程，历史上很多法律

---

① 参见陶迎春：《技术中的知识问题——技术黑箱》，载《科协论坛（下半月）》2008年第7期。

规则的创建与发展都离不开法官对现实经验的总结与自身智慧的发挥。由此法官在公众心目中树立了崇高的声望，这种声望来自公众对法官职业道德的高度认可以及对其公正裁判的坚定信任，这种信任是法官权威的基石，也是司法体系公信力的重要体现。① 人工智能在司法领域的渗透，虽然能够显著提升部分传统司法工作的效率与精确度，但同时也可能间接削弱法官的专业能力，进而引发公众对司法公信力逐步削弱或消解的担忧。

机器人法官的审判结果恐将难以得到社会公众的支持与认可。司法审判的实质是一种判断权，其更是一种释理说法的过程，需要法官在审判过程中不断综合各方所给出的质证对证，最终给出最合适的法律规则用以法律裁判。这种论证过程既包括事实论证也包括法律适用论证，该论证过程的受众首先是诉讼参与人，其次是司法职业共同体，最后是社会公众，论证的正当性直接关系到法官本人乃至司法整体的权威性，因此，法官在审判过程中都必然竭尽全力去得出最公正、最正义的判决结果。然而，当前智能审判的过程却是由机器分析数据，通过与数据库中类似案件进行案情比较、匹配，最终实现"分析过去的数据，做出当下的裁判"②。该决策的模式始终围绕机器算法展开，社会大众难以从心底认可，且该决策模式的过程及依据都难以可视化的方式向公众公开，这使得机器裁判结果对于公众来说似乎"玄之又玄"。若直接将机器裁判结果作为最终的裁决结果，将可能对公众造成"法不可知则威不可测"的恐慌。

四、智慧法院人工智能应用的优化路径

（一）规制人工智能介入司法审判边界，强调法律人主体地位

将人工智能融入司法领域，是顺应社会治理现代化趋势与大数据技术蓬勃发展的司法革新方向。然而，鉴于司法体系深厚的历史底蕴、持续的制度传承以及固有的制度特性，笔者认为在推进司法智慧化变革的过程中，必须审慎把握改革的尺度，以防过度追求技术革新而偏离了司法公正的核心价值，造成适

---

① 参见［日］谷口安平著：《程序的正义与诉讼》，王亚新、刘荣军译，中国政法大学出版社2002年版。

② 参见徐恩平：《生成式人工智能司法应用的风险与出路》，载《中阿科技论坛（中英文）》2024年第1期。

得其反的后果。

首先，司法领域的代码化往往仅能触及并表达法律条文表面层次的句法结构，其深层次的法理意义以当前的算法模型仍然无法展现，换言之，当前算法模型只能执行法律规则却无法准确适用法律原则。因此，应将当前人工智能应用于司法领域的功能限制在辅助审判而非自主审判。这就要求精确界定并严格把控人工智能在司法领域的界限，既要肯定人工智能对于司法裁判效率提升的积极作用，也要遵循司法客观规律，尊重本土司法实践客观需求。

其次，由于机器算法尚不具备理性思考的能力，必须坚持审判以法官为中心，保障法官法律逻辑推理能力的充分发挥，规范法官对于人工智能的使用程序。司法裁判中人工智能应用辅助性地位的限度明晰，主要是对理性主义下智能系统工具主义的重申和裁判者主体地位的再强调。① 因此，需严格限制法官应用人工智能系统的权限，以防范人工智能系统对法官主体角色的不当替代。这要求明确区分办案法官与人工智能辅助工具之间的界限，坚持法官在审判过程中的核心地位与主导作用，确保人工智能系统始终作为法官的辅助工具而非决策者存在。

（二）建立全国统一司法数据库，推动算法公开，完善智慧法院修正模式

首先，司法智慧化的实现必须依赖海量司法裁判文书等数据的支撑，这是由人工智能算法机制的底层逻辑所决定的，但算法若过于追求效率及相关目的导向，极容易造成算法歧视、算法偏见等问题，因此应规范算法监管管理机制，强化司法大数据管理，加强各地区数据资源共享，打破数据信息壁垒，建立全国统一司法数据库。应拓宽司法数据收集的渠道，完善各地司法系统内部数据共享机制，消除信息障碍，打破司法数据壁垒。其次，应将尽可能多的案件信息及时录入司法数据库，充实算法逻辑，最大限度还原案件事实，防止"一叶障目"问题的出现，最后，设置数据预警机制，及时清理垃圾数据、可疑数据，保证数据纯洁度。

其次，"算法黑箱"作为智慧司法算法技术的一个固有难题，其存在本身就构成了公众信任的一道障碍。为了确保智慧司法的公信力，必须让其运行

---

① 参见蔡立东、郝乐：《司法大数据辅助审判应用限度研究》，载《浙江社会科学》2022年第6期。

过程接受公众的监督,正如阳光被视为最佳的防腐剂。为达此目的,笔者认为构建算法解释与公开机制至关重要。这一机制的核心在于揭开"算法黑箱"的神秘面纱,让那些原本晦涩难懂的数据代码变得透明可理解,从而使公众能够进行有效的监督,进而增强对智慧司法的信任感。因此,算法源代码应只需向政府所委托的专业机构或设置的专门机关公开即可,且有学者认为可通过专家辅助人的方式对智能系统的运作原理进行质询①。其次,"算法黑箱"问题不仅会侵害公众的信息知情权,庭审抗辩权,还可能削弱公众对司法活动的有效监督,为应对这一问题,必须拓宽决策主体与社会公众之间的沟通桥梁,建立健全审查与信息公开机制。通过定期组织或不定期安排相关领域的专家对智慧司法算法进行深入的审查与评估,可以确保算法在实际应用中的合理性与透明度,从而保障算法运行的公正性与公众信任。

最后,从智慧法院修正模式来看,应加强综合性人才培养。当前智慧法院系统主要是由法院和企业合作开发,但法律科技型企业及人才极其稀少,智慧法院的建设是一个跨学科的综合挑战,它融合了法学、计算机科学、大数据科学等多个领域的专业知识。这要求建设者必须具备多学科的综合性思维,深入研究并全面支持智慧法院、智慧检察等智慧司法系统项目。在这一过程中,关键在于将技术分析的客观性、法律适用的精准性以及司法制度的价值性三者紧密结合,以实现智慧司法系统的全面优化与高效运行。②

(三)构建法律知识图谱,加强算法解释,增强司法公信力

司法公信力是公众对于司法制度信任与否的重点所在,保证司法公信力也是当前司法改革工作的重点任务之一。要让公众在智慧司法中感受到公平正义,笔者认为有以下几种途径:

首先,为了构建司法人工智能的坚实基础,需要着手打造法律知识图谱。这一图谱将法律规范置于核心地位,以知识为中心,确保司法决策过程能够紧密依托法律知识的全面性和准确性。通过构建详尽而系统的法律知识图谱,可以为司法人工智能提供更加坚实的底层架构,进而提升其处理复杂法律问

---

① 参见朱体正:《人工智能辅助刑事裁判的不确定性风险及其防范——美国威斯康星州诉卢米斯案的启示》,载《浙江社会科学》2018年第6期。
② 参见刘谢慈、方媛:《"德法兼修"理念下高校法治人才培养机制的逻辑进路》,载《湖南工业大学学报(社会科学版)》2021年第4期。

题的能力。① 人工智能要应用于司法领域，整合法律体系，构建法律知识图谱是先行条件。知识图谱是结构化的语义知识库，以符号形式描述物理世界中的概念及其相互关系，"实体—关系—实体"是其基本组成单位。② 法律知识图谱的构建是以信息提取、融合知识、知识加工的步骤展开，这些步骤的推进不仅高度依赖于人工智能技术的全面参与，而且亟须法律领域的专业人才贡献其长期稳定的时间与深厚的专业知识。

其次，算法的晦涩性导致公众对其有天然的排斥性与陌生感，因此，加强算法解释工作，构建有效算法解释机制从而使得公众对算法有深刻认识将显得尤为重要。相关部门应当积极采取举措，以公众易于理解的方式主动阐释算法的运行原理与机制，确保信息的透明性与可理解性。同时，司法部门也应当明确赋予公众相应的算法解释请求权，让公众在需要时能够请求对特定算法进行详细的解释说明，以此进一步保障公众的算法解释权。算法解释权的概念在欧盟《一般数据保护条例》第七十一条中为："数据主体有权获得人工干预，表达其观点，获得针对自动化决策的解释并提出异议的权利"③。

五、结语

人工智能技术更新为司法领域的发展带来了机遇和挑战，但应清晰认识到其仍处于人工智能探索阶段，人工智能的应用仍然不能完全取代法官的作用，其起到的仍然是辅助功能。在人工智能为司法工作效率带来提高的同时，也不能忽略人工智能应用对法律人主体地位的侵蚀风险、算法问题影响司法公正、司法公信力的消解问题。因此，在利用人工智能减轻法官办案压力的同时，应保持相当的理性，不能以牺牲其他权利为代价，并正确认识人工智能应用在司法领域将会带来的风险并进行规制，这样才会使智慧司法在可控范围内良性推进，最终实现司法现代化的最终目标。

---

① 参见胡凌：《人工智能的法律想象》，载《文化纵横》2017年第2期。
② 参见刘峤、李杨、段宏等：《知识图谱构建技术综述》，载《计算机研究与发展》2016年第3期。
③ 参见马靖云：《智慧司法的难题及其破解》，载《华东政法大学学报》2019年第4期。

人民法庭介入乡村文明建设的路径探析*

陈和芳　费钰雯**

摘要：人民法庭以其深入基层的天然优势，发挥着树立与社会主义核心价值观相符的新时代风尚、保障当事人之合法权益、促进和保障公序良俗与传统美德等重要功能。实践中，人民法庭亦暴露出在自由裁量权的行使缺乏充分的制约，过分偏重调解结案，以及在诉讼程序方面对简易程序的应用范围界定过于宽泛等问题。为充分发挥人民法庭在推进乡村文明建设中的积极作用，需将公平公正确立为人民法庭参与乡村文明建设的核心价值导向，健全界限清晰的诉调一体化审理机制，并构建以阐释明晰与严格审查为基础的快速裁判体系，以确保人民法庭在审理案件的同时，能够充分弘扬社会主义核心价值观。

关键词：人民法庭　乡村文明建设　乡村振兴　社会主义核心价值观

习近平总书记强调："全面推进依法治国，推进国家治理体系和治理能力现代化，工作的基础在基层。"[①] 人民法庭是基层人民法院的派出机构，是服务全面推进乡村振兴、基层社会治理的重要平台。2021年实施的《乡村振兴促进法》第七条第一款规定，国家坚持以社会主义核心价值观为引领，大力弘扬民族精神和时代精神……繁荣发展乡村文化。人民法庭作为国家司法权

---

* 本文为四川省高等学校人文社会科学重点研究基地——基层司法能力研究中心2022年度项目（编号：JCSF2022-07）的阶段性研究成果。

** 陈和芳，四川轻化工大学法学院副教授，法学博士；费钰雯，四川轻化工大学法学院硕士研究生。

① "习近平：依法治国基础在基层"，载中国政府网，https：//www.gov.cn/xinwen/2021-03/08/content_5591315.htm，最后访问时间2025年4月10日。

力深入乡村的重要国家机关，对于乡村振兴中的乡村文明建设责无旁贷。[①] 分析人民法庭在乡村文明建设中的作用，探讨如何恰当行使职能以促进乡村良好社会风气的形成，以及如何突破治理过程中的障碍，是当前需要深入研究的问题。

一、人民法庭在乡村文明建设中的主要功能

乡村纠纷的存在是人民法庭审理的基础，有学者指出，乡村纠纷主要具有三个特点：纠纷类型多样化、农村矛盾规模群体化和纠纷解决方式冲突化。从纠纷类型来看，主要包括婚姻家庭纠纷、侵权确权纠纷和土地方面的纠纷。随着法治观念的深入与公民权利意识的觉醒，诉讼逐渐成为人民解决纠纷的首要选择。当面对不如意的纠纷处理结果时，更易出现纠纷解决方式冲突化。

从上述特点可以看出，人民法庭审理乡村纠纷案件与推广和弘扬社会主义核心价值观有着密切关联，树立正确的价值观可以有效减少乡村纠纷。不过，大多数的案件仅仅是依据法律法规和公序良俗作出的不存在实质性争议的简单判断，那些少数彰显法官弘扬社会主义核心价值观的典型判例，深刻体现了人民法庭在乡村文明建设中的主要作用。

（一）树立与社会主义核心价值观相符的新时代风尚

中国社会长期以来对逝者持有高度尊重，这种尊重在司法裁决中体现为，公众普遍期待在人命案件中采取对死者家属一方更为有利的裁决。然而，这种未经仔细分析纠纷的起因、经过及责任归属，就径行判定非逝者一方当事人承担主要赔偿责任的观念，显然与法治精神背道而驰。

在谢某丽、刘某成诉罗某然、陈某蓉等31人、新疆生产建设兵团第三师四十九团生命权、身体权、健康权纠纷一案中，死者刘某江溺亡时系限制民事行为能力人，但结合其认知能力应当认识到酒后游泳的危险性，事发河道为自然河道，并非向公众提供服务的商业性经营的场所。谢某丽、刘某成作为死者的父母未履行好监护人职责，却认为四十九团作为河道管理者，就应

[①] 龚浩鸣：《乡村振兴战略背景下人民法庭参与社会治理的路径完善》，载《法律适用》2018年第23期。

当对其管辖范围内发生的死亡负责,便是上诉传统观念的一个映射。法院判决四十九团不承担民事责任,是法不向不法让步的体现。

只有回归至法律原理的层面,深入探究法律条文蕴含的本初意图,在侵权方与受害方的权益之间寻求一个相对平衡的状态,方能最终维护社会的公平与正义。特别是在司法领域,法官在运用法律维护人民群众权益时,必须始终坚持公平正义的原则,确保传统观念不成为法律实施的羁绊。

(二) 保障当事人之合法权益

确保当事人的合法权益得到充分保护,是人民法庭在审理案件时坚持的基本原则,同时也发挥着弘扬社会主义核心价值观的关键功能。人民法庭在处理涉及民间习俗与司法公正理念相冲突的各类纠纷案件时,应始终坚守法治精神,努力摆脱那些可能损害当事人合法权益的传统习俗所带来的不利影响,维护法律的尊严和权威。

典型案例如河北"张某诉李某、刘某监护权纠纷案",张某与李某为夫妻,育有一女李某某,刘某为李某的母亲,李某某尚在哺乳期时被李某和刘某带回河北省某农村,致使张某无法探望,因此张某以监护权纠纷为由提起诉讼。本案法院最终判决由张某对李某某进行抚养,李某可探望李某某,张某对李某探望李某某予以协助配合。当夫妻出现矛盾时,人们通常不认可此时父母能够很好地承担起监护人职责,但父母作为未成年人的法定监护人,其合法权利就应当受到法律的保护。

在此案例中,人民法庭凭借公正的审判有效地保障了当事人的合法权益,同时,也进一步促进了乡村社会的和谐发展与进步。法庭的职责远不止于处理争端,它还承担着通过法律途径塑造乡村社会的法治文化,推动社会主义核心价值观在乡村地区广泛传播的责任。

(三) 促进和保障公序良俗与传统美德

公序良俗不是道德,也不是习惯或风俗,而是法律评价标准。[①] 公序良俗和传统美德在现代社会的良性运作中扮演着至关重要的角色,它们不仅是维

---

① 于飞:《〈民法典〉公序良俗概括条款司法适用的谦抑性》,载《中国法律评论》2022 年第 4 期。

护社会稳定和提高社会效率的关键因素,还是实现社会和谐与保障法治的重要组成部分。

在"郑某甲诉郑某乙、郑某丙、郑某丁和周某某共有纠纷案"中,人民法庭审理后认定,被告郑某乙对父亲郑某某履行了较多的赡养义务,并在其去世后负责了安葬事宜,同时,鉴于郑某乙系农村居民,且相较于其他兄弟姐妹其经济条件相对较差,因此,理应给予其适当的额外分配。[①] 郑某乙对父亲郑某某生养死葬的行为,彰显了百善孝为先的中华传统美德,值得大力鼓励并提倡。法院判决对郑某乙酌情适当多分遗产,肯定了孝顺父母的现实好处,从而可以有效促进相关风气的传播。

赡养父母不仅是中华民族历史悠久的传统美德,更是子女依法应当履行的责任与义务,同时也符合社会广泛认同的道德规范。人民法庭在遵循相关法律规定的基础上,充分运用其自由裁量权,展示了人民法庭在维护和促进社会公德及传统美德方面所发挥的关键作用,促进并保障了社会的和谐稳定。

二、人民法庭参与乡村文明建设面临的主要问题

从确保在具体案件中实现公平正义这一人民法庭审判和参与乡村文明建设的核心目标出发,通过审视人民法庭在推广社会主义核心价值观方面的具体实例,可以发现,尽管人民法庭在参与乡村文明建设方面已经取得了一定程度上的成果,但同时也存在一些与乡村文明建设核心目标相悖的问题。

(一) 人民法庭行使自由裁量权缺乏必要限制

人民法庭通过审理弘扬社会主义核心价值观的案例,保护当事人权益,促进公序良俗和传统美德,从而介入乡村文明建设,这得益于法律的抽象性。[②] 在具体审理案件的过程中,人民法庭可依据法律所赋予的司法自由裁量权进行裁决,以此有力推动乡村文明建设。然而在行使自由裁量权的过程中,人民法庭未受到充分的制约,致使部分案件的裁决结果偏离了最大限度维护

---

① 见重庆市长寿区人民法院(2019)渝 0115 民初 7372 号民事判决书。
② 郭哲、张双英:《案例指导制度:法律统一适用的中国话语——以"同案不同判"契入》,载《西南民族大学学报(人文社会科学版)》2008 年第 29 卷第 12 期。

人民根本利益、确保个案公平正义的根本宗旨。

典型的如在"周某诉某社区居委会健康权纠纷案"中，人民法庭对志愿者周某因履行志愿者职责导致伤残的赔偿责任划分中，判决由周某和某负责管理志愿者的居委会各承担50%的责任。事实上，周某作为受到严重人身损害的弱势方，其承担相应损失的能力显然低于居委会。① 此外，志愿者本身并不领取或仅领取极少的报酬，作为主要受益方之一的居委会，却未能为其因执行公务而导致的伤残提供足额的补偿，这有违公平正义原则中扶助弱者的基本要求，同时也会挫伤广大民众投身于公益事业的积极性。

（二）结案方式上过分倾向于调解结案

法治精神从来不回避审判，也没有将调解作为审判的必经程序。② 调解的启动及调解协议的最终达成，均以双方当事人自愿为前提，此举赋予了双方更高的亲和力，故而能更有效地推动相关纠纷的实质性化解。然而，针对部分显然不具备调解可能性的案件，强行调解可能侵害当事人的合法权益，甚至导致第三方利益受损的情形。强行调解结案的方式将可能导致相关纠纷的当事人及他人合法权益蒙受损害，甚至诱发更为严峻的次生纠纷。

然而，在处理案件时，人民法庭表现出对调解结案的过度重视，调解结案率甚至被用作一项强制性的评估指标，这种做法无疑会对乡村文明建设产生不利影响。例如在"张某诉李某离婚案"中，张某由于长期受李某家庭暴力，在多次给予李某悔改机会的情况下，李某依旧对张某实施暴力，从而导致张某被迫起诉离婚。在本案中，李某实施家庭暴力并拒不悔改的行为，显然无法通过单纯的言辞保证来实现有效的纠正。然而，人民法庭在双方均表示同意的基础上，仅凭李某的保证便进行了调解结案，此举为后续家庭暴力的持续发生埋下了隐患，同时也未能有效维护受害人张某的合法权益。

（三）诉讼程序上对简易程序适用范围的过于宽泛

截至2021年7月，全国共有10145个人民法庭，其中共有员额法官

---

① 见重庆市长寿区人民法院（2019）渝0115民初3345号民事判决书。
② 马成、赵俊鹏：《"枫桥式人民法庭"参与乡村治理研究》，载《理论探索》2024年第2期。

17927名、法官助理12765名、书记员20151名。① 从这个数据中可以看到，平均每个人民法庭仅仅拥有1.77名法官，其余人员及设施也处于严重缺乏的状态。当前，人民法庭正面临案多人少的严峻挑战。一般来说，人民法庭审理的案件多数为案件事实清楚且标的不大的案件，从而可以按照《民事诉讼法》的规定适用简易程序审理。② 然而，在人民法院审理相关案件的过程中，为提高案件审理效率，存在对简易程序适用范围把握过于宽泛的现象。具体表现为，部分人民法院的法官在未向当事人履行充分释明义务，甚至未征询当事人意见的前提下，径直适用简易程序。此举在一定程度上剥夺了当事人的程序选择权利，且不利于那些因案情复杂而不适宜适用简易程序的相关案件当事人合法权益的有效保障，进而阻碍了司法公平公正这一根本宗旨的实现。

三、人民法庭参与乡村文明建设弘扬社会主义核心价值观的路径

人民法庭若欲切实融入乡村文明建设之中，推动新型法治文明与道德风尚在乡村振兴进程中的确立，必须重视典型案例所揭示的问题，并采取具有针对性的举措。具体来说，人民法庭参与乡村文明建设，弘扬社会主义核心价值观的完善路径主要包括以下部分内容。

（一）树立公平公正在人民法庭参与乡村文明建设的核心价值地位

为应对人民法庭在乡村文明建设中审理案件时自由裁量权缺乏制约，影响司法公正和道德风尚培育的问题，亟须确立公平公正作为人民法庭介入乡村文明建设的核心价值导向。由于法律的抽象性和案件事实的复杂性，法律无法直接规定并适用于所有实际案例，因此司法自由裁量权对于确保案件审理顺利和实现司法公正至关重要。为防止自由裁量权过度行使影响司法公正，对法律未明确且普遍存在的问题，通过司法解释制定详细操作规范，是确保司法公正的重要措施。故此，为确保自由裁量权过大的问题得到妥善处理，通过司法解释来优化审判操作细则是当前可以采取的措施。

---

① 参见周强：《坚持以人民为中心更加注重强基导向不断提升人民法庭建设水平和基层司法能力》，载《法律适用》2021年第8期。

② 参见任重：《"案多人少"的成因与出路——对本轮民事诉讼法修正之省思》，载《法学评论》2022年第40卷第2期。

在审理案件时，人民法庭可能需要在缺少具体法律条文和司法解释的情况下，对某些实体性权利和义务进行处理，这过程中存在法庭自由裁量权被错误行使的风险。因此，有必要通过在相关法律中确立最大限度实现人民根本利益的基本原则的方式，对相关自由裁量权的行使进行必要的原则性限制，以确保权力的行使不会偏离人民的根本利益。此外，人民法庭在审理具体案件时，作为农村群众的当事人一方往往相较于另一方处于弱势地位。因此，强调对弱势群体的扶持具有尤为重要的特殊意义，有必要在相关法律或司法解释中明确规定，人民法庭在审理案件时，必须坚守扶持弱势群体的原则，以确保有效践行社会主义核心价值观中的公正与法治要求。

（二）构建范围明确的诉调一体审理机制

保障调解的科学性，避免不当调解对当事人权益的侵害及可能产生的二次纠纷，建立一个明确的诉调一体化审理机制至关重要，这有助于调解在处理乡村民间纠纷中发挥其积极的作用。为确保调解不被误用于不适当案件，可以制定不适用调解案件清单，凡属于清单上的案件类型，人民法庭应禁止调解结案。建议以下案件种类应当被纳入不适用调解的案件类型清单。一是违反自愿原则，当事人一方不接受调解的案件；二是相关纠纷内容涉及国家、集体或者他人利益的案件；三是有明显证据表明，通过调解不能真正解决相关纠纷的案件。

在人民法庭审理案件的过程中，为力求纠纷得到实质性的解决，调解的可能性贯穿于诉讼的诉前、诉中以及执行等各个阶段。为充分发挥诉讼与调解的互补功能，人民法庭在处理相关案件时，经常需要在诉讼与调解之间进行灵活转换。因此，为确保人民法庭在审理相关案件时能够兼具质量与效率，构建一套科学的诉调转换衔接程序显得尤为重要。该转换衔接程序应当涵盖以下关键要素：一是诉前调解程序和诉前调解失败向正式立案转换的程序；二是诉中调解的程序，以及诉中审判向调解转换，调解失败向审判转换的程序；三是执行调解程序，以及执行调解失败向恢复正常执行的程序。

（三）构建以释明和审查为基础的速裁体系

以简易程序为根基的速裁机制，是应对当前人民法庭案件众多与审判人员相对不足矛盾的关键措施。实践中多数当事人对简易程序的相关规定了解有限，这限制了他们选择适用不同简易程序的能力，并可能产生对简易程序审理方式的误解。因此，构建速裁程序中法官释明制度显得尤为重要。具体而言，在案件满足直接适用简易程序的条件，或当事人有权选择适用简易程序的情况下，应要求人民法庭的法官向当事人进行详尽的解释与阐明，确保当事人在全面理解简易程序适用情形及自身选择权利的基础上运用相应的速裁程序。

为确保简易程序的准确适用，有必要构建简易程序合法性审查机制。具体方法即法官作出决定或当事人经协商一致选择简易程序时，主审法官须通过内部网络，将采用简易程序的理由及其支持证据提交给专职的简易程序审核人员，由审核人员开展合法性审查并作出是否适用的批准。此外，还可以发挥互联网技术在人民法庭工作中良好的工具性作用。在线诉讼、调解等方式扩宽了传统纠纷解决的表现形式，成为解决"案多人少"矛盾的优先手段。可以增强人民法庭在互联网审判领域的技术投资，主要包括网络设备和平台软件的建设，与此同时，提高法官及工作人员在互联网审判领域的专业技能亦显得尤为关键。

四、结语

乡村振兴是新时代中国特色社会主义建设的重要组成部分，而乡村文明建设则是乡村振兴的前提条件和坚实基础。人民法院应利用与农村地区的紧密联系，通过审理相关案件弘扬社会主义核心价值观，融入乡村文明建设，积极支持乡村振兴战略。人民法院通过审理案件的方式参与乡村文明建设，发挥了积极的作用，但同时也存在一些亟须解决的问题，这些问题不利于社会主义核心价值观的充分体现。本文主要从人民法庭自由裁量权的行使，以及调解和简易程序的应用等方面对人民法庭通过案件审判的公正和效率的实现的角度，对人民法庭介入乡村文明建设存在的问题和完善策略进行了分析和论证。以上介入路径主要借助人民法庭的审判功能，此外还可以通过其他非审判手段促进乡村文明的建设，以期寻找全面发挥人民法庭在乡村建设中弘扬社会主义核心价值观作用的路径。

人民法庭参与乡村治理现代化路径探析

陈　楠　陈和芳*

摘要： 人民法庭参与乡村治理现代化由来已久，新时代背景下，人民法庭仍将继续参与基层社会治理，坚定审判职能的同时积极参与多元纠纷化解体系，协调基层政府、基层群众性自治组织共同参与现代化治理。建立健全基层人民法庭参与乡村治理体制机制，实现诉讼纠纷与非诉讼纠纷的有机衔接，明确审判职能与治理职能的界限，建立以基层党委为核心的多主体人员参与治理体系。在法治轨道上推进乡村治理体系和治理能力现代化，实现乡村全面振兴，推进中国式现代化。

关键词： 乡村治理现代化　人民法庭　路径探析

一、引言

2024年2月《中共中央国务院关于学习运用"千村示范、万村整治"工程经验有力有效推进乡村全面振兴的意见》发布，提出"推进中国式现代化，必须坚持不懈夯实农业基础，推进乡村全面振兴"。① 2024年7月，《中共中央关于进一步全面深化改革推进中国式现代化的决定》进一步强调，要坚持农业农村优先发展，健全推动乡村全面振兴长效机制。推进中国式现代化，

---

* 陈楠，四川轻化工大学法律硕士研究生；陈和芳，四川轻化工大学法学院副教授，硕士生导师；本文为四川省高等学校人文社会科学重点研究基地——基层司法能力研究中心2022年度项目（编号：JCSF2022-07）的阶段性研究成果

① 参见"中共中央国务院关于学习运用'千村示范、万村整治'工程经验有力有效推进乡村全面振兴的意见"，载中国政府网，https://www.gov.cn/zhengce/202402/content_6929934.htm，最后访问时间2025年4月27日。

实现乡村全面振兴，需要在法治轨道上推进乡村治理体系和治理能力现代化。习近平总书记指出："法治是国家治理体系和治理能力的重要依托。"① 人民法庭作为基层法院的派出机构，其是实现广大乡镇地区司法覆盖"最后一公里"的重要一环，其存在极大方便了我国广大乡村地区"办案难"的窘境，同时也有效缓解了我国基层法院目前面临的"案多人少"的压力。同时，人民法庭也是参与乡村治理，实现乡村治理现代化的重要一环，在乡村现代化建设中扮演着重要角色，也在实现乡村治理"三治融合"目标中起着承上启下的关键作用。推动人民法庭参与基层社会治理，维护社会秩序，参与构成多元纠纷化解体制机制，推动乡村建设实现自治、法治、德治的"三治融合"体系。新时代下的人民法庭更应积极参与到乡村治理现代化中去，运用法治的力量维护基层社会秩序，有效化解各种矛盾纠纷，提高基层人民群众自治水平、法律意识、道德标准，推进乡村治理体系和治理能力现代化。

二、人民法庭推进乡村治理现代化可行性研究

乡村治理现代化是新时代中国式现代化的重要一环，随着我国社会的高速发展，乡村地区的现代化建设也已成为我国现代化建设中的重点领域，实现乡村治理现代化的关键在于治理体系与治理能力的现代化。让基层人民法庭参与乡村社会治理，在法治轨道推进乡村治理能力现代化的做法一贯有之。基层人民法庭作为乡村地区人民法院派出机构，一直以来都是化解矛盾纠纷、维护社会稳定、进行法治宣传的前沿阵地。同时，人民法庭参与乡村治理能够更好地实现诉讼纠纷与非诉讼纠纷的有机衔接，形成完善的多元纠纷化解体制机制，人民法庭还是新时代推动乡村建设"三治融合"的重要一环，在"三治融合"中起着承上启下的作用。②

（一）人民法庭参与乡村治理由来已久

人民法庭主要通过诉讼审判与非诉讼手段参与乡村治理，人民法庭运用

---

① 习近平：《论坚持全面依法治国》，中央文献出版社2020年版，第85页。
② 杨开峰、仇纳青、郭一帆：《"三治融合"：重塑当代中国基层社会与基层治理》，载《公共管理与政策评论》2024年第13卷第1期），第3—18页。

调解、和解等非诉讼手段化解社会纠纷矛盾是自古以来的优秀传统。非诉纠纷化解机制在我国由来已久，我国古代公法体系发达，私法体系薄弱，以调解为首的一系列非诉讼纠纷化解制度一直是古人解决社会纠纷的重要手段，只有涉及严重刑事犯罪的情形古人才会用诉讼途径解决。利用族规家规的力量，利用基层群众性自治组织的力量来化解大部分民事纠纷。近代以来，相关法律也都强调调解制度的重要性。而抗日战争时期陕甘宁边区实行的马锡五审判方式，创造性将党的群众路线与司法审判相融合，深入基层、调查研究，简化诉讼程序，审判与调解相结合。中华人民共和国成立之后，人民法庭依旧在参与基层社会治理中占有一席之地。可见，用调解、和解等非诉讼手段化解轻微矛盾纠纷的法律意识一直存在，流传至今。人民法庭参与乡村治理手段具有鲜明的特色并延续至今，不断发展和完善，形成了以调解为核心，各基层社会主体积极参与，人民法庭主动参与的多元纠纷化解体系。

（二）实现非诉讼纠纷与诉讼纠纷的有机衔接

人民法庭参与乡村治理可以更好地实现诉讼纠纷与非诉讼纠纷的有机衔接，乡村治理因其复杂性、多样性、琐碎性的特点，导致基层社会所面临的大部分纠纷以轻微刑事纠纷、邻里纠纷、小额纠纷为主，极少会涉及重大疑难刑事犯罪或大金额的民事纠纷。且诉讼纠纷的大多发生在小范围内，或是本宗、本族、本村之内。矛盾纠纷"诉讼"与"非诉讼"的区分界限模糊，大部分纠纷处于既可以通过诉讼程序解决，又可以通过非诉讼程序解决的尴尬境地。人民法庭直接参与乡村纠纷的治理，可以更好地将诉讼纠纷与非诉讼纠纷衔接，对于重大疑难案件，人民法庭可以集中力量实施审判程序，对于一些轻微、小额纠纷人民法庭可以通过调解、仲裁、行政裁决、行政复议等非诉讼手段进行处理。大大节约纠纷处理时间与成本，同时又以人民法庭的司法公信力背书，保障非诉讼化解手段的有效性，实现纠纷化解，避免纠纷双方当事人随意违约。考虑到我国乡村基层社会自古以来是一个人情社会、熟人社会，通过非诉讼纠纷化解手段可以更好地维护基层社会的稳定性，诉讼程序的介入往往意味着纠纷双方当事人的彻底决裂，关系再无修复可能，有违人民法庭参与乡村治理的初衷。因此，人民法庭在参与纠纷化解的过程中，需要明确诉讼纠纷与非诉讼纠纷的界限，区分何时用诉讼程序，何时用非诉讼程序。尽量避免使用诉讼方式化解矛盾，化解基层群众之间的和睦性。

充分发挥人民法庭的主动性,对于矛盾纠纷做到及早发现、及时处理、跟踪反馈,建立系统的纠纷预防处理机制,力求将纠纷消灭在萌芽之中,提升基层群众的幸福感,推进乡村治理的现代化。

(三)人民法庭参与乡村治理是推进"三治融合"的重要一环

乡村现代化是共同富裕的现代化。人民法庭既是乡村法治的践行者,也是贯彻乡村振兴战略的重要司法主体。一方面,人民法庭以法治手段推进"三治融合"体系的构建,为乡村振兴提供法治保障。在乡村治理的结构中,法治处于"三治融合"的关键位置,发挥承上启下的核心作用,为"三治融合"体系提供保障。人民法庭是乡村治理中的主要法治力量,对于提升基层群众自治有着重要的保障作用,人民法庭运用自身掌握的专业法律技能为基层群众自治提供法律基础,规范自治行为,制定自治规章章程,引领保障基层群众性自治组织在法治轨道之上实现自治。同时,人民法庭运用法治手段维护乡村治理的稳定,通过诉讼手段与非诉讼纠纷处置手段的相互结合,开展法治宣传教育,形成遇事找法、解决问题用法、化解矛盾纠纷靠法的社会氛围。同时,法治与德治一直以来是密不可分的,法律是最低的道德标准,法治与德治相辅相成、不可偏废,将法治观念融入道德规范之中,引领法治德治共同发展。以法治手段参与乡村现代化治理,推动基层社会向更高的德治体系前进,形成良好的社会道德氛围,推动基层社会建成现代化的自治、法治、德治三位一体的综合治理体系。

三、人民法庭参与乡村建设现代化面临的主要困境

随着中国特色社会主义法治体系的建成,乡村法治建设体系的不断完善,人民法庭参与乡村治理的广度与深度的持续拓展,乡村治理法治化水平得以持续提升。人民法庭参与基层治理取得显著成果,但与此同时,受限于我国不同地区乡村发展水平的巨大差异,人民法庭参与乡村治理也面临着诸多挑战,存在参与治理体制机制不完善,人民法庭审判职能与治理职能界限模糊,缺乏高素质、专业化法律人才等现实问题。

(一) 人民法庭参与乡村治理体制机制不完善

在推进乡村现代化的过程中，人民法庭面临制度保障不足与治理机制不明的难题。在立法层面，现行规范性文件多为原则性与框架性指导，内容相对宽泛，缺少可操作的细则及具有法律强制力的条文，导致相关指导意见在实际执行中面临较大的阻力。在操作层面，现行规范性文件关于人民法庭在基层治理中的职能定位、参与主体、工作方式以及行为规范等方面的规定较为欠缺，难以满足新时代乡村治理背景下的司法治理新需求。① 具体而言，主要面临着以下几方面的不足：一是顶层设计体制机制无法适应目前人民法庭参与基层治理现代化的迫切需求，在立法与行政层面并没有出台与之相对应的法律规范、规章制度。二是人民法庭在参与治理过程中与有关基层群众性自治组织、有关基层政府之间的分工协作不够。在实际纠纷处置中，极易出现人民法庭与基层政府之间协作过度或协作不足的情况，导致公共资源过度集中，造成浪费，或是人民法庭与基层政府相互扯皮，导致某些纠纷领域处于无人管理的窘境。三是对于纠纷处置的事后保障不足。对于纠纷的解决往往都只停留于表层，未对处理结果落实跟进，不能保障纠纷处理的有效性，导致矛盾纠纷极易出现反复情况，治理效果不佳。同时，缺乏相应的法律服务人员监督措施，无相应的奖惩体制机制，导致人民法庭没有足够的动力参与到乡村治理现代化过程中来。

(二) 人民法庭审判职能与治理职能界限模糊

审判职能与治理职能界限模糊是当前人民法庭参与乡村治理现代化的主要问题之一，我国宪法中对于人民法院的定位为审判机构，人民法院依法独立行使审判权，不受其他机关及个人的干涉。由此可见当前我国宪法对于人民法院的定位是司法机关，主要职责在于打击社会生活中的违法犯罪行为，解决社会发展中出现的众多纠纷，保障社会的公平、正义，维护社会秩序。② 由此可见人民法庭在基层治理过程中主要还是应该尽量发挥其审判职能，明

---

① 徐昕晨：《乡村现代化背景下人民法庭参与乡村治理的反思与优化》，载《福建农林大学学报（哲学社会科学版）》2025年第28卷第1期，第103—112页。

② 金泽刚：《中国刑法域外适用的困境及解决路径展望》，载《法学》2025年第4期，第58—73页。

确矛盾纠纷中"诉讼"与"非诉讼"的界限标准,做好"诉讼"与"非诉讼"的有机衔接。参与基层治理,处理矛盾纠纷时,理清角色定位,对于运用审判职能化解矛盾纠纷的治理过程,需要坚定审判机关的角色定位,客观、公平、公正地审理案件,通过以案释法,法治宣传等手段营造良好的法治氛围,同时,在参与非诉讼矛盾纠纷化解的过程中,运用好调解、和解、仲裁等手段处理,尽量避免影响基层乡村社会的稳定性,实现因时、因地、因事地发挥其审判职能以及参与基层社会的法治治理职能。

(三)高素质、专业化的法律人才较少

人民法庭在参与乡村治理现代化的过程中离不开培养高素质的法律工作人才。高素质综合性的跨部门专业人才队伍,为人民法庭参与乡村治理现代化提供强有力的组织和人才保障。由于人民法庭参与乡村治理现代化涉及的领域复杂,要求相关人员具有调解、诉讼、基层社会治理等诸多方面的专业知识,而当前基层人民法庭的法律工作人员大多主要由法院指派,相关人员一般只具有诉讼方面的专业能力,精通诉讼前调解的人员较为短缺,同时在调解、诉讼、基层社会治理三方面均具有相应专业能力的跨部门专业人才更显得短缺。并且,基层人民法庭的法律工作人员调动极大,各基层人民法庭之间法官相互调动较为频繁,导致相关法官短时间内对当地社会风俗、基层群众的了解不够深入。考虑到目前人民法庭的法律人员在参与乡村治理过程中面临的问题往往大多是生活琐事,"经验"在此时显得格外重要,需要相关法律人员更多关注当地基层群众的传统风俗、生活习惯,能够熟练地运用"习惯法""情理法"等社会规范解决遇到的各种矛盾纠纷,从群众中来,到群众中去,与群众相互融合在一起,才能更好地发挥法治的力量,更好地融入乡村治理现代化建设中。

四、人民法庭参与乡村治理现代化路径探析

基于当前我国人民法庭参与乡村治理现代化所面临的一系列困境。人民法庭参与乡村治理现代化仍然面临诸多挑战,笔者拟从建立健全参与乡村治理体制机制;明确审判职能与治理职能界限;建立以基层党委为核心的多主体人员参与治理体系三方面来探究人民法庭参与乡村建设现代化路径。

(一) 健全人民法庭参与乡村治理体制机制

人民法庭参与乡村治理现代化是符合新时代实现乡村振兴、完成乡村建设现代化的总体要求的。人民法庭一直以来都是乡村建设的重要参与者。[①] 然而，目前我国对于基层人民法庭参与乡村治理现代化的顶层设计、相关法律及规章制度不够完善，需要进一步从立法层面完善人民法庭参与乡村治理现代化建设的正当性、合法性、合理性，完善多元纠纷化解体制机制，为人民法庭参与乡村社会治理提供具体的指导。设置相应的法律保留的同时授予基层人民法庭一定的自主权，让基层人民法庭能够更好的因时、因事、因地参与社会治理。同时注重人民法庭与其他治理机构的相互协调、分工，完善相应的非诉讼纠纷化解体制机制，明确人民法庭在参与乡村治理中的地位、完善相应程序，保证基层乡镇政府机构、基层群众性自治组织的职权范围不会受到人民法庭的侵占，避免人民法庭在参与基层治理过程中过度行政化。同时建立相应的监督制度、奖惩体制机制，对人民法庭参与乡村治理进行监督，奖励在参与乡村治理现代化过程中做出贡献的法律人员，鼓励法律人员积极主动参与到基层治理中。

(二) 明确审判职能与治理职能界限

在人民法庭参与乡村治理现代化过程中，我们需要明确人民法庭的地位、职责，完善多元纠纷化解体制，做好诉讼纠纷与非诉讼纠纷的有机衔接。人民法庭通过法治的手段推进乡村建设现代化，需要建立以审判为核心的参与治理体系，保障人民法庭的审判职能。人民法庭在参与基层社会治理的过程中应该处于协调地位，协助乡镇人民政府以及基层群众性自治组织共同治理。应当建立以基层群众组织自治为主，相关基层政府与人民法庭为辅的多元纠纷化解体制机制。充分发挥人民法庭的主动性，让人民法庭积极主动参与到基层治理中去，适时运用司法确认制度保障矛盾纠纷化解的有效性，避免出现调解协议制定的违约情形，甚至于出现"调解——争议——调解"循环的怪象，以司法确认制度保障各非诉讼纠纷处理手段能够得到有效执行。在多

[①] 鲁君、陈红霞：《多元主体参与乡村治理的效能提升机制优化——基于陕西L县的微观实例》，载《西北农林科技大学学报（社会科学版）》，第1—11页。

元纠纷化解体制机制中，利用司法系统的公信力为多元纠纷化解机制保驾护航，与其他基层治理机构一起参与乡村现代化治理。

（三）建立以基层党委为核心的多主体人员参与治理体系

人民法庭在参与乡村治理现代化的过程中，离不开高素质的专业人员的参与。考虑到人民法庭参与基层治理化解矛盾主要适用于最广大的农村地区，矛盾纠纷的发生多处在一些较小地域范围内。在这些地方运用习惯、传统习俗、习惯法等方式更加能够有效应对纠纷。因此，需要培养基层人民法庭法律工作人员的综合能力，注重运用非诉讼纠纷化解手段，以"经验"主义为导向，运用"习惯法""情理法"化解乡村社会遇到的各种纠纷。同时还要充分发挥其他基层治理主体的优势和力量，尤其是基层党委的力量，建立以基层党委为核心的多主体人员参与体系，必须坚持党的领导。我们党所建立的党的组织领导体系已经深入到最广大、最基层的人民群众生活中。要充分维护保障基层党委在推进乡村振兴、乡村现代化治理进程及化解人民群众矛盾纠纷中的核心地位和权力，同时注重积极协调其他基层社会主体参与矛盾纠纷化解体制中来，如运用族规、家规等传统方式化解矛盾纠纷。利用基层群众性自治组织的力量——居民委员会、村民委员会的力量，其作为实现人民群众自主管理基层社会的重要组织，是基层治理、矛盾纠纷化解、调解的中坚力量。实现多主体人员参与的共同治理体系，为在法治轨道上推进乡村治理体系和治理能力现代化助力。

五、结语

本文着眼于新时代背景下，全面推进乡村振兴、乡村治理现代化过程中，人民法庭参与乡村治理现代化所面临的一系列挑战，并提出相应的解决方案，从而持续推进人民法庭参与乡村现代化治理的建设，为实现乡村振兴、乡村现代化建设提供法治力量。人民法庭参与乡村治理现代化仍然任重而道远，推进乡村全面振兴，实现乡村治理体系和治理能力现代化，完成中国式现代化仍需要全体社会成员共同努力。

我国"特赦"制度的刑事法治化完善

黄 露 熊德禄[*]

摘要： 赦免制度是中国自古以来遵循的制度，古代的赦免制度具有极强的人治主义色彩，当代的赦免制度经过了其法理性质的变化，是维护全体人民共同利益和实现特殊预防目的的法律。我国在2015年、2019年实施了两次特赦，这两次特赦彰显了法治国家中"法安天下，德润人心"的理念，体现了中国的政治特色。在两次特赦的实践过程中，凸显了特赦操作难等问题。本文对特赦中存在问题进行分析，提出针对性建议，在理论和立法进路方面对问题的解决进行制度重构。

关键词： 特赦 刑事政策 制度完善

中华人民共和国成立以来，共经历了九次特赦。改革开放以来，实施了两次特赦。2015年和2019年两次特赦的实施为研究和探讨赦免制度提供了实践依据。四年时间的两次赦免符合"国家尊重和保障人权"的宪法原则，符合国际上的人道主义趋向。在抗日战争胜利七十周年之际，2015年的特赦主要是针对四类罪犯。在中华人民共和国成立七十周年之际，2019年的特赦范围扩大，主要是针对九类犯罪。在两次特赦实践中，特赦的实体法依据为《宪法》规定；特赦的程序依据为最高人民法院、最高人民检察院、公安部、国家安全部、司法部五部门联合制定的实施办法。由此，以2015年、2019年特赦为实践依据，进一步研究特赦中所凸显的问题，完善法规，进行制度重构，为以后的特赦提供明确的实体法和程序法依据。

---

[*] 黄露，四川轻化工大学法学院2022级法律硕士研究生；熊德禄，四川轻化工大学法学院副教授。

一、特赦制度的实践基础

我国现行《宪法》中仅使用"特赦"一词，所以在本文中使用特赦一词代指中国的"赦免"。在申奥成功、中华人民共和国成立六十周年等时机，有人大代表提出实行特赦制度，彰显政治和法治自信，但都未得到真正的践行。在2015年抗日战争胜利七十周年之际，特赦制度终付诸实践，且在四年之后，再次实施。

（一）2015年的特赦

2015年8月29日，全国人大常委会决定实施特赦，通过《全国人民代表大会常务委员会关于特赦部分服刑罪犯的决定》（以下简称《关于特赦部分服刑罪犯的决定》）；同日，习近平主席签署《特赦令》，向符合条件的四类罪犯进行特赦。[1] 四类罪犯符合的条件包括：第一，正在服刑。第二，服刑所依据的生效判决为2015年1月1日以前作出。第三，释放后不具有现实社会危险性。第四，四类犯罪必须是决定中所明确规定的。

中央政法委和其他有关部门立即开展具体的实施工作。2015年9月1日，中央政法委召开专门会议，要求全国各地有关单位认真贯彻落实《关于特赦部分服刑罪犯的决定》和《特赦令》，以高度的责任感和历史使命感准确适用，在特赦的实施过程中，严格禁止以权谋私、钱权交易，坚决遵守特赦的总原则；进一步明确特赦工作的基本要求，强调了各部门实施特赦要明确分工、相互配合。为了贯彻落实特赦工作，最高人民法院联合其他部门制定了《特赦实施办法》，对特赦工作进行了具体安排，特赦工作在程序上有法可依。

本次特赦工作在2015年年底圆满完成，为2019年的特赦工作提供现实基石。

（二）2019年的特赦

2019年6月29日，全国人大常委会审议并通过《全国人民代表大会常务

---

[1] 《宪法》第六十七条和第八十条规定，由全国人大常委会行使特赦的决定权，由国家主席根据全国人大常委会的决定，发布特赦令。

委员会关于在中华人民共和国成立七十周年之际对部分服刑罪犯予以特赦的决定》（以下简称《特赦决定》）的议案；议案通过后，习近平主席签署《特赦令》，对符合条件的九类罪犯进行特赦。此次特赦的九类罪犯要满足以下条件：第一，罪犯正在服刑；第二，罪犯服刑所依据的生效判决必须是2019年1月1日前作出；第三，九类犯罪必须符合此次《特赦决定》的规定。这是为庆祝中华人民共和国成立七十周年，体现了法治国家良法善治，彰显了国家政治自信，顺应了国际人道主义精神。

《特赦决定》通过翌日，中央政法委召开会议，对特赦工作做出具体安排，成立特赦实施工作协调小组，协调各部门联动，各地区配合，强调组织领导，合力实施好特赦工作。在此次特赦工作中，进一步明确地区责任，地方成立专门的特赦工作实施小组，落实工作任务，确保中央部署落地见效。

2019年特赦的成功践行为今后的特赦立法和特赦实施提供指导。立足于两次特赦成功实践，将特赦制度纳入学界的研究具有重要政治意义和法治意义。

二、赦免制度实践中所显现的问题

《特赦令》发布后，中央政法委要求地方行政机关坚持特赦总原则，做好特赦工作部署。面对一项繁重的新工作，各部门的职责不明，刑罚执行机关的工作量加大，特赦的实施遇到了一些难以解决的问题。

（一）特赦落实各部门协调配合可以进一步加强

特赦实施包含特赦总体落实程序、相关文件的传达、工作的具体落实三个方面。特赦工作的总体落实程序包含决定特赦、发布特赦令、确定特赦名单、监督、具体执行和对特赦人员的安置六个环节。特赦相关文件的传达也分为与总体程序相似的六个环节。特赦工作的落实可分为流程落实和文件传达的纵向程序，以及监狱和社区矫正机构具体操作的横向流程。

在特赦工作的落地过程中，特赦制度由于法律规定较少，具体工作的执行只能依靠各部门相互协商或者上级指示下级，遇到了四个突出问题：第一，由于缺乏法律规定，各部门职责不明，难免出现各部门难以沟通、互相推诿的情形；第二，特赦工作仅有总的指导，程序上和具体操作中没有具体规则；

第三，并未被特赦但又符合特赦条件的人员未规定救济制度；第四，除监狱机关外，其他部门执行程度低。

（二）特赦工作监狱具体落实可以进一步加强

特赦工作的具体落实主要依靠监狱机关。从前两次特赦实践来看，在监狱机关确定监狱特赦人员名单时，存在调查证据困难的问题。与此同时，在界定服刑人员释放后是否具有现实危险性是长期的难点。

在高度信息化的时代，监狱服刑罪犯通过各种途径得到消息。监狱机关组织服刑罪犯对《特赦决定》进行学习，确保每名罪犯都能明确其内容，理解特赦精神。监狱服刑罪犯的文化水平和道德水平不一，监狱机关保证特赦制度准确适用存在困难。多种原因导致特赦工作执行存在难度。

"释放后不具有现实社会危险性"是两次特赦中所规定的必要条件，"不具有现实社会危险性"如何界定是理论界与实务界中长期存在的问题，在特赦工作中更是大难题。在两次特赦中，对现实危险性的认定都需要从年龄、刑期、罪名、量刑情节等方面进行综合认定。

（三）特赦人员安置可以进一步加强

在 2015 年、2019 年的两次特赦中，如何安置特赦人员是突出的问题。虽可以参照《监狱法》第三十七条的规定安置特赦人员，但刑满释放的人员的安置问题是实践操作中的难题，特赦人员也难免例外。通过研读中国裁判文书网中关于特赦人员的裁定书，被特赦的罪犯仅免除其自由刑，未免除其财产刑，在免除自由刑后，罚金未缴纳的继续缴纳，未追缴完的财产继续追缴。在财产刑未赦免的条件下，释放后的特赦人员难以开始新的生活。为解决特赦人员的安置帮教，司法部召开专题会议对特赦工作进行研究部署，解决特赦制度实施中存在的问题，指导监狱机关等相关部门具体实施。特赦人员的安置不仅仅要依靠国家支持与救济，社会的帮助力度应进一步提高，特赦人员本身也应进行培训。

三、赦免制度实施问题原因分析

特赦制度还存在的一些问题是显而易见的，深究其因，原因众多，但总体来说，特赦理论研究偏少、法律法规相对缺乏。

（一）特赦的理论研究偏少

在赦免的理论研究中，特赦制度的概念和制度定位存在一定争议。

对于赦免制度的概念，不同学者的看法不同：第一种观点将赦免分为大赦和特赦，大赦限定特定时期与特定罪行，特赦限定特定犯罪人，前者是免予追诉或刑罚，后者是少执行或者不执行刑罚。① 第二种观点的争议在于赦免制度是否为既免除其刑又免除其罪的制度。② 第三种观点认为，赦免制度是以国家名义对认定有罪的人免除刑事责任和刑罚，或虽不免除其刑事责任但免除或减轻其刑事处罚的制度。③

可以将学界对于赦免制度的定位归纳为以下三种观点：第一，赦免制度属于刑罚消灭制度。学界对特赦制度进行了具体的研究与规定，该类观点支持者认为刑罚消灭的对象是特定犯罪人，是刑罚权归于消灭，且消灭原因是法定事由，赦免会导致这一切归于平常。张明楷教授认为，应当用法律效果的消灭来代替刑罚的消灭，特赦是消除惩罚的一种方式。消除犯罪的前提是有犯罪的存在，但是由于某些原因，国家使用法律后果的权利被消灭，不再追究犯罪人的刑事责任。第二，赦免制度属于刑罚执行制度。赦免制度的实行都在犯罪分子被定罪判刑之后，刑罚执行期间，由此便认为赦免制度是刑罚执行制度中的一种。韩玉胜认为赦免的目的与刑事执行的目的具有一致性，所依据的都是法院的生效判决或裁定，赦免执行的目的相较于刑事执行的目的层次更深，会导致刑罚权的某一功能丧失，由此可以将赦免制度归纳为刑事执行制度。④ 第三，在中国裁判文书网的检索中，特赦制度的审判程序为刑罚与执行变更。在学界中，此种观点也得到一定认可，特赦制度为刑罚与执行变更制度，基于理论与实践相统一，此种观点更符合当今特赦制度。

---

① 张明楷著：《刑法学》（上），法律出版社2016年版，第652页。
② 高铭暄、马克昌主编：《刑法学》，北京大学出版社、高等教育出版社2000年版，第320页。
③ 力康泰、韩玉胜：《刑事执行法学》，中国人民大学出版社1998年版，第244页。
④ 韩玉胜：《刑事执行制度研究》，中国人民大学出版社2007年版，第1—2页。

(二) 特赦的法律法规相对缺乏

1. 特赦的法律规定有待细化

在我国法律中，特赦和赦免两词并未有明确区分，存在不一致现象。在《宪法》《刑事诉讼法》中，使用特赦一词。在《刑法》中，使用的词语是赦免。在三部基本法律中，仅有5个条文涉及特赦，内容不成体系。在现行《宪法》中，涉及特赦内容的条文为第六十七条和第八十条，这两项内容为：第一，特赦的决定机关是全国人民代表大会和全国人民代表大会常务委员会；第二，特赦由国家主席签署《主席令》发布。在《宪法》规定中，特赦的决定机关有两个，由我国的国体和政体决定；在法律逻辑中，最高权力机关可以有其常务机关权力。在2018年的《刑事诉讼法》中，第十六条提及特赦，"有下列情形之一的，不追究刑事责任，已经追究的，应当撤销案件，或者不起诉，或者终止审理，或者宣告无罪：……（三）经特赦令免除刑罚的。"该规定为依法不追溯原则，通过对条文文义的解读，可以发现本条规定虽用词为特赦，但词语隐约的内涵并非特赦，而是大赦。法定不追溯原则是特赦对刑事责任的影响，属于特赦的后果，不涉及对特赦本体内容的规定。在1997年《刑法》中，第六十五条和第六十六条两个条文提及赦免。① 由前述两个法律条文可知，现行《刑法》对特赦的规定仅涉及对累犯的影响，属于赦免的后果，且在本法律中，使用的是赦免一词。

通过对涉及特赦的法条比较分析，可见有如下问题：第一，《宪法》中使用特赦一词，《刑法》中使用赦免一词，根据《宪法》的根本地位和最高效力，《刑法》中的赦免应为特赦；第二，通过分析《刑法》中的赦免和《刑事诉讼法》的特赦，前者的赦免是只赦其刑，未赦其罪，后者的特赦则既赦其罪又赦其刑，而在我国的特赦的裁定和实践中，特赦是按照只赦其刑未赦其罪这一原则规定的；第三，我国现有的法律制度中特赦的法定概念和本体内容存在空缺。

---

① 《刑法》（1997修订）第六十五条和第六十六条对一般累犯与特殊累犯的规定中提及"赦免"，第六十五条规定，"被判处有期徒刑以上刑罚的犯罪分子，刑罚执行完毕或者赦免以后，在五年以内再犯应当判处有期徒刑以上刑罚之罪的，是累犯，应当从重处罚，但是过失犯罪除外。前款规定的期限，对于被假释的犯罪分子，从假释期满之日起计算。"第六十六条规定，"危害国家安全的犯罪分子在刑罚执行完毕或者赦免以后，在任何时候再犯危害国家安全罪的，都以累犯论处。"

2. 特赦的操作程序规定不足

我国《宪法》《刑法》《刑事诉讼法》三法中共有 5 个条文涉及特赦，规定了特赦的决定、特赦令的签署、特赦的后果，但特赦的具体执行无相关规定。在 2015 年、2019 年的特赦中，为贯彻落实《特赦决定》和《特赦令》，相关部门出台了办法、要求和特赦的具体实施方案，主要还是为了解决当时具体的问题。

四、赦免制度的制度完善建议

该制度存在的问题已经在实践中显现，应依据实践中所存在的问题提出应对建议。经过 2015 年、2019 年两次特赦的成功实践，在不久的将来我国可能仍要实施特赦。必须对特赦进行深入的理论研究，才能从法治上完善特赦。

（一）特赦制度的理论研究

特赦制度源于古代的恩赦，是我国古代法律的一贯延续，经历过千百年的沧桑。中华人民共和国成立后，赦免制度虽然早已不同于古代的恩赦但依旧未被废除，我国在实践中主要是实施特赦，因此应明确特赦制度的定义。

特赦制度作为犯罪服刑人员的刑罚免除措施，既具有体现法律灵活性和缓和重刑的积极作用，又有会导致服刑人员心存侥幸和不思悔改的消极作用。[1] 在社会规则约束下，制度的博弈中积极作用占据上风。特赦的非常规化利于解决其中存在的突出问题和凸显积极性。特赦理论包括四个方面的内容：一是特赦的本质，二是特赦的理由，三是特赦的利弊，四是特赦的长远影响。[2] 特赦制度的优越性在我国法治进程中逐渐显现，完善特赦理论可以指导特赦立法和特赦实践。

而从特赦实践来看，特赦意味着完全地免除服刑人员的刑罚，不同于缓刑、假释有执行余刑的可能性。特赦与缓刑、假释虽然功能类似，但要进行严格区分，不可混淆。特赦是顺应政治、经济、国情和突发事件的出现而灵

---

[1] 甘雨沛、何鹏著：《外国刑法学》，北京大学出版社 1984 年版，第 569 页。
[2] 王志亮、张晓华：《我国宪法"特赦"制度的刑事法治完善》，载《甘肃政法大学学报》2022 年第 2 期。

活决定的，有其独立价值。如果特赦与缓刑、假释一致，功能必大打折扣，危险评估的难以界定。正因如此，特赦要求和表述应该明确具体，没有歧义。

（二）特赦制度的立法完善

1. 完善特赦立法

本文认为，应在现有的立法基础上对赦免制度进行完善。首先完善宪法对特赦制度的规定，可在后续的宪法修正案中提出，然后在《刑法》《刑事诉讼法》《监狱法》等具体法律中进一步完善特赦制度。现行《宪法》规定了特赦的决定和特赦令的签署，其他法律应当根据宪法的规定而规定。建议在《刑事诉讼法》中，明确特赦制度的程序性事项。在《监狱法》中，增加一章规定特赦的具体操作，为以后实行特赦制度提供法律的支撑。社区矫正机关也与特赦息息相关，可在《社区矫正法》增加对特赦制度的规定。同时，应当充分发挥司法解释的补充作用，在适当的时候发布司法解释完善特赦制度。

2. 重构特赦程序

特赦的实施涉及多个方面，事关法律的尊严。所以关于特赦程序要从多方面入手，落实多个方面的工作，可以归纳为以下几个方面：第一，中央统一部署、规范流程；第二，地方政府机关层层落实、相互协调、相互配合；第三，作为最终的执行机关，监狱和社区矫正机关应积极主动与其他部门沟通衔接，明确要求，确保特赦圆满执行。

对于特赦案件有异议的，适用审判监督程序。在特赦案件的实施中，要充分发挥检察院的监督作用，检察院应当将监督工作贯彻于特赦案件全过程。

在特赦人员的社会安置方面，与社区矫正机构相比，监狱的特赦人员安置是个难题，与监狱人员的复杂性和罪犯的危险性息息相关。对于特赦人员安置主要是工作与生活方面，未成年人的入学与心理疏导也是重要工作，需要公安局、民政局和学校等部门协调配合，通力解决被释放的特赦人员安置难的问题，消除被特赦人员与社会隔阂。

五、结语

目前来看，2015年、2019年的特赦工作已经圆满完成，但在特赦落实工作中遇到了相关规定不足，特赦的具体工作需要各部门的协商解决等问题，我们应该从实践中汲取理论的力量，明确完善法律的方向，在已有的法律上进一步完善特赦制度，促进我国在法治轨道上推进全面建设社会主义现代化国家。

法律援助全覆盖下值班律师制度的价值与完善

江凌燕　魏冬蓓*

摘要：实现法律援助全覆盖是"推进以审判为中心的诉讼制度改革"的题中应有之义，值班律师制度对法律援助全覆盖的实现具有重要价值。保障值班律师法律帮助的普遍性和有效性是实现法律援助全覆盖的关键，而现实情况是在司法实践中值班律师制度逐渐走向形式化。为防止值班律师从应然的法律帮助人蜕变为诉讼权利行为合法性的"背书者"，应当对值班律师制度予以发展和完善：明确值班律师的介入方式、介入时间；落实办案机关的保障义务；促进律师积极履职。

关键词：法律援助全覆盖　值班律师制度的价值　值班律师制度的完善

一、问题的提出

党的十八届四中全会提出的"推进以审判为中心的诉讼制度改革"是我国现阶段司法改革的主要目标，"以审判为中心"要求突出庭审在审判中的"关键地位"。在刑事诉讼中，控辩双方的平等对抗是法庭审理的重要前提，但现实中被告人往往缺乏法律知识，难以有效对抗专业的公诉人，法庭辩论不充分，法庭的审理极易变为书面审理。"以审判为中心的诉讼制度改革"的推进有赖于辩护律师的参与，在充分的法庭辩论中辨明案件真相，使得庭审

---

* 江凌燕，四川轻化工大学法学院副教授；魏冬蓓，四川轻化工大学法学院2022级硕士研究生。
基金项目：四川轻化工大学研究生创新基金项目"法律援助全覆盖下值班律师制度的价值与完善"（Y2023033）。

成为发现案件事实的决定性场所。我国刑事辩护率整体较低，大约在30%。①"我国还属于发展中国家，当事人自行委托律师的比例不会提高太快太多，律师辩护的主要力量还是要靠法律援助。"② 推进法律援助全覆盖就成为"以审判为中心的诉讼制度改革"的题中应有之义。

在值班律师制度设立以前，我国的法律援助形式为指派法律援助辩护律师。在单一的法律援助形式下，实现法律援助全覆盖就要求国家为每一位没有委托辩护律师的受刑事追诉者指派法律援助辩护律师。然而根据我国的经济发展水平以及法律资源紧张的现状，这只能是一项美好的愿景。值班律师制度设立后，丰富了我国法律援助的具体形式，对法律援助制度的发展具有重要作用，也为法律援助全覆盖的实现提供了新思路。本文将以法律援助全覆盖的实现为导向，探讨值班律师制度的价值与完善。

二、值班律师制度的价值探索

（一）值班律师制度的内在价值

与法律援助辩护律师相同，值班律师制度是法律援助制度的一种具体形式，但二者又有所不同。在法律援助辩护律师形式下，各援助律师以辩护人的身份介入刑事诉讼中，为被追诉者提供无偿法律辩护。值班律师仅在特定的地点，如看守所或法院为被追诉人提供法律咨询，咨询完毕时相关案件的法律援助任务即告终结。具体而言，就运行模式来讲两种形式存在区别：第一，与受刑事追诉之人的对应关系不同。法律援助辩护律师担任具体案件的辩护人，其与被追诉人之间的关系是确定的，是一一对应的。而值班律师与被追诉人之间并不存在一一对应的关系，一名值班律师可为多个被追诉人提供法律服务，一名被追诉人也可能向不同的值班律师寻求法律帮助。第二，提供的法律服务内容不同。法律援助辩护律师由法律援助机构指派担任具体案件的辩护人，对案件提出具体的辩护意见。值班律师则采用轮值的形式为

---

① 参见王迎龙：《论刑事法律援助的中国模式——刑事辩护"全覆盖"之实现径路》，载《中国刑事法杂志》2018年第2期。

② 顾永忠：《刑事诉讼律师辩护全覆盖的挑战及实现路径初探》，载《中国司法》2017年第7期。

被追诉人提供法律咨询服务,是一种相对简单的、基础的法律服务。

基于这样的差异化的运行模式可以看出两种法律援助形式在价值取向上的不同:法律援助辩护律师制度更倾向于对"质"的保障,值班律师制度更倾向于对"量"的追求。法律援助律师以辩护人身份介入刑事诉讼中为被追诉人进行刑事辩护,提出实体和程序上的辩护意见。相较于值班律师而言,法律援助律师与案件当事人之间形成确定的一对一的关系,更容易激发援助律师的责任感,使其投入更多的精力提供更好的法律援助。值班律师以轮值的形式为多个被追诉人提供简单的法律咨询,是一种最低限度的法律保障。相比于法律援助辩护律师而言,值班律师可以作为的空间较小,但其以降低个案法律援助的"质"实现法律援助"量"的增加。

(二) 值班律师制度的外在价值

诉讼资源的缺乏在很大程度上限制了我国法律援助制度的价值发挥,基于这一制约因素,我们应当优化资源配置,实现有限资源的高效利用。在形式单一的法律援助体系下,对案件不加以区分采取指派援助律师与资源高效利用的目标相背离。而值班律师制度的设立,正好能迎合这一需求。

基于两种法律援助形式的不同价值取向,有针对性地运用到不同类型的案件中,从而实现资源高效利用。换言之,对案情复杂、社会危害性大的案件(可能判处三年以上有期徒刑的案件)采取指派援助律师的援助形式,援助律师以辩护人身份进入刑事诉讼程序提供高质量的法律服务。对于案情简单、情节轻微的案件采取值班律师提供法律帮助的形式,为被追诉人提供基本的法律服务。

三、值班律师制度的发展与完善

值班律师制度对我国法律援助制度的发展具有重要作用,保障值班律师介入案件提供法律帮助的普遍性和有效性成为实现法律援助全覆盖的关键。在司法实践中,"值班律师的功能呈现一种异化的趋势,即从应然的法律帮助人蜕变为诉讼权利行为合法性的'背书者'"。① 为防止值班律师制度流于形式，下文将从法律帮助的普遍性与有效性两个层面，分析值班律师制度的不足之处并提出完善之策。

（一）保障法律帮助的普遍性

值班律师为没有辩护人的被追诉人提供法律帮助是法律帮助普遍性的要求，《法律援助法》第三十条为此提供了法律依据，但对于值班律师的介入方式和介入时间均没有作出规定，这可能导致部分无辩护人的被追诉人不能及时获得法律帮助。部分办案机关工作人员为了追求办案方便，对值班律师的介入存在抵触心理，故意不告知或不及时告知被追诉人享有接受法律帮助的权利。因此，为切实保障被追诉者权利，进一步明确值班律师的介入方式和介入时间是有必要的。

1. 介入方式

"值班律师通过何种方式介入案件，是首先需要明确的问题。这一问题的实质是国家如何履行提供值班律师法律帮助的责任，是值班律师能否'实质性参与'的前提性问题。"② 虽然立法未对值班律师介入案件的方式进行明确，但是现行《法律援助法》中规定的法律援助辩护律师的介入方式为值班律师制度的完善提供了借鉴：根据法律援助程序的启动方式不同可分为"依申请"援助和"依通知"援助。"依通知"援助是指由办案机关通知法律援助机构为犯罪嫌疑人、被告人指派法律援助律师。"依申请"援助是指满足条件的当事人及其近亲属可以向法律援助机构申请法律援助。从权利保障的角度来说，"依通知"援助是更为理想的法律援助模式。"依通知"援助将法律援助的启动作为国家机关的职责，违反法律规定应当通知而未通知的国家机关应当承担法律责任。而"依申请"援助以个人权利的行使为法律援助的启动按钮，相当于把国家机关的职责转嫁给个人，增加了个人的负担，不利于人权保障。因此，"依通知"援助是更理想的法律援助启动模式，应当尽可能采取这种形式以提供更好的保障。

---

① 见汪海燕：《三重悖离：认罪认罚从宽程序中值班律师制度的困境》，载《法学杂志》2019年第12期。
② 贾志强：《回归法律规范：刑事值班律师制度适用问题再反思》，载《法学研究》2022年第1期。

"依通知"法律援助又可分为"应当通知"和"可以通知"。与"应当通知"相比而言,"可以通知"意味着是否通知法律援助机构指派援助律师的具体决定权在办案机关,由办案机关根据地方的司法实践情况来决定,这极有可能减损被告人接受法律援助的权利。我国司法实践长期以来都存在着案多人少的情况,因此,在审理"可以通知"法律援助的案件时,法院难免会为了求快而倾向于做出不通知法律援助机构指派法律援助律师的决定。相比而言,"应当通知"的法律援助更利于人权保障。因此,值班律师介入案件的方式采取"应当通知"的模式为最佳,无论被追诉人是否申请,凡是没有辩护人的都由办案机关通知值班律师对其提供法律帮助。

2. 介入时间

在法律援助全覆盖的目标指引下,法律援助当然覆盖刑事诉讼程序全部阶段,即立案、侦查、起诉、审判、执行。在审判阶段为没有辩护人的被告人提供法律帮助是不言自明的,但审判前和审判后阶段的值班律师提供法律帮助必要性容易被忽视。自犯罪嫌疑人被采取刑事强制措施起到审判前,犯罪嫌疑人面临着公安机关和检察机关的刑事追诉,存在权利遭受国家公权力侵害的风险。因此,在审前阶段值班律师也应当为犯罪嫌疑人提供法律服务。案件经审理裁判后判决生效交付执行,被追诉者的权利受到一定程度的限制甚至剥夺,值班律师应当为服刑人员提供法律帮助。

因此,值班律师应当在犯罪嫌疑人被采取刑事强制措施时开始介入,直到委托辩护或法律援助律师介入,否则应持续到刑事诉讼程序终结,实现法律援助覆盖刑事诉讼的全部阶段。

(二) 提高法律帮助的有效性

值班律师法律帮助形式化主要体现在两方面:一是,部分司法机关办案人员为了办案便利,不配合甚至阻拦值班律师的履职行为;二是,值班律师提供法律帮助的积极性不高,不主动履行职责,即"部分值班律师甚至直接放弃阅卷的权利,只为犯罪嫌疑人提供简单的法律咨询,而帮助申请变更强制措施、进行量刑协商的很少"。[①] 因此,提高值班律师法律帮助的有效性要

---

① 蔡元培:《法律帮助实质化视野下值班律师诉讼权利研究》,载《环球法律评论》2021年第2期。

从办案人员和值班律师两方主体入手，落实办案机关的保障义务、督促值班律师积极履职。

1. 落实办案机关保障义务

《刑事诉讼法》第一百七十三条第三款和第三十六条第二款规定了办案机关的保障义务，即法院、检察院、看守所应当为值班律师履行职责提供便利。所谓"履行职责"是指《法律援助法》第三十条规定的提供"法律帮助"，我国值班律师制度建立不久，对于值班律师制度的规定尚有不完善的地方。"法律帮助"的具体内容不能机械地以法律明确列举的几项诉讼权利为限，而应当根据值班律师的法律定位及提供的法律帮助的性质来确定。

部分学者认为法律将值班律师定义为"法律帮助者"，基于其区别于辩护律师的法律定位，便不能和辩护律师享有同等的辩护权利。这样的逻辑过于武断，法律虽然将值班律师定为法律帮助者，但这并不能否认法律帮助具有的辩护属性。"现代法治意义上的辩护权所包含的权利按其主要作用可划分为手段性辩护权利、条件性辩护权利、保障性辩护权利。"[①]《法律援助法》第三十条规定值班律师提供的法律帮助包括：法律咨询、程序选择建议、申请变更强制措施、对案件处理提出意见等法律帮助。"值班律师对案件处理提出意见是直接针对指控的犯罪事实提出意见，属于手段性辩护权利；值班律师申请变更强制措施以及提出的程序选择建议旨在保障被追诉人的诉讼权利不受侵犯，因此属于保障性辩护权利；而值班律师提供法律咨询以及帮助犯罪嫌疑人、被告人及其近亲属申请法律援助，则属于条件性辩护权利。"[②]值班律师虽为法律帮助者，提供最低限度的法律援助服务，但履行的是具有辩护性质的职能，基于办案的需要值班律师应当享有相当于辩护律师的诉讼权利。例如现行法律只赋予值班律师有限的阅卷权，而提供法律咨询服务应当以知悉案情为前提，基于上述分析值班律师应当享有同辩护律师相当的完整的阅卷权，可以复制、摘抄案卷的内容。

"提供便利"可以理解为法院、检察院、看守所应当配合值班律师履行职责，为值班律师行使诉讼权利提供便利条件。大致包括两方面：即"提供便

---

① 见顾永忠：《刑事辩护的现代法治涵义解读——兼谈我国刑事辩护制度的完善》，载《中国法学》2009年第6期。

② 肖沛权：《论我国值班律师的法律定位及其权利保障》，载《浙江工商大学学报》2021年第4期。

利"的全面性和及时性。"提供便利"的全面性要求办案机关根据值班律师履行职责的需要,为其行使诉讼权利提供便利。根据前文分析,我国法律没有明确规定值班律师享有讯问在场权,但在侦查阶段为了保障犯罪嫌疑人的权利,就应当保证犯罪嫌疑人受到讯问时有值班律师在场,办案机关应当为此提供便利,不得以法律没有规定为由而拒绝。办案机关"提供便利"的及时性要求有关部门接到值班律师的请求后应当尽快为其提供便利,简化手续的办理、不得无故拖延以妨碍值班律师的诉讼权利的行使。

办案机关保障义务的落实离不开有力的监督,针对故意不履行保障义务,阻碍值班律师履行职责的办案人员给予制裁。《法律援助法》第六十六条规定了国家机关及工作人员在法律援助工作中怠于行使职权应受到处分,为处罚提供了法律依据。但这一规定过于笼统,具体实施起来极有难度。因此,要结合司法实践,将常见的违反保障义务的情形明确列举,并制定具体的认定标准作为处罚依据,同时设置相应的处罚措施,督促办案人员履行保障义务。

2. 督促值班律师积极履职

实践中存在值班律师提供法律帮助的积极性不强,不主动履行职责的现象。值班律师缺乏积极性和主动性的原因是多方面的:第一,法律援助经费投入不足。值班律师的薪资由地方财政负担,从地方财政中拨出专门的款项作为值班律师的经济补偿。但是值班律师所能得到的经济补偿是非常有限的,黑龙江省发布的《黑龙江省法律援助经费管理办法》第十四条显示,值班律师的每日补贴为200—400元。云南省财政厅发布的《云南省法律援助补贴管理暂行办法》中规定值班律师办理法律帮助案件补贴每件200—400元。陕西省司法厅发布的《陕西省法律援助经费管理办法》第九条中规定值班律师每人每天补贴100—500元。这些补贴标准相比于执业律师的收入来说,确实算不上高。因此,加大财政投入,提高对值班律师的经济补助是提高值班律师积极性的重要对策。还要优化值班律师补贴的构成,以保底补贴和计件报酬两部分组成,在给予基本的保底补贴以外根据值班律师当日的工作总量给予报酬,既是对值班律师工作的肯定,也能调动值班律师的积极性。

第二,将补贴与办案质量挂钩。参考上海市松江区司法局发布的《关于调整松江区法律援助办案补贴标准的通知》中补贴的结算方式,将值班律师的补贴标准与法律援助中心组织开展的案件质量评估结果相挂钩,评估结果分为"优秀""合格""不合格"三等,评估为"优秀"的案件按照"优秀"

标准给予办案律师补贴；评估结果为"合格"的案件按照"合格"标准给予办案律师补贴；"不合格"的不予发放补贴。

第三，建立值班律师工作记录表。从第一次为被刑事追诉人提供法律帮助时起就应当建立具体案件的工作记录表，填写被告人信息、案情等案件基本情况，记录工作的时间、地点和具体的法律帮助内容并形成最终的法律建议。所有的法律服务工作都应当以书面的形式记录下来，做到有迹可循，作为后续办案质量监督和追责的依据。

第四，缺乏有效的追责机制。建立和完善追责机制，对怠于履行职责的值班律师予以惩处。《法律援助法》第五十五条规定受援助人可以向司法行政部门进行投诉，第六章也规定司法行政部门对法律援助律师予以处罚的情形。但实践中对值班律师进行处罚的情形较少，对值班律师的监督是不足的。应当明确值班律师办案的最低标准，制定具体细化的标准作为有关部门制裁怠于履行职责的值班律师的依据，以此达到监督办案质量的目的，提高法律援助有效性。

四、结语

"推进以审判为中心的诉讼制度改革"的议题下推进法律援助全覆盖的实现，离不开值班律师制度的发展。值班律师制度丰富了法律援助形式，在法律资源有限的现实情况下实现优化配置、有所侧重。自2018年《刑事诉讼法》修改正式确立了值班律师制度，值班律师制度在司法实践中显现出其及时性、便捷性的特点，但由于立法方面的不足、法律资源有限的现实原因以及保障机制的不完善等原因，值班律师制度面临着流于形式的困境。为破解值班律师制度形式化，本文对值班律师制度的发展和完善围绕值班律师提供法律帮助的普遍性和有效性两个方面提出建议：明确值班律师的介入方式、介入时间；从为值班律师提供履职便利的角度，落实办案机关的保障义务；从办案补贴、办案质量监督等角度提出建议，促进律师积极履职。

图书在版编目（CIP）数据

基层司法研究论丛. 第8辑 / 邓中文，宋平，房丽编著. -- 北京：中国法治出版社，2025. 3. -- ISBN 978-7-5216-5139-3

Ⅰ. D926. 04

中国国家版本馆CIP数据核字第202553GB82号

策划编辑：赵　宏
责任编辑：刘冰清　　　　　　　　　　　　　　　封面设计：杨泽江

基层司法研究论丛（第8辑）
JICENG SIFA YANJIU LUNCONG（DI-8 JI）

编著/邓中文，宋平，房丽
经销/新华书店
印刷/北京虎彩文化传播有限公司
开本/710毫米×1000毫米　16开　　　　　　印张/ 20　字数/ 259千
版次/2025年3月第1版　　　　　　　　　　　2025年3月第1次印刷

中国法治出版社出版
书号 ISBN 978-7-5216-5139-3　　　　　　　　定价：88.00元

北京市西城区西便门西里甲16号西便门办公区
邮政编码：100053　　　　　　　　　　　　　传　真：010-63141600
网　址：http://www.zgfzs.com　　　　　　　编辑部电话：010-63141837
市场营销部电话：010-63141612　　　　　　　印务部电话：010-63141606

（如有印装质量问题，请与本社印务部联系。）